문명의 오만과 문화의 울분

문명의 오만과 문화의 울분
Pride of Civilization, Frustration of Culture

1판 1쇄 펴낸날 2021년 6월 25일

지은이 | 한경구·김태유·김현철·문중양·박훈·이경우·임경택
펴낸이 | 김시연

펴낸곳 | (주)일조각
등록 | 1953년 9월 3일 제300-1953-1호(구 : 제1-298호)
주소 | 03176 서울시 종로구 경희궁길 39
전화 | 02-734-3545 / 02-733-8811(편집부)
02-733-5430 / 02-733-5431(영업부)
팩스 | 02-735-9994(편집부) / 02-738-5857(영업부)
이메일 | ilchokak@hanmail.net
홈페이지 | www.ilchokak.co.kr

ISBN 978-89-337-0793-7 03300
값 20,000원

이 저서는 2014년도 SNU Brain Fusion Program 지원사업의
지원을 받아 수행된 연구이다.
This work was supported by SNU Brain Fusion Program of
the Seoul National University in 2014.

문명의 오만과 문화의 울분

문화수용전략에 관한 융합적 연구
– 화혼양재와 동도서기 그리고 위정척사

한경구
김태유
김현철
문중양
박 훈
이경우
임경택

일조각

일러두기

1. 이 책에 나오는 인명, 지명은 특별한 경우를 제외하고 국립국어원 〈외래어표기법〉에 따라 각 언어 원음대로 표시했다.
2. 이해하기 어려운 한자는 한글로 바꾸거나 병기하였다.
3. 몇몇 뜻이 같은 용어는 혼용하였다.
   예: 사무라이(侍), 무사.
4. 본 저서에 수록된 글들은 모두 2015년 5월 11일 서울대 해동학술문화관에서 개최되었던 〈브레인퓨전 화혼양재 발표회: 문화수용전략에 관한 융합적 연구〉 자료집에 초고가 실렸고 그 수정본이 5월 30일 최종보고서에 포함되었던 것들로서 연구책임자 한경구가 다시 편집한 것이다. 그 가운데 다음 두 편은 사사표기 논문으로 학술지에 게재된 바 있다.
   - 제3장의 일부는 임경택 "화혼(和魂)의 실체와 양재(洋才)의 실천에 관한 고찰" 『일본문화연구』 제58집, 동아시아일본학회 발행, 2016년 4월. pp.253-282.
   - 제4장의 일부는 박훈 "幕末維新期 정치변혁과 봉건·군현론" 『일본역사연구』 제42집, 일본사학회 발생. 2015년 12월. pp. 83-116. 이 논문은 그 이후, 박훈 2019 『메이지 유신과 사대부적 정치문화』(서울대출판문화원)에 '보론' 형식으로 수록된 바 있다.
5. 잡지, 신문, 단행본은 겹낫쇠(『 』)로 표기하고, 법령, 발표문을 포함한 문서는 홑낫쇠(「 」)로 표기했다. 예외적으로 논문 제목은 쌍따음표(" ")로 표기했다.

차례

제2부 화혼양재와 동도서기: 현장과 사례 연구

머리말

책의 제목을 『문명의 오만과 문화의 울분』이라 붙였다. 원래 SNU 브레인퓨전 공동연구계획서의 제목은 『문화수용전략에 관한 융합적 연구: 화혼양재와 위정척사의 과거와 현재』였다. 그런데 공동연구를 끝내고 한참 뒤에야 단행본으로 정리하려니, 화혼양재나 위정척사의 본질을 간결하게 표현하는 제목이 좋을 것 같았다. 문명의 오만에 대한 문화의 울분은 동도서기나 중체서용에서도 느낄 수 있으니까.

새로운 것을 배우고 받아들인다는 것은 항상 유쾌한 일은 아니다. 배우고 익히는 즐거움도 있고 새로운 세상을 만나는 경이로움도 있지만 때로는 무척 고통스럽기도 하다. 스스로 변하지 않으면서도 받아들일 수 있는 것들이 있지만, 때로는 자신이 철석같이 믿고 있던 것이나 익숙하고 잘하던 것들을 버리거나 바꾸는 소위 학습해소(學習解消, unlearning)가 필요하기 때문이다. 껍질을 깨고 낡은 세상을 부수는 것은 가슴이 두근거리면서도 혼란스럽고 고통스러운 일이다. 출세를 하고 부자가 되라는 달콤한 말도 생존경쟁에서 도태되거나 인간의 도리를 모르고 짐승처럼 살게 된다는 협박에도 불구하고 배우지 않으려는 사람들이 있는 것은 그 때문이다.

개인 차원에서도 그러한데 국가와 민족 수준에서는 어떨까? 구성원 개개인들의 고통과 불안의 총합을 넘어 그야말로 사회적 수준의 저항이 있다. 새로운 것들은 종종 기존의 지배질서와 이해관계를 넘어 집단 정체성(identity)까지 위협하는 것으로 보이기에 변혁의 고통이 없이 필요한 것만 받아들이려는 태도는 어쩌면 당연한 것이다. 새로운 문화를 수용하기 위해서는 그 장점을 거론하는 것으로는 저항과 분노를 잠재우기 어렵다. 변화하지 않으면 국가와 민족이 쇠퇴하고 멸망할 것이라는 경고와 협박까지 필요했던 것도 그 때문이다.

19세기 중반의 동북아시아는 서양 문명을 한편으로는 분노와 두려움에 치를 떨면서, 다른 한편으로는 그 현란함과 엄청난 실력 차이에 경탄하면서 받아들여야 했다. 끝까지 비장하게 위정척사를 부르짖은 사람들도 있었지만 받아들이자는 사람들도 서양의 장기(長技)를 받아들이다가 자신들의 삶의 방식을 잃게 될 것을 두려워했고 그러한 현실에 분노했다.

근대 유럽에서 등장한 '시빌리자시옹(civilisation, 文明)'과 '쿨투어(Kultur, 文化)' 개념들을 적용한다면, 대한제국이 1905년 을사늑약(乙巳勒約)으로 일본의 보호국이 되었다가 1910년에 강제병합 당한 것은 '문화'가 '문명'과의 대결에서 참패한 사건이었다. 일본이 '흑선(黑船)'을 몰고 다시 나타난 페리 제독에게 1854년에 개항을 하지 않을 수 없던 것도, 존왕양이를 부르짖던 막말의 '지사(志士)'들이 갑자기 문명개화로 방향을 바꾼 것도, 도저히 당할 수 없는 '문명'의 막강함 때문이었다.

그런데 이러한 두려움과 울분은 19세기 동북아시아에서만 일어난 것은 아니다. 상대적으로 먼저 상공업이 발전하고 도시가 성장하며 중앙집권적인 국민국가가 등장했던 영국과 프랑스에서는 시민(civis)과 도시(civitas)의 형용사형(civilis, civilitas)에 기반을 둔 문명(civilisation) 개념이 등장했다. 새로 등장하는 도시의 부르주아는 출생과 신분으로 특권을 누리는 귀족들의 가식적인 궁정예절(courtoisie, courtsey)과는 달리 빛나는 이성과 문명을 강조했다. 문명은 학문과 예술, 문학, 종교, 사회, 정치, 행정의 모든 분야에서 일어나는 발전과 개혁을 지칭하기에 이르렀다. 시민적(civilis) 사회가 문명사회였으며 이것이 이상적인 사회였다[1]. '국민(nation)'의 형성이 빨랐고 도시와 상업이 일찍 발전했던 영국과 프랑스는 '문명'을 강조했다. 도시의 삶은 세련되고 발전한 것이었으며 인류가 미래에 나아가야 할 방향이기도 했다.

이보다 조금 늦게 등장한 문화(culture, 독일어로는 Kultur) 개념은 초기에는 문명 개념과 혼용되었으나 당시로서는 상대적으로 후진국이었던 독일에서 '문명'에 대항하는 의미를 갖기 시작했다. 30년 전쟁의 참화를 입고 수많은 영방으로 나뉘어 국민통일도 늦고 상공업의 발전도 늦었던 독일의 지식인들은 마치 황무지를 훌륭한 농지로 바꾸듯이 인간의 정신을 경작(culture)하는 정신적 '문화'를 강조하고 있었다. 도시적인 세련됨과 정교함, 제도적 개혁이나 물질적 발전 면에서 영국과 프랑스의 '문명'이 앞섰다 하더라도 정신적으로는 독일인들이 더욱 고상하고 심오하고 아름답다고 주장했다. 문명은 국민국가 영국과 프랑스의 이데올로기, 문화는 국민국가 독일의 이데올로기라고 단순명쾌하게 정리했던 니시카와 나가오[2]는 보편적 문명의 진보를 자랑하는 선진국들의 오만에 대해 분노하고 슬퍼하면서 자신들의 독특한 가치와 나름대로의 성취를 주장하고 있는 문화의 고통스러운 모습에 주목했던 것 같다.

---

1 문명과 문화에 대한 자세한 설명은 주경철 외 2020『문명 다시 보기: 다섯 시선으로 바라본 인류의 역사, 그리고 미래』에 실린 한경구의「제1부 문명과 문화」.

2 니시카와 나가오(西川長夫) 지음, 한경구 외 옮김 2006『국경을 넘는 방법: 문화·문명·국민국가(国境の越え方)』서울: 일조각.

문명(文明)과 문화(文化)는 한자로 쓰고 있으므로 많은 사람들이 동아시아에서 오랫동안 쓰고 있던 것으로 오해하고 있지만, 사실은 근대 유럽에서 등장한 개념의 번역어이다. 자료를 검색해 보면 『주역』에 문명이라는 단어가 나오고[3] 『조선왕조실록』에서도 文明이나 文化라는 표현이 등장하지만 오늘날 사용하는 의미로 사용된 것은 아니다[4]. 이들 두 단어는 civilisation과 culture(Kultur)를 메이지 시대 일본에서 각각 문명과 문화로 번역함에 따라 오늘날 널리 사용하게 된 것이다.

일본은 '문명'과 '문화'라는 번역어를 만들어 정착시켰을 뿐 아니라, 문명개화 작업을 강력히 추진하면서 이들 개념을 교묘하게 이용했다. 일본의 지식인들과 정부는 국내적으로 또한 동아시아 지역 내에서는 '문명'을 강조했다. 스스로를 '문명화(civilize)' 작업의 주체로 설정하고 미개한 국민들 대부분을 문명으로 이끌려하였으며 오랜 기간 '문명의 선진국'이던 이웃의 한국과 중국을 미개시하면서 문명화 작업의 대상이라 주장했다.

반면에 일본보다 훨씬 더 '문명의 선진국'이던 서양에 대해서는 '문화'를 강조했다. 소위 '일본적인 것'의 아름다움과 내면적 가치를 설명하면

3 『주역』에서도 '文明'이라는 표현이 등장하는데 대개 '밝음, 곧 하늘의 섭리인 진리를 알고 그것을 말이나 글로서 꾸며 드러내는 일'이라는 의미로 사용되었다고 한다.

4 국사편찬위원회의 『조선왕조실록』 웹사이트에서 '文化'를 검색해 보면 국역본에 253건, 원문에 236건이 나온다. 그 대부분은 지명(地名)으로 쓰인 것이고 일부는 '성문화(成文化)'의 '문화'처럼 관련이 별로 없는 표현의 구성 부분에 불과하다. 간혹 "교화(敎化)를 선포(宣布)하고 문화(文化)를 일으키는 데에는..."(『세종실록』 25권, 세종 6년 7월 18일 신묘 5번째 기사) 등 오늘날의 '문화'와 유사한 의미로 사용된 것 같은 내용이 나오지만 이것도 원문을 확인하면 "敷敎興化"라는 넉자를 오늘날의 표현으로 번역해 놓은 것이다. 한편 '文明'은 국역본에 163건, 원문에 240건이 나오는데 오늘날 '4대 문명'이나 '서구 문명'을 이야기할 때의 '문명'의 의미와는 다르게 쓰였다. "화하(華夏) 문명(文明)"이라는 표현도 있고(『태종실록』 10권, 태종 5년 11월 21일 계축 2번째 기사) 또한 "지금은 문명(文明)의 교화(敎化)가 널리 펴져서"(『세종실록』 40권, 세종 10년 5월 6일 정사 2번째 기사)처럼 오늘날의 문명의 의미와 비슷하게 쓰인 것이 아닌가 하는 생각이 드는 문장도 보이지만, 역시 원문을 찾아보면 "今文明之化廣被"로서 현대의 civilization과는 거리가 좀 있다.

서 이에 대한 이해와 존중을 요구하기 시작했다. '문명'으로는 영국이나 프랑스와 견줄 수 없었지만 독일의 고유한 '문화'가 정신적으로 더 훌륭하다고 자부했듯이[5] 일본도 고유한 일본 문화를 '발견'하고 이를 서양의 물질문명과 대비하기 시작했다. 문명개화가 추진되던 시기에 출간된 오카쿠라 덴신(岡倉天心)의 『차 이야기(*The Book of Tea*)』[6]나 니토베 이나조(新渡戸稲造)의 『무사도(*Bushido: The Soul of Japan*)』는 일본인을 독자로 한 것이 아니었다[7]. 처음부터 영어로 쓰인 이러한 책들은 서양의 문명에 대하여 일본의 '문화'를 강조했다. 도도하게 밀려드는 서양 문명 앞에서 '화혼'은 잃지 않겠다고 안간힘을 쓰던 일본이 이제는 일본의 문화에 대한 이해와 인정을 요구하기 시작한 것이다.

일본의 서양 문화수용과정을 자세히 보면 매우 복잡하지만, 아무튼 일본은 '성공'한 것처럼 보였다. 일본은 서양을 받아들여 재빨리 산업화에 성공하고 군사력을 갖추었는데 왜 우리는 나라를 빼앗기는 지경에 이르게 되었을까? 과거에는 일본보다 훨씬 앞섰다는데 어떻게 이런 일이 일어났을까? 일본이 원래부터 우리보다 우수한 민족인 것도 아니고 또한 일본이 단지 운이 좋았던 것만도 아니라면, 일본은 무엇을 잘했고 우리는 무엇을 잘못한 것이었을까?

---

5 이러한 civilisation에 대한 Kultur의 대항의식은 토마스 만 등 독일 지식인들 사이에서 제1차 세계대전을 〔퇴폐적이고 물질적인〕 '문명'과 〔고상하고 정신적인〕 '문화'의 대결로 보는 시각으로 발전하기도 했다. 이성주 2017 "토마스 만의 「전쟁 속의 사념」—문화전쟁으로서의 1차 세계대전".

6 차는 중국에서 전해진 것이며 다도와 관련된 선(禪) 불교 역시 인도에 기원을 두고 중국과 한국에서 발전했지만, 여기서는 일본 문화로 소개되고 있다.

7 무사도(武士道, 부시도)는 흔히 고대로부터 내려오는 가장 일본적인 것이라 알려져 있으나, 니토베 이나조는 무사도는 중세의 기사도, 영국의 신사도에 대응하여 자신이 만든 말이라고 했다. 사료를 검토하면 그 이전에도 사용된 사례들이 발견되지만 삿포로농학교(나중에 홋카이도제국대학)를 졸업하고 국제연맹 사무차장을 지낸 당대 최고 수준의 지식인조차 잘 알지 못했을 정도로 무사도는 일반적으로 사용되지 않던 말이었다.

이러한 질문은 우리 세대는 물론 우리의 선배 세대도 계속 제기했었고 여러 다양한 답변이 제시되기도 했던, 그러니까 그리 신선한 질문은 아닌 것처럼 보이기 쉽다. 그럼에도 불구하고 2014년 1학기 서울대 자유전공학부에서 〈주제탐구세미나 1: 문명〉 수업을 같이 담당했던 김태유 교수는 매우 새로운 시각에서 이 질문을 다시 던졌다. 내가 일본의 근대화에 대해 이야기하다가 화혼양재에 대해 강의한 것을 듣고 나에게 제안을 했다. '이것 매우 중요한데… 우리 이것을 가지고 공동연구를 합시다.' 브레인퓨전 연구라는 방식으로 전공이 다른 연구자들의 공동연구를 지원하는 프로그램이 있으니 연구비를 신청하여 본격적으로 연구해 보자는 것이었다. 자신이 기본 아이디어를 써서 보내겠으니 빨리 연구팀을 모으고 연구계획서도 작성하라는 것이었다. 서울대가 "다학제적 융·복합 연구과제를 발굴, 지원함으로써 인문학적 상상력, 과학적 합리성, 예술적 창의성을 융합하여 복잡한 사회문제를 창조적이고 합리적으로 해결하며, 개방형 공동연구의 토대를 구축하고 학문발전에 기여"한다는 목적으로 SNU Brain Fusion Program이라는 특별한 연구 지원 프로그램을 만들었는데 여기에 지원하자는 것이었다.

이렇게 김태유 교수의 강력한 권유로 얼떨결에 시작한 것이었지만, 이러한 주제로 같이 연구를 했으면 참 좋겠다고 생각한 서울대 내외의 몇 분들께 연락을 취했더니 모두 반가워하며 얼른 승낙을 했다. 그래서 멋진 연구팀이 아주 쉽게 짜여졌다.

연구 책임자인 나 한경구는 문화인류학자로서 미국에 유학했지만 일본에서 중견기업을 연구하는 현지조사를 했고 자유전공학부 교수 생활을 즐길 정도로 관심사가 다양했다. 김태유 교수는 자원경제학을 전공한 산업공학과 교수로서 기술경영경제정책 대학원 과정을 만든 산업정책 전문가이며 대통령 정보과학기술보좌관을 지내는 등 현실에도 밝았다. 이경우 교수는 재료공학 가운데 금속 제련 공정 열역학의 전문가로서 철강 연구자였는데 일본 기업의 연구소에서 근무한 경험이 있었으며, 김현철 교수는 경영학자로서 일본에 유학을 했고 일본의 대학에서 교수로 재직하다가 국제대학원에 부임하여 일본 기업에 대해 연구하며 가르치고 있었다. 박훈 교수는 근대 일본사 전문가로서 일본에 유학을 했고 메이지 유신에 이르는 과정을 연구하고 있었으며 문중양 교수는 학부는 자연대, 대학원은 과학사 과학철학 협동과정을 졸업하고 국사학과 교수로 재직하고 있는 조선 과학사상과 과학사 전문가였다. 전북대의 임경택 교수는 문화인류학자로서 일본에 유학했고 일본에서 장기간 현지조사를 했으며 나중에 한국문화인류학회 회장을 역임하게 된다.

이렇게 공동연구팀을 짜서 부랴부랴 연구계획서를 제출했고 다행히 2014년도 지원과제로 선정이 되었다. 연구기간은 2014년 6월 1일부터 2015년 5월 31일까지 1년이었다. 연구를 시작하자 김태유 교수의 친구로서 서울대 공대학장, 교육과학기술부장관, 울산대 총장, 국가과학기술위원회 위원장을 역임한 재료공학 전문가(세라믹) 김도연 교수가 마침 도쿄대 방문교수 생활을 마치고 귀국하여 옵서버로 참여하게 되었다. 프로젝트 조교는 자유전공학부를 졸업하고 대학원 국문과에 진학한 전기화 양에게 좋은 공부가 될 것이라며 맡아줄 것을 부탁했다.

연구자들은 각기 자신의 분야에서의 연구로서도 훌륭하지만 몇 번 모이다 보니 너무나 팀워크도 좋았다. 학문 배경도 다르고 연구 분야도 다르고 유학한 곳도 다르고 나이도 달랐지만 서로가 서로에게 감탄하고 배우면서 급속히 친해졌다. 더구나 여러 주제에 대한 가장 좋은 연구를 수행한 전문가들을 초빙하여 진행하는 공동연구팀의 세미나(p. 240)는 발표와 토론이 너무나 재미있어서 그야말로 아무도 빠지지 않고 항상 시간을 넘겨서야 겨우 끝이 났다. 분야는 다르지만 공통의 주제와 문제의식을 공유하는 사람들이 모여서 같이 공부한다는 것이 이렇게 즐겁고 보람이 있다는 것을 느끼게 해준 시간이었다. 공동연구 과정에서 가장 유익하고 즐거웠던 것은 화혼양재의 주요 현장을 방문하는 연구 여행이었다. 치밀한 준비와 사전 학습을 기반으로 여행 계획을 수립했고 여행 중에는 밤늦게까지 활발한 토론이 이루어졌다. 한번은 나와 서울대 대학원 국사학과 입학 동기였던 조선일보 이선민 기자가 연구여행에 동행하며 근대 한국사 연구자로서(박사논문 집필 중) 밤마다 열리는 내부 심포지엄에서 날선 토론을 해주기도 했다. 또한 꼭 만나보고 싶었던 마에다 쓰토무 등 현지 학자와 연구여행 중에 세미나를 한 일도 있었다. 이렇게 훌륭하고 좋은 분들과 1년 간 같이 공부하고 배우면서 견문을 넓히고 많은 것을 생각할 수 있는 기회를 준 서울대 브레인퓨전연구 프로그램에 깊은 감사를 드린다.

그런데 이렇게 재미있게 공동연구를 진행하다보니 1년이라는 연구기간이 눈 깜짝할 새 지나가 버렸다. 일단 각자 글을 써서 제출한 것을 모으고 한예원 교수(조선대 한문학과), 김태웅 교수(서울대 역사교육과), 노관범 교수(서울대 규장각 한국학연구원), 김연희 교수(서울대 기초과학원), 백인수 박사(롯데미래전략연구센터), 장문석 교수(영남대 역사학과) 등을 지정 토론자로 모셔서 2015년 5월 11일 서울대 해동학술문화관에서 학술 심포지엄을 개최했고 토론 과정에서 나온 내용을 반영, 원고를 수정, 보완하여 최종보고서도 제출했다.

공식적으로 공동연구는 종료되고 최종보고서도 제출했으나 그 당시는 '바로 지금부터가 진짜 연구'라는 생각을 가지고 있었다. 1년간 숨 가쁘게 배우고 보고 느끼고 읽고 생각하고 토론하고 메모한 것들을 천천히 소화하고 숙성시키는 시간을 가질 계획이었다. 마침 이러한 후속 연구를 지원할 연구비도 마련할 수 있을 것 같았다. 공동연구팀이 한 달에 한 번 정도 모이면서 두세 차례 합숙을 하며 생각을 정리하고 글을 다시 쓰는데 필요한 수준의 연구비면 충분할 것 같았다. 학술연구의 성과물이지만 논문을 쓰는 것에 만족하지 말고 일반인도 읽을 수 있는 단행본을 내야 한다는 책임감도 있었다. 그런데 매우 아쉽게도 연구비 확보 노력이 지연되다가 결국 불발로 끝나는 가운데 후속 작업이 진행되지 못했다.

여러 사정이 있지만 다른 일로도 너무 바빠서 이에 집중할 시간과 모멘텀을 만들지 못한 것에 대해 연구책임자로서 책임을 통감한다. 아무튼 연구처의 독촉도 있고 내 정년퇴임도 2021년 8월로 다가오고 있어 어떻게든 단행본 작업은 마무리해야 했다. 퇴임 기념으로 출판기념회를 한다는 배수의 진을 치고 2020년 2학기가 끝나면 바로 작업에 착수하여 겨울 방학 중에 전속력으로 일을 추진할 계획을 세웠다. 그런데 2020년 12월 말, 그러니까 2학기 성적평가를 마무리하는 시점에서 유네스코 한국위원회 사무총장에 취임하게 되었다. 새로운 환경에 적응하면서 업무를 파악하느라 단행본 작업에 집중하지 못한 것이 매우 유감이다.

아무튼 연구책임자이기 때문에 이미 사사표기를 하여 학술지에 논문을 출간한 박훈 교수와 임경택 교수의 글을 포함하여 공동 연구자들의 글을 모아서 배열하고 연결하는 작업을 했으며 머리말과 맺음말도 만들었다. 이 과정에서 매우 과감한 삭제와 함께 상당한 수정과 보완도 했다. 그러므로 이 책을 구성하고 있는 각 장은 원래 기초가 되는 글을 집필한 사람이 있기는 하지만(제1장은 한경구, 제2장은 김태유, 제3장은 임경택, 제4장은 박훈, 제5장은 이경우, 제6장은 김현철, 제7장은 문중양의 글을 기초로 했다), 그 최종적인 형태와 표현에 대한 모든 책임은 연구책임자에게 있다는 점을 밝혀둔다.

연구책임자 한경구

제1부

왜 화혼양재를 알아야 하는가?

문화수용전략으로서의 화혼양재와 동도서기, 그리고 위정척사

◎
◎
제1장

1. 중국에서도 배울 것이 없었던 문화국가, 식민지로 전락하다

성현의 가르침을 이미 우리 것으로 만들었으니 중국에서 더 이상 배울 것이 없다는 자부심을 가지고 있던 조선의 지식인들은[1] 새로운 근대 문명으로 무장한 '바다 동쪽의 오랑캐' 일본에게 나라를 빼앗기고 말았다. 고려의 지식인들은 무려 30년이 넘는 전쟁 끝에 항복을 하고 원나라 공주를 대대로 왕비로 맞아야 했지만, 원나라에서 세계 제국의 문명을 보았고 깊은 인상을 받았다. 고려의 뒤를 이은 조선 초기의 지식인들은 원나라를 통해 받아들인 지식과 기술을 기반으로 세종 시대에 뛰어난 문화적 성취를

1 국가의 독립과 부강보다도 국내의 권력 투쟁에 열중했던 어리석은 위정자나 세상이 어떻게 돌아가는지 모르는 고루한 주자학자만 그랬던 것이 아니다. 조선 최고의 지식인으로 서양 문물의 도입에도 관심을 기울였던 실학자 다산 정약용도 그러했고 조선의 계몽군주라 일컬어지는 정조도 그랬다. 특히 정조는 문체(文體)의 오염을 막기 위해 중국으로부터 패관소설 등 명말청초의 문집을 포함해 모든 서적의 수입을 금하는 문체반정(文體反正)을 추진했고, 여러 문인들에게 반성문(당시 용어로는 自訟文)을 강요했다. 『열하일기』를 쓴 연암 박지원과 이옥 등은 직접 정조의 탄압을 받았다.

이루었다. 그러나 조선 후기의 상당수 위정자와 지식인들은 유목민들을 굴복시켜 중국 역사상 최대의 영토를 확보하여 전성기를 구가하고 있던 청나라에서조차 농업 기술 등을 제외하면 배울 것이 별로 없다고 생각했다. 청의 침입에 속절없이 참패를 당하고 치욕적인 굴종을 맹세했던 조선의 위정자들과 지식인은 청의 압도적인 경제력과 군사력은 인정하지 않을 수 없었지만 조선의 정신적, 도덕적 우위를 확신하고 있었다.

북학파 지식인들이 나서서 수레와 선박 등 청나라의 문물과 제도 가운데 배울 것이 많으며 농업 생산력 증대와 상공업의 활성화, 유통의 확대를 통해 생활을 윤택하게 할 것을 주장했지만 이는 소수 의견에 불과했다. 우리말과 우리 의복을 버리고 언어와 복식까지 중국식으로 하자는 박제가 등의 이야기는 터무니없다고 생각되었는지 아예 무시되었고 우리의 기억 속에서도 거의 사라졌다. 권력에서 소외되었던 사람들조차도 중국의 군사력과 물질문명에 압도되면서도 조선의 것이 더욱 아름답고 도덕적으로도 우위에 있다고 만족하고 있었다. 나아가 중국의 화려하고 기교가 뛰어난 풍속에 우리가 자칫 오염될까 걱정하면서 중국의 영향으로부터 우리 문화를 지키고자 했다.

조선 후기를 대표하는 지식인으로 여겨지고 있는 다산 정약용(丁若鏞, 1762~1836)의 글 가운데 그러한 입장을 잘 요약하고 있는 것이 있다. 같은 남인이었던 절친한 벗 한치응(韓致應, 1760~1824)이 청나라 사신으로 '연경을 드나드는 것을 뽐내는 기색'이 있다면서 그를 깨우쳐 주고자 글을 써 주었다.[2] 정약용은 '동서남북의 가운데에 있으면 어디를 가도 다 중국이다… 소위 '중국'이라 하는 것은 요순우탕(堯舜禹湯)의 다스림이 있는 곳

2 '북경에 사신으로 가는 교리 한치응을 보내면서 쓴 글, 이때 서장관이 되었다'(送韓校理致應使燕序時爲書狀官, 한국고전종합DB 『여유당전서』. 文集 卷十三. 序). 한치응이 서장관으로 북경을 다녀온 것은 1799년이다.

이고 공안사맹(供案, 孔子, 顔子, 子思, 孟子)의 학문이 있는 곳인데… 성인의 다스림이나 성인의 학문은 이미 우리나라에 옮겨졌으니… 멀리 가서 구할 필요가 어디 있는가? 중국을 왜 중국이라 하는지 모르겠다'고 했다. 오히려 당시의 청나라를 '강경(强勍)하고 사나운 풍습과, 교묘하고 기궤(奇詭)한 기예(技藝)라, 예속(禮俗)을 망치고 인심을 방탕하게 하는 것'이라 평가하며 중국의 문화로부터 조선의 문화를 방위해야 한다는 시각을 보여주고 있다.

이렇게 중국에서조차 배울 것이 없다는 엄청난 자부심을 가지고 있던 조선은 그 후 어떻게 되었는가? 불과 70여 년 뒤에는 오랑캐라고 멸시하던 일본에 의해 강제로 개항이 되고 불평등 조약을 맺었다. 그러면서도 서양과 일본의 학문은 모두 그릇된 것이고 바른 것을 지켜야 한다면서(衛正斥邪) 배우려 하지 않았다. 서양 것을 배우자는 사람들도 우리 것을 근본으로 하면서(東道) 단지 서양 것을 사용하자(西器)는 것이었지, 서양을 있는 그대로 받아들이고 우리 것을 고쳐나가자는 것은 아니었다. 그리고는 다시 40년이 못되어 일본의 식민지로 전락했다.

심지어 중국을 통해 전해진 서양의 뛰어난 천문학에 감탄했던 조선의 학인들조차 서양이 뛰어나기는 하지만 그들의 학문에는 깊이가 없다고 폄하했던 것은 무슨 이유 때문이었을까? 그렇게 서양 학문을 폄하한 결과 조선이 얻은 것은 무엇이고 잃은 것은 무엇이었던가? 제1차 아편전쟁 소식이 전해지자 전국적으로 위기의식이 고조되었던 일본과는 달리, 조선의 조야(朝野)가 극소수를 제외하고는 태평스럽고 무덤덤했던 이유는 무엇이었던가? '우리도 중국'이라는 자부심 때문이었을까? 조선은 왜 서양의 우월한 군사적 능력을 병인양요와 신미양요를 통해 경험하고도 개항은커녕 척화비를 세우는 것에 그쳤을까? 왜 서구의 과학기술을 본격적으로 도입하려는 노력을 하지 않았을까?

한편 19세기 중반까지는 서구 문명을 두려워하며 적대시하던 일본은 어떻게 갑자기 방향을 전환하여 급속히 문명개화를 추진하고 산업화를 통해 부국강병에 성공할 수 있었을까? 페리의 압박에 굴복해 개항을 한 막부를 비난하고 존왕양이(尊王攘夷)를 부르짖던 사람들이 어떻게 메이지 유신 이후 화혼양재라는 구호하에 문명개화를 추진하는 일이 일어났을까? 17세기부터 예수회 선교사 등을 통해 서양의 학문을 접한 바 있고 두 차례의 아편전쟁에 패배한 뒤 해군 건설에 나섰던 중국은 왜 청일전쟁에서 일본에게 패배했을까? 문명국임을 자부하던 한국이 서양 문명을 배울 것을 거부하고 결국은 일본의 식민지로 전락한 원인은 무엇인가? 어떻게 하면 다시는 이러한 비극이 되풀이 되지 않게 할 수 있을까?

이러한 질문은 한 세대 이상 한국의 지식인들이 고민했던 것으로서 결코 새로운 것들이 아니며 이에 대답도 여러 가지 제시되어왔다. 그런데 질문 자체가 사회적 진화론의 영향에서 벗어나지 못하고 있었기 때문에 질문에 대한 답변 또한 민족과 문화에 대한 우승열패(優勝劣敗)의 판단을 포함하는 경우가 많았다.[3] 국가의 부강과 발전에 대한 염원과 긍지가 강했기 때문에 과거의 실패에 대한 자괴감과 안타까움은 매우 컸다. 이러한 감정 때문에 종종 복잡하고 지루한 과정을 필요로 하는 냉철하고 치밀한 자료의 검토와 분석을 수행하기보다는 단순명쾌하게 한두 가지 요인으로 모든 것을 설명하거나 마음에 들지 않는 사실들을 외면하려는 유혹에 빠지는 경우도 있었다. 한편에서는 근대화의 실패를 고질적인 국민성이나 문화적 DNA 탓으로 돌리기도 하지만[4], 다른 한편에서는 국민성이나 문화의

3 심지어 일본의 지리적 위치나 네덜란드 상관을 통한 서구 문물 흡수 등을 "우연적" 요인이라 규정하며 일본의 "선진성"을 부인하고 반박하는 논의들조차 그러하였다.

4 그러한 경우 그 논리적 해결책의 하나로 '민족개조론'이 등장하는데 이는 매우 당혹스럽게도 이광수가 추구했던 것이기도 하다.

우수성을 강조하면서 실패를 외부 상황이나 내부 분열과 배신 탓으로 돌리려고도 한다.[5] 결국 원래는 우수한 민족이고 문화이지만 정치권력자의 무지나 실책, 악질적인 이웃 국가의 책동 때문에 좌절을 겪게 되었다는 논의로 흐르곤 한다.

국가의 부강과 멸망, 즉 경제적 발전, 군사적 능력, 문화적 성취와 이러한 것들의 쇠퇴에 대한 설명은 국민국가 시대에 가장 중요한 관심사의 하나이며 고전적인 '국민성' 또는 '민족성'에 기반하고 있는 설명은 지나친 단순화라거나 사후적 정당화에 지나지 않는다는 비판에도 불구하고 '문화적 설명'이라는 새로운 옷으로 갈아입고 여전히 그 매력을 잃지 않고 있다. 민족이란 상상된 것(imagined)이라는 주장이 상식이 되어버렸고 단일민족은 한국에서도 '신화' 취급을 받고 있기에 최근에는 국민의 단결력이나 우수성의 기반은 생물학적인 냄새가 진한 '민족'보다는 '문화'에서 찾으려는 경향이 있는 것 같다.

인류학자 레비스트로스는 토테미즘에 대한 분석에서 '동물들은 생각하기에 좋다(Animals are good to think)'면서 인간집단들 간의 불평등한 관계를 설명하고 정당화하는 데 토템 동물들에 대한 이야기가 사용된다고 지적한 바 있다. 이를 조금 변형한다면 국민국가들의 빈부와 강약을 설명하고 정당화하는데 '문화는 생각하기에 좋다(Cultures are good to think)'고 할 수 있을 것이다.[6] 더구나 글로벌화의 진전과 '문화의 시대'의 도래 때문에 보다 많은 사람들이 다른 문화를 가진 사람들과 다른 문화에서 비

---

5 이러한 고민과 자괴감은 한국의 지식인들만이 아니라 중국의 지식인들도 공유하고 있었다. 중체서용이라는 슬로건 자체가 "자기 문화에 대한 그들〔중국인들〕의 절대적 자부심을 웅변한다"는 지적(이혜경 2007: 42-43)은 바로 이를 지적하고 있다.

6 국민국가를 단위로 하여 국민국가의 흥망성쇠의 원인을 국민문화에 찾으려는 문화적 설명은 지나친 일반화와 사후적 설명 등 많은 문제점을 내포하고 있기 마련이지만, 가장 큰 문제점은 동어반복이 되기 쉽다는 점이다. 설명을 필요로 하는 것을 문화 때문이라고 하는 것은 설명이라기보다는 마치 설명한 것처럼 주장하는 것에 불과하다(한경구 1995).

롯된 제도와 문화 상품을 접하고 있다. 문화적 설명(cultural explanation)이 인기와 관심을 누리는 것도 당연하다.

그러나 내가 보기에 이는 설명이 필요한 것들(한국인들은 왜 그렇게 생각하고 행동하는가?)을 마치 설명한 것처럼 들리게 만드는 것(한국인들은 국민성이 그렇기 때문에 그렇게 생각하고 행동한다)에 불과하다. 아무리 장황한 설명이라도 자세히 보면 결국 이는 동어반복에 불과한 것이 아닐까?

이 책은 하나의 문화[7]가 다른 이질적인 문화를 받아들이는 과정에서 나타나는 고민과 실천, 비판과 지지, 선택과 거부 등을 포함하는 문화수용전략에 대한 논의로서 '문화로 설명하려는' 문화적 설명을 시도하는 것이 아니라 오히려 '문화를 설명하려' 노력하고 있다. 문화수용전략이라는 관점에서 흔히 성공적인 근대화와 경제성장의 사례로 간주되고 있는 메이지 시대 일본의 화혼양재(和魂洋才)를 한국의 위정척사(衛正斥邪) 및 동도서기(東道西器), 그리고 중국의 중체서용(中體西用)을 염두에 두면서 검토하려 한다. 문화수용전략은 대개 선택적 수용과 선택적 거부를 동시에 포함하기 마련이다.

동도서기(東道西器)나 중체서용(中體西用)이나 화혼양재(和魂洋才)는 모두 선택적 수용을 강조하는 동시에 선택적 거부도 포함하고 있었다. 이들은 모두 '도'와 '기', '체'와 '용' 그리고 '혼'과 '재'가 분리 가능한 것이라는 가정에 입각해 있었다. 뿐만 아니라 '동'과 '서' 또는 '중'과 '서' 그리고 '화'와 '양'이 서로 확연히 구분될 뿐 아니라 각각 뚜렷한 정체성을 가지고 있다는 것도 전제로 하고 있었다. 또한 이들의 관계를 표현하기 위해 선택되었던 용어들은 일단 선택되고 사용되기 시작하면서 사용자나 사회적 상황과 맥락에 따라 점차 다른 의미를 갖게 되기도 했고, 특정한 방식으로

7 '하나의 문화'라는 표현은 논란의 여지가 있다. 국민국가가 흔히 문화의 단위로 취급되고 있기 때문에 편의상 사용한 것에 불과하다.

해석되기도 했다.

2. 문화수용전략이라는 관점

동북아시아의 국민국가는 매우 규모가 크며 내적으로 상당한 다양성이 존재한다. 중국은 그 자체 하나의 문명으로 간주될 정도로 커다란 규모와 자기 완결성을 자랑한다. 일본은 중국에 비하면 규모가 훨씬 작고 '좁은 섬나라'라는 인식을 가지고 있지만 근대에 들어와 중국과의 차별성을 끈질기게 강조한 덕분인지 아이젠슈타트(S. N. Eisenstadt)[8]나 헌팅턴(Samuel P. Huntington)[9] 등은 일본을 독자적인 문명으로 파악했다. 한국도 유럽에 갖다놓으면 강대국이지만 주변에 중국, 미국, 러시아가 있어서 규모가 작아 보일 뿐이다. 한국은 스스로 소중화를 자처하면서 중화제국보다도 더 '중국적'(?!)이라 자랑한 시기도 있었고 그 탓에, 또한 서양에 잘 알려지지 않은 탓에 최근까지도 중국 문명의 일부로 간주되었다.

동북아시아의 국제질서는 중국 대륙에서 원나라가 명나라로 교체되고 고려 말에서 조선의 건국에 이르는 시기에 크게 요동을 쳤으나, 명과 조선의 관계가 안정되고 15세기 초에 이르면 소위 '후기 왜구'의 활동도 잠잠해지면서 전반적으로 안정이 되었다. 비록 임진왜란과 청나라의 등장으로 동아시아의 국제질서는 또다시 크게 흔들렸으나 17세기 중엽부터 다시 안정을 찾았으며 이러한 안정은 19세기까지 지속되었다.

이런 가운데 중국은 19세기에 들어와 아편전쟁과 태평천국의 난, 청일

---

8 Eisenstadt, S. N. 1996 *Japanese Civilization: A Comparative View*. Chicago: The University of Chicago Press.

9 Huntington, Samuel P, 1996 *The Clash of Civilizations and the Remaking of World Order*, New York, Simon & Schuster.

전쟁 등 일련의 사건을 겪으면서 중화(中華)의 지위를 상실했고 매우 고통스러운 과정을 거치면서 국민국가 건설과 근대화를 추진하게 되었다. 중국은 제1차 아편전쟁에서 패배했으나 이를 심각한 위기로 인식한 중국인들은 많지 않았다고 한다. 아편전쟁을 계기로 위원(魏源, 1794~1857)의 『해국도지(海國圖志)』처럼 민족적 위기를 자각하고 서양의 사정을 이해하며 그 장점을 취하여 서양에 대항하는 방법을 모색하려는 책들이 출간되었다. 그러나 중국의 대부분의 지식인들은 제1차 아편전쟁의 패배를 심각한 위기나 매우 충격적인 사건으로 간주하지 않았다. 증국번(曾國藩, 1811~1872)처럼 향후 중요한 역할을 하게 될 고급 지식인 관료조차도 단지 오랑캐의 무력에 일시적 방편으로 굴복하는 것, 즉 중국 역사상에 여러 차례 발생했었지만 결국은 극복했던 사건의 하나로 간주했을 정도였다(조관희 2011).

그러나 당대 일본의 많은 지식인들은 제1차 아편전쟁에 이미 비상한 관심을 보였으며 심각한 위기의식을 느꼈다. 해방(海防)과 관련한 논의가 활발히 일어났고 국내 체제의 변혁 논의가 등장했다. 일본인들은 중국에서 출간된 서구에 관한 서적들을 대량으로 구입했으며[10] 위원의 『해국도지』 등 상당수 도서는 일본에서 복제되어 널리 읽히기도 했다. 페리 제독의 내항 이후 일시적으로 활발했던 존왕양이의 움직임은 메이지 유신 이후 오히려 화혼양재라는 구호 아래 적극적으로 문명개화를 추진하면서 서양의 과학기술과 제도를 수용하려는 노력으로 변모했다.

조선 정부와 지식인들도 제1차 아편전쟁에 대한 소식은 청을 통해 입수했으나 위기감은 그리 심각하지 않았던 것 같다. 서양 사정에 관심을 갖고 있었던 일부 관료와 지식인들 사이에서조차 제1차 아편전쟁 후의 중국과

10 류사와 다케시(2015)에 의하면 서적상의 목록에서 확인 가능한 것이 3천 종 가까이 된다고 한다.

마찬가지로 심각한 위기감은 없었다. 제2차 아편전쟁 이후에야 겨우 일부 지식인들이 심각한 위기의식을 갖게 되었다고 한다. 게다가 국내 정치적 요인까지 작용하면서 조선은 열강의 통상 요구를 거절하는 척화 노선을 고수하다가 결국 일본의 무력과 압박에 굴복하여 뒤늦게 개항을 하게 되었다. 개항 후에는 개화파와 수구파의 갈등을 겪으면서 서구의 문물을 수용하는 근대화 작업에 나섰으나 결국 일본의 식민지로 전락하고 말았다.

중체서용과 화혼양재와 위정척사는 이러한 고통스러운 과정에서 등장한 문화수용에 관한 담론이며 전략이라고 할 수 있다. 물론 중체서용과 화혼양재와 위정척사 및 동도서기가 중국과 일본과 조선을 각각 대표하는 담론이라고 확신하기는 어렵다(문중양 2015). 중체서용과 동도서기는 중국과 조선 국내에서 상당한 저항과 비판에 직면했다는 것 또한 주지의 사실이다. 위정척사는 유림의 광범한 지지를 받았다고는 하지만 역시 비판의 대상이 되었다.

한편 화혼양재는 중체서용이나 동도서기와는 달리 메이지 유신 이후에는 일본 내에서 비교적 큰 저항을 받지 않았던 것으로 보인다(박훈 2015). 중국이나 조선과는 달리, 지켜야 할 것인 '화혼'의 범위나 실체가 명확하지 않았기 때문이기도 했고, 메이지 유신이라는 정치적 변동 자체가 결국은 서구의 기술과 제도를 받아들일 것을 주장한 세력에 의해 주도되었기 때문이기도 했을 것이다. 막부의 개항을 비난하며 존황양이(尊皇攘夷)[11]를 부르짖던 세력들도 사츠에이 전쟁(1863)과 시모노세키 전쟁(1863~64)을 통해 서양의 월등한 군사력을 실감하고는 양이(攘夷)를 위해서라도 양이(洋夷)의 것을 받아들여야 한다는 사실을 깨닫게 되었다.

화혼양재는 이러한 난감하면서도 불가피한 상황에서 등장한 슬로건이

11 존왕양이(尊王攘夷)는 존황양이(尊皇攘夷)라고 하여 특히 천황을 강조할 수도 있지만 존왕(尊王) 자체는 춘추시대에 등장한 개념이며 이 둘은 혼용된다.

었다. 중체서용이나 동도서기와는 달리 화혼양재는 인구에 널리 회자되었으며 서구 문물을 도입하는 태도와 방법을 함축하고 있는 것으로 보였다. 서구 문물의 도입에 찬성하는 사람들은 물론 이에 반대하는 사람들의 불만과 불안을 어느 정도 누그러뜨리는 효과도 기대할 수 있는 슬로건이었다. 결과론에 불과하다고 할 수 있지만 중체서용이 청일전쟁으로 파탄에 이르렀고 동도서기는 제대로 피어보지도 못한 것에 비해 화혼양재는 성공한 문화수용전략이었다고도 할 수 있다.

3. 화혼양재는 성공한 문화수용전략이었는가?

동아시아는 물론 유럽 이외의 지역에서 오직 일본만이 근대 국민국가의 건설과 산업화에 성공했고 부국강병을 통해 열강의 하나로 등장했는데, 그 이유를 화혼양재에서 찾기도 한다. 일본의 '성공'을 설명하는 여러 논저 가운데 비교적 일찍 등장했고 특히 서구 명문대학의 일본인 교수가 영어로 저술한 것을 권위 있는 학술전문출판사에서 출간한 덕분에 자주 인용되는 책으로 『일본은 왜 '성공'했는가?(*Why Has Japan "Succeeded?"*)』가 있다. 이 책은 런던정경대학(London School of Economics)의 모리시마 미치오(森嶋通夫) 교수의 저술로서 일본의 경제성장을 서구인들에게 설명하기 위해 저술한 것이다. 이 책을 케임브리지대학 출판부에서 펴내면서 모리시마는 '양재화혼'이라고 번역할 수 있을 "*Western Technology and the Japanese Ethos*"라는 부제를 달았다.

모리시마 미치오는 이 책의 서두에서 화혼양재(Japanese spirit with Western ability)라는 표현은 일본이 정신적 의미가 아니라 물질적 의미에서 서구 표준의 근대 국가를 만들었으며 과학, 기술, 교육, 경제, 군대, 정치제도 등의 외관과 형식을 급격히 서구화시키면서도 서양의 정신적 사고는 단호히 거부했다는 것을 의미한다고 보았다. 일본은 열렬히 자신들의 문화, 삶의 양식, 상하 관계, 가족 구조 등을 유지하면서 서양의 국가들의 국력과 비등한 근대 국가를 형성하려 했다는 것이다. 모리시마는 이러한 열망이 메이지 유신 때부터 제1차 세계대전과 제2차 세계대전을 거쳐 일본이 경제대국이 된 오늘날에도 계속되고 있다고 보았다.

화혼양재는 과연 성공한 전략인가? 한국은 산업화 물결에서 소외됨으로서 열강의 침탈의 대상이 되고 결국 나라를 잃는 고난의 근대사를 겪게 되었던 반면, 일본은 산업화에 재빨리 편승함으로서 근대 국가로 발전하고 북방은 홋카이도에서, 남방은 오키나와에 이르도록 영토를 확장했다. 제2차 세계대전의 패배를 겪기도 했지만 전후 복구에 신속히 성공하여 세계적인 경제대국으로 성장했다. 그러므로 일본의 성공이 화혼양재 때문이며 화혼양재야말로 성공적인 문화수용전략이라는 평가(김태유 2015)는 일견 상당한 설득력을 가진 것처럼 보인다. 물론 화혼양재는 메이지 유신과 산업화, 청일전쟁과 러일전쟁의 승리를 이끌어낸 성공의 전략이기도 하지만 제2차 세계대전으로 일본을 파멸로 이끈 전략이라고도 할 수 있다.

화혼양재는 주로 성공사례로서 빈번한 인용과 예찬의 대상이 되기는 했으나 정작 화혼양재에 대한 연구는 일본 국내에서도 많지 않고 한국이나 외국에서도 매우 적다. 히라카와 스케히로(平川祐弘)의 『화혼양재의 계보(和魂洋才の系譜)』를 제외하면 일본 학자들에 의한 체계적이며 진지한 연구는 찾아보기 어렵다.[12] 진지한 연구는 보이지 않고 일본의 경영을 논하면서 화혼양재를 언급하는 실용서 등이 출간되어 있을 뿐이다.

12 馬國川이 저술한 『和魂洋才: 締造明治時代的那些人』이 2019년 香港中和出版有限公司에서 중국어로 출판되었다고 하는데 이 연구에는 활용하지 못했다.

3.1. 화혼양재의 다양한 의미들

화혼양재는 연구가 많이 이루어져 있지도 않지만 그 의미 또한 애매모호하고 다양하다. 대개는 일본의 정신을 유지하면서 서양의 것을 도입한다는 뜻이지만 조금 자세히 들여다보면 화혼양재라는 용어는 화자(話者)와 청자(聽者), 상황과 맥락 등에 따라 조금씩 다른 것을 의미하기도 하며 구호 또는 상징으로 사용되기도 한다. 이를테면 메이지 시대에 등장한 단팥빵(あんパン, 한국에서는 흔히 '앙꼬빵'이라 부름)은 '화혼양재 빵'이라고 선전되며 인기를 끌었다고 한다. 화혼양재는 앙꼬빵 수준의 단순한 의미로부터 서구 문물을 받아들이는 태도나 방법, 주체성의 존중이나 이질적인 것의 조화에 이르기까지 매우 다양하다.

3.1.1. 겉으로는 서양이지만 속은 일본이다.

아주 단순하게는 '앙꼬빵'의 경우처럼 바깥 부분은 서양 것으로 하지만 가장 핵심은 일본적인 것으로 한다는 수준의 화혼양재를 생각할 수 있다. 떡이 빵으로 바뀌었으며 겉보기에는 빵이지만 안에 넣는 소는 팥소(餡, あん) 그대로인 것이다.

근대적인 회사의 외관을 갖추고 있고 직함도 모두 그렇지만 사실은 전통적인 상업이나 제조업이라거나, 서양식 공장 건물에 기계를 들여놓고 있지만 만들어내는 물건이나 제조법의 기본은 그대로일 수도 있다.

또는 근대적인 제도와 법령을 갖춘 것 같지만 그 내용은 과거의 것과 거의 그대로일 수도 있다. 민법을 만들면서 프랑스의 법전을 많이 참고하여 외관은 비슷한 것 같지만 도쿠가와 시대 사무라이 집안(武家)의 가족 관련 규정을 도입한다거나, 사관학교 제도를 도입하여 장교를 양성하면서도 근대 군대의 장교가 갖추어야 할 사고능력과 판단력보다는 사무라이의 희생과 복종을 강조하는 것도 그러할 것이다.

3.1.2. 불완전한 근대화? 패착(敗着)의 원인?

앙꼬빵의 비유를 확대하면 화혼양재는 불완전한 서구화라는 부정적인 의미로도 이해할 수도 있다. 급속도로 서구의 제도와 지식과 기술을 받아들이면서도 이를 운영하고 사용하는 사람들의 의식은 변화하지 않는 것을 지칭하기도 한다. 매우 근대적인 것 같지만 사실은 전근대적인 요소들이 잔뜩 남아있는 것이다. 흔히 말하는 입고 있는 옷은 서양에서 들여온 것인데 몸은 일본인이라서 잘 맞지 않는 상황이 되는 것이다.

이렇게 본다면 일본의 근대화와 근대 국가 건설은 기술과 도구와 제도만 서구에서 도입을 했지, 의식의 수준에서 근대적 각성이 결여된 불완전한 것이었으며 결국은 군국주의화 및 제2차 세계대전의 패배로 귀결되었다는 주장도 가능하다.[13] 화혼양재는 불철저하고 불완전한 근대화의 원인이 되기도 하지만 다른 한편으로는 서구화에 대한 저항과 자신의 정체성에 대한 불안과 위기의식을 반영하는 것이기도 하다. 화혼양재는 근대주의자들에게는 근대화를 저해한 요인이며 자민족중심주의, 국수주의, 배타적 민족주의 등과 관련되지만, 민족주의자들에게는 비서구 국가들 가운데 유일하게 근대화를 성공시킨 요인이며 민족적 자긍심의 근거이기도 하다.

3.1.3. 적극적 타문화수용전략으로서의 화혼양재

화혼양재를 위정척사와는 대비되는 적극적인 타문화수용의 태도와 전략이라 이해할 경우 이는 매우 긍정적으로 평가된다. 일본의 성공적인 산업화와 근대 국가 건설이 일본의 전통을 유지하면서 서구의 근대적인 지식과 기술과 제도를 받아들였기 때문이라는 견해를 받아들인다면 화혼양

13 이와 관련해서는 기타야마 모리히데가 『미완의 파시즘』에서 매우 흥미로운 논의를 펼치는데 후술한다.

재는 근대화를 추진하는 모든 국가들이 본받아야할 자세가 된다.

한국과 중국의 산업화와 근대 국가 건설의 실패는 일본의 소위 "성공"을 더욱 빛나는 것으로 보이게 만들었으며 일본의 천황제 및 "일본 문화" 등 전통의 창출(invention of tradition)[14]은 화혼양재를 현실적으로 성공한 사상처럼 보이게 만들었다. 이렇게 볼 때 화혼양재는 성공한 전략이며 동도서기와 중체서용은 실패한 전략이다. 그런데 화혼양재는 동도서기나 중체서용과 무엇이 얼마나 다른 것일까?

3.1.4. 비판적·선택적·주체적 문화수용의 태도로서의 화혼양재

서양 것을 도입할 때 학문과 기술, 제도와 규범, 과학과 기술 등을 무비판적으로 모두 도입하는 것이 아니라 자신에게 필요한 것들만을 선택적으로 도입하는 것이라 이해한다면 화혼양재는 비판적·선택석·주체적 문화수용의 태도를 의미한다. 화혼양재는 이러한 의미에서 중국 것을 전면적으로 도입하는 한혼한재(漢魂漢才)나 서양 것을 전면적으로 도입하는 전반서화(全般西化)와 구분된다.

화혼양재는 근대화를 서양화와 동일시하고 자신의 전통을 낡은 것이라 버리면서 선진 문물을 그대로 도입하려는 태도를 비판하기 위해 한국에서도 간혹 인용이 된다. 소위 맹목적 서구화나 사대주의를 문화적 예속과 굴종이라 비판한다면 화혼양재는 주체적이며 독립적인 정신을 지칭하기도 한다. 아무리 우수한 것이라도 외부의 것은 선택적으로 도입하며, 토착화를 통해 이를 자신의 것으로 만들어서 새로운 것을 탄생시키거나 발전시켜야 하고, 일본은 이것을 잘했다고 평가하면서 화혼양재를 예찬하기도 한다.

---

14 Hobsbawm, Eric and Terence Ranger, ed. 1983 *The Invention of Tradition*. Cambridge: Cambridge University Press.

3.1.5. 토착화 또는 현지화로서의 화혼양재

여기에서 한걸음 더 나아가 서양의 것들을 도입은 하되 그대로 도입하는 것이 아니라 일본의 실정에 맞게 적절히 수정하고 보완하여 도입하겠다는 것으로 이해할 수도 있다. 또한 서양의 것들 가운데 일본 현실에 적절한 것들만 도입을 하고 그렇지 않은 것은 과감하게 배제하는 것도 화혼양재로 해석되기도 한다. 수많은 요인을 고려해야 하는 산업 기술의 성공적 정착은 선진 기술과 방법을 현지의 조건에 적용하고 현지에서 조달하고 활용할 수 있는 재료, 원료, 인원, 네트워크 등에 달려있다.

뒤에서 살펴볼 일본의 초기 제철산업과 산업화에 대한 이경우의 연구나 세븐일레븐(7-Eleven)을 도입하는 과정에서 세븐일레븐 재팬(7-Eleven Japan)이 쏟은 노력에 대한 김현철의 연구는 모두 이러한 의미로 화혼양재를 해석하고 있다.

3.2. 서양 문화 수용 거부자를 설득하거나 기만하는 화혼양재

화혼양재에서 '양재'는 무엇을 가리키는지 분명하지만 '화혼'의 내용은 불분명하다는 점이 종종 지적되었는데, 만일 화혼양재가 서양 문화 수용을 거부하는 사람들을 설득하고 반대를 누그러뜨리기 위해 등장한 구호였다고 하면 '화혼'의 구체적 내용은 그리 명확할 필요가 없었다. 오히려 애매모호한 상태로 두는 것이 여러 가지 의미의 부여나 해석의 여지를 남기기 때문에 더욱 유리할 수도 있었다.

심지어 화혼양재는 실질적으로는 '전면적인 서양화'를 추진하면서 표면에 내세웠던 구실에 지나지 않았다고도 볼 수 있다. 반대파로부터 진정한 의도를 감추기 위한 일종의 위장술이나 기만술의 발동이며 사기(詐欺)라고도 볼 수 있다. 존황양이를 부르짖는 국수주의자들이 개항을 추진하고 서양 문명을 받아들이려는 사람들을 주저하지 않고 살해하려는 상황에서 이 경우에도 '화혼'의 내용은 애매모호하며 듣는 사람이 자의적으로 해석할 여지를 남겨두는 것이 더욱 좋을 수도 있었다.

3.3. 화혼양재의 심리적 효과

화혼양재는 반대파를 누그러뜨리고 설득하기 위한 구호이며 심지어는 기만술이고 사기일 수도 있지만, 상당한 정도의 심리적 효과도 거둘 수 있었을 것이라 추정된다. 압도적으로 선진적인 서구의 문물을 도입하는 과정에서 자칫 상처받기 쉬운 일본인의 심리적 긴장과 모멸감, 정체성에 대한 불안감과 위기의식을 진정시켜줄 수 있었을 것이다. 문명개화를 맹렬히 추진했으나 서양으로부터 문명국으로 인정을 받지 못하여 불평등조약의 개정이 난관에 부딪히자 일본 외무성은 1883년 로쿠메이칸(鹿鳴館)이라는 서양식 건물에 무도회장과 식당을 갖춘 사교시설을 신축하고 연회와 무도회를 통해 일본의 유럽화 노력을 과시하고 치외법권을 철폐하려 하였다. 로쿠메이칸을 활용한 이노우에 가오루 외상의 불평등조약 개정 노력을 로쿠메이칸 외교라고 한다.[15]

문명개화의 추진으로 일본은 산업화와 부국강병에 성공하면서 청일전쟁에 승리했으나 다른 한편으로 급격한 서구화를 겪으면서 상당한 수준의 자아정체성의 혼란과 서양에 대한 굴욕감 등도 증대했다. '화혼'을 기

---

15 메이지 시대를 그려서 인기를 끌었던 만화책(다니구치 지로 그림, 세키카와 나쓰오 글, 오주원 옮김 2015 『'도련님'의 시대: 혹독한 근대 및 생기 넘치는 메이지인: 제2권』 서울: 세미콜론, 40-42)에는 도조 히데키의 아버지 도조 히데노리 소좌가 어린 도조 히데키를 데리고 산책을 하다가 모리 오가이를 우연히 만나서 이야기를 나누는 장면이 나온다. 도조 히데노리가 아들 도조 히데키를 목마를 태워 멀리 로쿠메이칸(鹿鳴館)을 보여주면서 "저곳에서 무도회를 몇 번을 열어도 조약이 개정되진 않는단다. 부국강병 화혼양재, 우리가 갈 길은 그것밖에 없지"라고 말한다. 로쿠메이칸에서 일본의 문명화 성취도를 과시하기 위한 사교춤 연회를 열어서 불평등 조약을 개정하려 했던 이노우에 가오루 외상의 '로쿠메이칸 외교'보다는 힘을 길러서 이를 실현하겠다는 것으로서 화혼양재는 부국강병을 위한 수단으로 해석되고 있다.

반으로 '양재'를 도입한다는 '화혼양재'라는 설명은 이러한 상황을 어느 정도 완화하는 효과가 있었을 것이다. 메이지 시대 후반에 등장한 문화주의와 일본적인 것에 대한 추구는 일본 지식인들의 이러한 심리 상태와 관련이 있는 것으로 알려져 있다.

따라서 화혼양재는 일종의 신경안정제 역할을 했다고 볼 수 있다. '양재'의 도입이라는 고통스럽고 입에 쓴 약을 삼킬 수 있게 해주는 당의정(糖衣錠)과 같은 것이었다고도 할 수 있을 것이다.

4. 화혼양재는 의미가 불분명해야만 했다? 상징과 슬로건으로서의 화혼양재

화혼양재를 검토하면 할수록 화혼양재의 가장 큰 특징이자 강점이 혹시 의미의 불명료성이 아니었을까 하는 생각도 든다. 의미 자체가 확정되지 않고 애매모호하기 때문에 오히려 다양하게 해석될 수 있으며, 상이한 행위자들이 각자 편리하게 해석할 수 있는 문명개화의 대표적인 구호이자 상징으로 작용했던 것이 아닌가 한다. 화혼양재라는 구호 자체는 모두가 합의할 수 있는 표현이며 또한 여러 다양한 입장을 모두 포용할 수 있을 정도로 애매했기 때문에 갈등을 본격적으로 표출시키지 않을 수 있었을 것이다.

중체서용이나 동도서기는 화혼양재와는 달리 나름대로 철학적·논리적 기반을 가지고 있었다. 화혼양재도 뒤에 언급하겠으나, 화혼한재(和魂漢才)라는 기원을 가지고 있었지만 '혼'과 '재'의 관계에 대한 철학적·논리적 기반이나 논의 같은 것은 별로 찾아볼 수 없다. 그래서 메이지 시대에 화혼양재가 인구에 회자될 때에도 '혼'과 '재'의 관계를 둘러싼 논쟁은 발생하지 않았다. 당대의 일본인들은 서양 것의 도입에만 전념했지 어느 방식이 올바른 방식인가에 대해 깊이 고민하거나 크게 다투지 않았다. 반면에 중국과 한국에서는 서양 것을 어떻게 받아들일 것인가를 둘러싼 입장 대립이 체용론(體用論)이나 도기론(道器論)이라는 철학적·사상적 논의 덕분에 더욱 복잡해졌다고도 할 수 있다.

체용론은 중국인의 원시적 사유의 일부로서 선진 시대 중국인들은 자신의 몸을 '체(體)'라고 하고 그 몸의 움직임을 '용(用)'이라 했다고 한다(강진석 2010). 이후 불교가 들어오면서 체용론은 크게 발전하여 혜능(慧能)에 이르러서는 "본체가 곧 작용이고 작용이 곧 본체"인 즉체즉용(卽體卽用) 개념이 등장했고 주자 등 송대(宋代)의 신유학자들에 의해 도체유행(道體流行)의 이론도 등장했다. '체'와 '용'의 관계는 그리 단순한 것이 아니었다. 근대 초기의 중체서용 슬로건은 이러한 '체'와 '용'의 관계를 가지고 중국 것을 본체로 하면서 서양 것을 활용하겠다는 입장을 표현하고 정당화하려 했던 것이다. 즉 과거 중체중용(中體中用)의 시대에 발전했던 중국인 자신의 정체(正體)를 고수하면서 중(中)과 서(西)의 관계, 또는 동(東)과 서(西)의 관계를 규정하려고 했다고 한다.

중체서용(中體西用)에서 '중체'는 중국이 가지고 있던 학문, 사상, 제도 등을 총칭하는 의미로 사용되기 시작했다. 한편 '서용'은 서구의 도구와 기술을 가져다 쓴다는 의미를 갖게 되었다. 그러나 청일전쟁에서 패배하면서 중체서용은 설득력을 잃었고 왕조라는 정체(政體)를 고수하는 것 자체에 대한 의문도 등장했다. 게다가 중체서용이라는 구호 및 중국 것과 서양 것의 바람직한 관계에 대한 비판적 논의가 '체'와 '용'의 관계에 대한 오래된 논의들을 바탕으로 등장하기 시작했다. 예를 들어 옌푸(嚴復)는 '중체서용'이란 마치 소(牛)라는 '체'를 가지고 말(馬)의 잘 달리는 '용'을 기대하는 것과 같다고 하면서 이는 성립할 수 없다고 비판했다.

이렇게 중체서용이 실천의 차원에서도 청일전쟁으로 파탄을 맞고 담론

수준에서도 강력한 비판에 봉착하면서 '전반서화(全盤西化)'가 강력한 힘을 얻기 시작했다. '전반서화'는 중국의 것을 모두 버리고 서양의 것을 받아들여야 한다는 운동이었다. 자신의 것을 전면적으로 부정하고 비하하면서 서구의 도구와 기술만이 아니라 서구의 사상과 제도를 전폭적으로 받아들인 '서체서용(西體西用)'이 요구된 것이다.

이와는 대조적으로 화혼양재에 대한 논의에서는 그러한 철학적·논리적 기반을 찾아보기 어렵다. 화혼양재의 경우에는 일단 기술과 정신의 영역을 구분가능하다고 보는 것이며 이렇게 구분한 정신의 영역에서 일본의 주체성을 발견하고 유지하는 것이었다. 심지어 여기서 더 나아가 우월한 일본 정신이 근간이 되어야 한다고 주장하려는 것이었으므로 혼(魂)과 재(才)의 관계는 매우 단순하다고 할 수 있었다. 오히려 미묘한 것은 화(和)와 양(洋)의 관계라 할 수 있다.

어디까지가 '화'이고 어디까지가 '양'인 것인지, 개항의 시점에서 일본에 이미 있던 것은 모두 '화'라고 보고, 서양을 통해서 들어온 것은 모두 '양'이라고 보아야 할 것인지? 혹은 중국이나 한국에서 들어온 것, 불교처럼 인도에서 기원하여 한국과 중국을 거쳐 들어온 것은 '화'에 속하지 않는 것인지? '한'은 '화'에 속하는 것인지 혹은 '화'에 속하지 않는지? 서양에서 들어온 것이라 해도 근대 유럽에서 만들어졌거나 근대 유럽에 특유한 것들만이 '양'에 속하는 것이고 나머지는 '양'이 아닌 것인지? 서양에서 먼저 발전했을 뿐 반드시 서양적이라기보다는 보편적인 성격이 강한 것도 '양'이라고 보아야 하는지?

문화인류학자 이토 아비토는 화혼양재에 대해 화(和)와 양(洋)의 관계에 대한 논의가 거의 존재하지 않는다는 점을 지적했다. 일본인들이 화혼양재는 많이 이야기하면서도 정작 화(和)와 한(漢)의 관계가 무엇인지, 또한 화(和)와 양(洋)의 관계가 무엇인가에 대한 질문은 진지하게 제기된 바 없다는 것이다.[16] 화(和)와 한(漢), 또는 화(和)와 양(洋)이라는 이항대립들은 일본 역사 속에서 상이한 형태로 등장하는데[17] 이들은 일본인의 아이덴티티가 무엇인가를 찾아내려는 역사적이며 민족적인 과제라 할 수 있다. 그럼에도 불구하고 이러한 질문이 진지하게 제기되지 않았다는 사실은 무엇을 의미하는가?

4.1. 애매모호하기 때문에 효과가 좋았던 화혼양재?

이러한 이항대립은 집요한 분석과 검토를 통해서 해소되지 않고 일본 역사 속에서 형태만 바꾸어가면서 계속되었다고도 볼 수 있다. 현대 문화인류학자의 시각에서 볼 때 이러한 근본적인 이항대립은 처음부터 해소될 수 없는 문제이지만, 다른 한편으로 이러한 이항대립은 해소보다도 병존과 양립을 계속시키는 것을 사람들이 더 당연시하거나 필요로 했을 수도 있다. '화'와 '한'이 그랬던 것처럼 '화'와 '양'은 마치 서로 분리된 독립적 존재처럼 양립(兩立)하면서 때로는 절충과 타협(compromise)과 취사선택(eclecticism)의 대상이 되었던 것일 수도 있다. 종합 노력은 실패했다기보다는 진지하게 시도되지 않았던 것일 수도 있다.[18]

'화'와 '양'을 대치시키면서 병존과 양립이 계속되는 상황에서 사람들은 '화'와 '양'이 별도로 존재한다는 것을 의심하지 않고 당연시할 것이다. '화'라는 개념은 고대와 중세에는 '한'과의 대치, 근대에는 '양'과의 대치

---

16 이토 아비토는 화혼양재에 대해 언급하면서 "… 메이지 이후에는 화혼(和魂)과 양재(洋才)가 별개로 진행되다가 중앙집권체제하에서 추진된 근대화의 주체로서의 국민 의식에 합체되었다고 할 수 있는데, 이 역사적이고 국민적인 과제라고도 할 수 있는 양자의 관계에 대해서는 오히려 불문에 부쳐왔다"고 지적하고 있다(이토 아비토 2009: 50).

17 이항대립의 사례로는 聖徳太子, 本地垂迹説, 国家神道, 佐久間像山(東洋道德과 西洋技術), 吉田松陰, 横井小楠 등이 제시된다.

18 소설가 武者小路実篤의 "너는 너, 나는 나, 그래도 사이좋게… (君は君、我は我。されど仲よし。)"를 떠올린다. 국민대 국제학부 김영작 명예교수의 지적이다.

에 기반하고 있다고 할 수 있다. '화'와 '양'을 계속 대치시키면서 결정적 대립이나 해소를 회피하는 것은 갈등과 충돌의 회피는 물론 화와 양의 관계가 어느 한 쪽으로 치우치는 것도 회피하려는 시도일 수 있다.

4.2. 화혼양재의 의미 변천

화혼양재는 한국이나 중국에서는 불가능하고 일본에서나 가능한 논리라는 시각도 있을 수 있다. 중체서용이라는 말은 사용했지만 '중혼양재(中魂洋才)'라는 말도 사용하려 했을까? 동도서기는 있었지만 '동혼양재(東魂洋才)'나 '국혼양재(國魂洋才)' 또는 '조혼양재(朝魂洋才)' 또는 '한혼양재(韓魂洋才)'라는 말이 설득력 있게 다가왔었을까?

윤소영(2006)에 의하면 대한자강회의 고문이었던 오가키 다케오(大垣丈夫)가 대한자강회의 취지를 설명하는 1906년 발표된 글에서 일본이 서양의 문명을 흡수하면서 야마토다마시(大和魂)를 발휘하여 근대화에 성공한 것처럼 한국도 단군 이래의 한국혼을 발휘하여 근대화에 성공할 것을 주장했다고 한다. 오가키 다케오는 이어서 대한자강회의 목적은 안으로는 한국혼을 배양하고 밖으로는 문명의 학술을 흡수하는 것이라 강조했다(윤소영 2006). 그 이듬해에 이기주는 오가키의 입장을 설명하는 글에서 '조선혼'을 이야기한 바 있는데 윤소영(2006)은 이에 대해 "오가키는 일본혼을 가지고 조선인은 조선혼을 가진 채 그야말로 동양평화를 위해 서로를 존중하고 도와주는 관계일 뿐이라 역설"한 것이라 평가했다.

한국에서는 이후 박은식이 '국혼(國魂)'을 강조했는데, 얼핏 보면 박은식의 국혼(國魂)과 국백(國魄) 논의는 국학, 국어, 국사는 혼(魂)으로 보고 전곡(錢穀), 군대, 성지(城地), 함선(艦船), 기계(器械) 등을 '백(魄)'으로 보았다는 점에서 화혼양재와 거의 동일한 인식의 틀을 가지고 있는 것처럼 보인다.[19] 이러한 박은식의 혼백 개념의 사용에 대해 윤소영(2006)은 혼백은

모두 정신적인 것이므로 박은식의 혼백 개념은 전통적인 것과 다르다는 점을 지적하고 있다.[20]

박은식의 '국혼'에서 주목할 점은 총, 포, 칼, 기계 등의 무기와 충성, 믿음, 용감한 정신 등의 무(武)를 구별하면서 무기의 사용은 정신인 '무'에 의한 것이라 전제하고 고구려가 수나라와 당나라를 물리친 것은 상무정신에 의한 것이라며(윤소영 2006) 상무정신, 즉 혼을 강조했다는 사실이다. 이러한 인식은 '국민의 혼'에 대한 신채호와 '한국혼'에 대한 신규식의 논의에서도 유사하게 나타난다. 일본에서 설립된 태극학회도 '조선혼'을 강조했다(윤소영 2006).

그러나 박은식의 '국혼'이나 신채호의 '한국혼' 또는 신규식의 '조선혼' 등의 표현은 화혼양재 정도로 널리 인구에 회자되거나 수용되지는 못했던 것으로 보인다. '국혼'을 개발해야 한다는 박은식의 논의나 '한국혼' 또는 '조선혼'에 대한 논의는 나라가 망했더라도 민족정신은 잃지 않아야 한다던가, 무력이 약해 나라를 빼앗겼으니 우리에게 상무정신이 필요하다

---

19 박은식은 『한국통사(韓國痛史)』에서 혼과 백을 구분하여 국혼과 국백에 대해 다음과 같이 기술한 바 있다. "국혼(國魂)은 살아있다. 국교(國校), 국학, 국어, 국사는 국혼(國魂)에 속하는 것이요, 전곡(錢穀), 군대, 성지(城地), 함선(艦船), 기계(器械) 등은 국백(國魄)에 속하는 것으로, 국혼의 됨됨은 국백에 따라서 죽고 사는 것이 아니다. 그러므로 국교와 국사가 망하지 아니하면, 국혼은 살아있으므로 그 나라는 망하지 않는다." 윤소영(2006)은 이에 대해 박은식의 '백'은 일본의 화혼양재 가운데 '재'의 개념과 동일하게 사용하고 있다고 지적했다.

20 아마도 박은식이 국혼과 국백으로 나누는 비유를 사용하지 않고 혼백과 신체로 나누어 설명했더라면 이러한 비판은 면할 수 있었을 것이다. 그런데 박은식의 『한국통사』가 간행된 것은 이미 한국이 일본에 병합된 이후인 1915년이었다. 추측하건데, 박은식이 보기에 한국은 군대가 해산되고 나라를 잃었으며 '신체'는 이미 죽은 것이나 다름없기 때문에 정신과 신체가 아니라 혼과 백이라는 비유를 선택했던 것이 아닌가 한다. 전통 관념에서도 혼은 더욱 정신적인 부분이라 하늘로 올라가고 백은 보다 신체적인 부분이기 때문에 땅에 남는 것으로 알려져 있다. 모든 문물이 일본 또는 서양 것으로 변화하고 있는 상황에서 한국의 신체, 즉 국가는 이미 죽었고 한국의 '국백', 즉 한국의 문화적 산물들도 사라지고 있지만 국혼은 국백에 좌우되지 않는다는 믿음을 설파한 것이 아닐까?

는 수준에서는 널리 공감을 받았던 것 같다. 그러나 이러한 용어나 표현들은 '양재', 즉 서양 문명과 함께 사용되면서 서양 문명을 도입하는 방법이나 자세라는 의미로 사용되었던 사례를 찾기 어렵다. 한국에서는 신체에 해당하는 국가의 멸망의 시기에 그래도 정신만은 죽지 않고 남아 있다가 다시 신체를 되찾아, 즉 나라를 되찾아 부활할 것이라는 점을 강조하기 위해 '국혼'이나 '한국혼' 등의 개념이 사용되었던 것이 아닐까? 한편으로는 화혼양재의 인식의 틀과 유사해 보이지만 다른 한편으로는 목적이나 관심사가 매우 달랐던 것 같다. 그러다 보니 그 내용 역시 상무정신이나 용기가 주로 강조되었고 외래 문명을 취사선택하여 우리 현실에 적용하는 문제는 언급되지 않았다.

화혼양재의 기원이 되는 화혼한재(和魂漢才)는 일본에서 타문화수용의 초기 담론으로 고대에 등장했다. 화혼한재는 한반도의 백제, 고구려, 신라는 물론 당과의 교류가 활발히 이루어졌던 시대에 등장한 것으로서 일본에서 학문의 신으로 숭상되는 스가와라 미치자네의 말이라는 주장이 있다. 그러나 화혼양재라는 표현이 등장하는 스가와라 미치자네의 저작은 위서이며 이는 후대에 지어낸 것이라고 하며 화혼양재가 기록상으로 처음 등장한 것은 11세기 초의 작품인 『겐지모노가타리』라고 한다(임경택 2015).

'화혼한재'에서 '화혼'의 의미는 '화혼양재'에서 '화혼'의 의미와 매우 달랐으며(임경택 2015) 이에 대해서는 제3장 「화혼양재의 계보와 의미 변환—화혼한재와 야마토다마시, 그리고 야마토고코로」에서 자세히 논한다. 고대에는 일본의 현실에 맞는 실용적인 지식이나 헤아리는 마음 등에 불과했으나 후대로 가면서 용맹한 기질 등을 의미하게 되었다고 한다. 한편 화혼한재 당시의 '화'는 불교와 유교 전래 이전의 일본 것을 의미했지만, 화혼양재 시대의 '화'는 불교와 유교 등 중국과 한국으로부터 전래된 것들까지 모두 포함하고 있었다는 지적도 있다. 박훈(2015)의 연구를 기반으로 작성한 제4장 「국가의 정치제도와 근대 국가 건설과정의 화혼양재」는 그러한 전제에 입각해 있다.

4.3. 서양문명의 수용 현장과 화혼양재

화혼양재는 인구에 회자되었다고 하지만 서양 문명을 도입하는 현장에서 그 실천 사례를 확인하려는 우리들의 공동연구는 만족스러운 성과를 거두지 못했다. 우리 공동연구는 화혼양재, 중체서용, 동도서기·위정척사에 대한 기존의 대부분의 연구와는 달리 사상과 담론의 영역에서 전개된 과정과 성취를 분석하는 것에 만족하지 않았다.

물론 '중서(中西)', '동서(東西)', '화양(和洋)' 등 국가나 문명 수준의 담론과 실제로 서양의 과학과 기술과 제도와 조직이 도입되고 실천되는 현장은 층위가 다른 것이 사실이다. 또한 담론(What they say)과 실천(What they do)이 반드시 일치해야 하는 것은 아니다. 그 차이나 괴리는 현장을 연구하는 문화인류학자들에게는 너무나 잘 알려져 있으며 종종 현장의 행위자들은 자신들의 행동이 본인들이 생각하거나 말하고 있는 바와 일치하지 않는다는 사실 자체를 인식하지 않고 있을 때도 많다. 그럼에도 불구하고 서양의 문명을 열심히 도입했던 유명한 역사적 현장들에서 막상 화혼양재의 구체적인 대표적 사례라고 할 만한 것을 찾아보기 어렵다는 것은 무엇을 의미하는가?

우리 공동연구자들은 '화혼양재'라는 구호와 담론이 실천의 수준에서는 현장에서 어떻게 이해되었는지, 어떻게 구체적인 시도 또는 제도나 관행으로 현실화되었는지, 어떻게 특정한 행동이나 태도를 옹호하거나 공격하기 위해 사용되었는지, 또한 어떠한 의도하지 않았던 결과를 초래했는지 등에 대해 매우 궁금했다. 구호와 담론은 한국과 중국과 일본이 각기 다른 것 같지만, 한 걸음 떨어져서 본다면 그리 다르지 않다고 해석될 수도 있는데,[21] 그렇다면 현장은 어떠했을까? 같은 구호를 사용하면서 현장은 달랐을까? 구호나 담론에 담겨 있던 주체성은 현장에서 어떻게 적용되고 표현되었을까?

이러한 질문들에 답하기 위해 공동연구자들은 산업 정책과 산업화 추진 과정, 기업 시스템의 도입과 경영 등을 검토했으며 일본의 근대화의 현장들을 답사하였다. 제철 산업은 물론 기업 경영과 자동차 산업 등의 분야에서 새로운 기술을 도입하는 과정에서 '화혼'이 중요한 지도 원리 또는 조직 및 운영 원리로 작용한 사례가 있는지 찾아보았다.

제철 산업은 근대 산업의 발전 과정에서 핵심이 되는 분야로서 철도, 조선, 기계, 병기, 자동차, 전기 등 많은 다른 산업과 긴밀한 연관을 가지기 때문에 이에 대한 분석은 많은 시사점을 줄 것이 기대되었다. 제철은 막부와 주요 번, 그리고 메이지 유신 이후에는 국가적으로 중요한 산업이었고 군사적으로나 경제적으로나 서구의 발전된 기술의 도입이 절실히 요구되던 분야였다. 또한 제철은 전통적으로 일본에 존재하던 기술이기 때문에 이를 생산하던 전통 장인과 조직이 존재하였다.

근대적 기술의 존재에 대한 지식과 함께 근대적 제철 산업을 발전시켜야 하는 절박한 필요성은 초기의 일본의 제철 산업으로 하여금 여러 시행

---

21 조용헌(2007)은 "삼국이 표현은 약간 달랐지만 그 의미는 같았다"고 간단명료하게 단언한 바 있다. "서양 문화의 쇼크를 겪었던 한·중·일의 식자층은 너무나 이질적인 서양 문화를 어디서 어디까지, 그리고 어떤 방법으로 받아들여야 하는가를 고민할 수밖에 없었다. 그 방법론적 틀을 일본에서는 화혼양재(和魂洋才)라고 하였고, 중국에서는 중체서용(中體西用), 조선에서는 동도서기(東道西器)를 주장하였다. 삼국이 표현은 약간 달랐지만 그 의미는 같았다. 아시아의 혼(魂), 체(體), 도(道)는 지키면서 재(才), 용(用), 기(器)는 수용할 수밖에 없다는 취지였다. 여기서 삼국이 받아들이고자 했던 재, 용, 기는 바로 서구의 과학(science)이었다. 반면에 지켜야 한다고 생각했던 혼, 체, 도는 무엇인가. 요즘 식으로 표현하면 바로 정체성(正體性)이었다. 자기 정체성은 지키면서 서구 문화를 수용해야 한다는 생각을 가지고 있었던 것이다. 〔조용헌 살롱〕 "동도서기(東道西器)" 『조선일보』 2007년 6월 20일.

착오를 거치게 만들었다. 철광석과 연료의 확보와 운송 등 재료의 공급, 제품의 유통과 판매, 소비자의 요구와 평가, 기술의 전수와 발전, 장인의 충원과 훈련 과정, 노동과정에 대한 통제 등 전통사회에 존재하고 있던 가치와 태도가 근대적 기술의 도입으로 변화를 겪는 가운데 화혼양재라는 담론이 등장하거나 특정한 역할을 했다는 증거는 찾아보기 어려웠다(이경우 2015). 막말과 메이지 초기의 일본에서 근대적 제철산업을 발전시킨다는 것 자체를 화혼양재라고 할 수 있으나, 적어도 현장에서 화혼양재는 구체적으로 제철산업의 조직이나 운영, 그 발전 방향 등을 결정하는 과정에서 현실적합성(relevance)이 있는 개념은 아니었던 것으로 보인다.

시기적으로 훨씬 후기이지만 자동차 공업의 발전이나 심지어는 편의점의 도입과 발전 과정처럼 구체적인 현장에서 '화혼양재'라는 표현은 등장하지 않는다. 제2차 세계대전 후 일본의 자동차 공업의 성장은 한때 미국으로 하여금 자동차산업의 포기를 진지하게 검토하게 할 정도로 위협적인 것이었고 세븐일레븐 재팬의 경우는 미국의 본사를 인수하기에 이르렀다. 그런데 편의점처럼 놀라운 성공 사례의 분석에서도 화혼양재는 등장하지 않는다(김현철 2015).

마찬가지로 자동차 산업의 경우에도 화혼양재라는 용어는 등장하지 않는다(김현철 2015). 자동차 산업의 경우에는 1980년대 이후 일본형 경영 또는 도요타 방식을 강조한 것이 초기의 성공 이후에는 오히려 불리하게 작용한 것이 아닌가 하는 의문마저 제기하게 만든다. 가이젠(kaizen, 改善)에 대한 강조나 JIT(Just-in-Time) 방식에 대한 서구의 예찬을 일본인 자신들도 널리 믿기 시작하면서 기존의 방식의 문제점을 간과하거나 혁신에 늦어진 것이라는 비판적 시각도 가능하다.

영국의 해군을 모델로 하여 건설한 일본의 근대 해군은 발틱함대 격파와 진주만 기습뿐 아니라 옥쇄(玉碎)와 가미가제 전술로도 유명하니 당연히 화혼양재의 대표라 할 수 있었지만, 에타지마(江田島)의 옛 해군병학교(海軍兵學校)에서 면담했던 일본 해상자위대의 고급장교들은 공동연구자들의 거듭된 질문에도 일본 해군 건설 과정에서 화혼양재의 구체적 사례라고 할 만한 것을 떠올릴 수 없었다.

아편전쟁 직후 일본 전역에서 일어났던 해방(海防)에 대한 논의와 해양국의 꿈을 기반으로 급속히 성장한 일본 해군은 청일전쟁과 러일전쟁에서 근대 해군으로서 눈부신 활약을 보여주었고 제2차 세계대전 때는 최신 무기체계를 갖추고 태평양을 건너 세계최초로 항공모함 기동부대에 의한 작전을 성공리에 감행하기도 했다. 일본 해군은 세계 최강의 해양국가인 미국의 전함들을 진주만에서 격파했고 영국의 처칠 수상이 '세계최강'이라고 자랑하던 최신 전함 프린스오브웨일즈호도 말레이 해전에서 격침시켰을 정도로 성장했지만, 이후 미 해군과의 중요한 전투에서 함대의 규모와 장비와 훈련이 우세할 때조차 단 한 번도 제대로 승리하지 못했다는 평가를 받았다. 그 이유를 연구했던 『일본 제국은 왜 실패하였는가: 태평양 전쟁에서 배우는 조직경영』에서 노나카 이쿠지로는 새로운 것을 받아들이지 못하고 과거의 성공에 얽매여 자기 혁신을 이루지 못한 일본군의 조직 원리가 문제였다고 하고 있다.

일본 해군에서 화혼을 발견하려고 마음을 먹는다면 사관학교 성적이 제독 승진까지 결정하는 상황에서 자기혁신에 실패한 일본군의 조직 원리를 화혼이라 볼 수도 있을 것이다. 또는 전투기에 탑승하면서도 일본도를 들고 타는 일본 해군 조종사의 모습에서 또는 가미가제 특공대에서 무사도와 화혼을 발견할 수도 있을 것이다. 그런데 이것이 정말로 '화혼양재'일까?

4.4. 서양문명의 수용현장과 동도서기

사실은 대한제국 시기의 근대화 노력을 검토한 경우에도 동도서기가 현장에서 중요한 역할을 했다는 증거는 찾아보기 어렵다. 전신사업은 고종 황제가 정치적, 군사적 이유 때문에 비상한 관심을 가지고 추진했던 국책 사업이다(김연희 2015). 이미 1885년, 1887년, 1891년에 서로전신선, 남로 전신선, 북로선신선이 가설되기는 했으나 모두 청의 전보총국의 조선 지부가 관리하고 있었다. 청일전쟁을 기화로 일본이 조선의 전신선로를 강점하자 고종은 일본으로부터 전신선을 돌려받기 위해 노력을 하는 한편 인력을 양성하고 외국의 운영 상황을 검토하는 등 준비를 한 다음 1895년부터 독자적이며 자주적으로 전신사업을 전개했다.

전신은 새로운 서양의 근대 과학의 산물이었으며 여기에 종사할 인원은 몇몇 유학생을 제외하고는 정부가 관리하는 학당에 학도로 천거되어 2~3년 간 교육을 받은 후에 관리로 선발된 사람들이었다. 이들은 근대 서양 지식과 기술을 교육받은 사람들로서 근대적 기기를 다루면서 대민 봉사에도 종사하는 매우 근대적인 집단이었지만, 조선의 전통적 잡과 중인들과 연속성을 가지고 있었다(김연희 2008). 1880년대의 초기 전신기술자들은 의과, 역과, 음양과 등의 실무에 종사했던 기술잡과 중인과 유사한 서열의 관원으로 선발되었다. 또한 공을 세우거나 오래 근무하면 지방관 수령직을 제수받기도 했다고 한다.

그러므로 전신사업은 만일 동도서기의 사상이 구체적으로 나타난다면 가장 잘 드러나야 할 대표적인 후보 가운데 하나일 것이다. 그러나 전신사업을 연구한 김연희(2006, 2008)는 광무개혁 이후 동도서기 담론이 전면에 등장하지 않음은 물론 층위도 다르기 때문에 '동도니 서기니, 하느니 마느니' 식의 논의는 전혀 끼어들 여지가 없이 진행되는 경향을 보였다고 주장하고 있다(김연희 2015).

5. 이 책의 구성

이 책은 이러한 문제의식과 질문, 그리고 잠정적인 발견을 기반으로 공동연구자들의 연구 성과를 검토하고 화혼양재에 대한 종합적 이해를 시도한 것이다. 제1부는 화혼양재라는 연구주제를 선정하게 된 문제의식과 이유, 화혼양재가 역사적으로 수행한 역할, 그리고 '화혼'의 의미 변화에 대해 살펴본다. 한경구가 집필한 제1장에서는 문화수용전략으로서의 화혼양재와 동도서기, 그리고 위정척사에 대해 살펴보면서 화혼양재가 여러 의미를 갖고 사람에 따라 다르게 사용되고 해석되고 있으며 또한 고대에 등장한 화혼의 개념이 역사적으로 상당한 변화를 겪었다는 점을 살펴보았다. 특히 화혼양재는 그 의미가 불분명했기 때문에 오히려 널리 사용되었고 성공적 전략으로 간주된 것이 아닌가 하는 의문도 제기했다.

'화혼양재'가 일본이 근대화를 본격적으로 추진하기 시작한 시기에 등장했으며 산업혁명을 성공으로 이끄는 중요한 요소였다는 견해를 검토하기 위해 김태유는 장문석과 함께 제2장 「산업혁명과 이데올로기로서의 화혼양재—이제는 지식산업혁명으로」를 집필했다. 김태유와 장문석은 산업혁명은 농업사회와는 달리 사회의 부를 가속적으로 증가시켜주는 것이라는 점을 강조하면서도 이는 매끄럽게 진행되는 여러 사람이 좋아하는 과정이 아니라는 점에 주목한다. 산업혁명은 이해관계의 대립과 함께 세계관과 가치, 습관의 충돌 때문에 변화에 대한 저항과 반대가 격렬하며 따라서 강력한 리더십과 함께 때로는 강제력이 수반되기도 하는 과정임을 강조한다. 화혼양재는 구체적인 현장에서 서양 것을 도입하는 지도원리라기보다는 일본이라는 차원에서 이러한 고통스럽고 역동적인 변화를 추진하고 정당화하는 이데올로기로서 역할을 했던 것으로 평가한다.

제3장 「화혼양재의 계보와 의미 변환—화혼한재와 야마토다마시, 그리

고 야마토고코로」에서 임경택은 화혼양재라는 용어의 의미를 역사적으로 추적한다. '화혼'은 '화혼한재'라는 형태로 고대에 등장했는데 그 당시의 '화혼'의 의미는 외국에서 수입된 선진적인 '한재'에 대응하여 이를 현실에 맞게 사용하는 실용적 감각이나 능력, 또는 다른 사람의 정서를 헤아리는 마음을 의미했다. 그런데 에도 시대 후기에 이르러 '화혼', 즉 야마토다마시가 일본 고유의 용맹한 정신을 의미하는 것으로 의미가 전환되면서 화혼한재에서 비롯된 화혼양재는 서양의 것을 일본의 현실에 맞게 취사선택하고 변용하여 잘 사용한다는 의미도 있었으나 동시에 근대화 과정에서 오염되거나 상실되지 않도록 지켜야만 하는 일본 고유의 정신을 뜻하게 되었고 그 결과 점차 군국주의와 영합하는 내용을 갖게 되었다.

제2부는 현장에서의 화혼양재를 살펴보는 노력들로 구성된다. 박훈은 제4장 「국가의 정치제도와 근대 국가 건설과정의 화혼양재—봉건론과 군현론의 줄타기와 한재(漢才)」에서 막부 말기와 메이지 초기에 걸쳐 도쿠가와 시대부터 이어져 온 봉건론과 군현론 논의의 검토로 시작하여 왕정복고 이후의 불투명하고 혼란스러운 상황에서 판적봉환과 폐번치현을 거쳐 봉건제가 폐지되고 중앙집권제, 즉 군현제가 정착을 하는 과정을 살펴본다. 일찍부터 사무라이의 사화(士化)라는 용어를 통해 에도 시대 후기에 일종의 유교 사대부 정치문화 비슷한 것이 성립했다고 주장해 온 박훈은 국가의 정치형태의 변화를 화혼양재라는 관점에서 관찰한다. 봉건제건 군현제건 모두 중국에 기원을 두고 있는 것이지만, 봉건제는 도쿠가와 시대에 이르면 어느덧 중국과 한국에서는 사라지고 일본에만 남아 있는 제도처럼 일본 지식인들의 자긍심의 기반이 된다. 왕정복고 이후에도 '막부의 봉건'에서 '천황의 봉건'으로 이행할 것이라는 기대가 높았던 가운데 '서양은 모두 군현'이라는 주장과 함께 어느 틈에 군현제로 바뀌게 된다. 이 과정에서 화혼양재는 어디에 있었는가?

제5장에서 이경우는 일본의 산업화 초기의 제철 산업을 검토했다. 산업현장에서 화혼양재가 구호나 지도 원리로 사용되었던 구체적인 사례나 흔적은 발견하기 어려웠다. 메이지 정부는 국영 기업 방식으로 서양 것을 도입했으나 재료가 다르거나 일본 시장에 맞지 않는 제품을 생산하여서 대부분 실패로 끝났다. 그런데 이를 불하 받은 민간 기업들은 일본 현실에 맞도록 여러 가지 변경도 하고 응용도 하여 성공시킨 사례가 많다는 점에 주목하면서 이경우는 화혼양재의 화혼이란 결국 서양 것을 일본 현실에 맞도록 취사선택하고 변형하여 현장에서 성공시키는 것이 아닐까 지적하고 있다. 이는 임경택이 언급한 화혼한재 시대의 화혼의 의미, 즉 현실에 맞게 한재를 활용하는 실용적 지식이라는 의미가 된다.

김현철은 일본의 여러 기업들을 검토하다가 비교적 최근에 서양 것을 도입하여 성공한 세븐일레븐 재팬에 주목했다. 실적 확대에 어려움을 겪고 있던 양판점 이토 요카도가 활로를 찾는 방안의 하나로 미국에서 도입한 세븐일레븐은 한편으로는 미국 세븐일레븐의 가장 본질적인 부분을 그대로 도입하면서도 비본질적인 부분들은 일본의 현실에 맞게 과감하게 버리거나 수정하였다. 비록 화혼양재라는 표현이 사용되지는 않았으나 제6장 「외국 유통업 세븐일레븐의 도입 과정에서 본 화혼양재」는 바로 이러한 세븐일레븐의 사례에서 화혼양재를 확인하고 있다. 미국식 편의점의 일본 정착을 연구한 김현철은 제철산업 등 초기 산업화 과정을 연구했던 이경우와 마찬가지로 화혼양재의 화혼이란 서양 것을 그대로 도입하는 것이 아니라 일본의 현실에 맞게 취사선택하고 적절히 수정하여 도입하는 것으로 보았다. 역시 임경택이 언급했던 화혼한재 시대의 '화혼'과 같은 의미이다.

문중양은 제7장 「동도서기론적 과학 인식—17~19세기 중국과 조선에서 만난 이질적인 두 과학」에서 화혼양재에 대한 이러한 검토와 논의를 바탕으로 조선 시대 후기에 중국을 통해서 아직 근대적 의미의 과학은 아니지만 예수회 선교사들의 상당히 발전된 천문학적 지식에 접했던 조선의 학인들이 이러한 지식을 어떻게 받아들였으며 어떻게 평가했는가를 검토했다. 문중양은 17세기와 18세기 중국의 지식인들이 서양 천문학이라는 이질적인 '과학'을 해체하여 정보와 지식으로 받아들이면서 자신들의 '전통' '과학'을 더욱 풍요롭게 만든 과정을 검토하고, 강남 지역의 방이지 학파의 학인들은 이러한 지식과 정보를 사용해서 성리학적 자연인식 체계를 구성했다는 사실에 주목한다. 조선의 지식인들 역시 매우 다양한 반응을 보이기는 했지만 김석문, 서명응, 홍대용 등 다수의 학인들은 성리학적 인식 체계를 활용해 서양 천문학이 알려준 새로운 우주론적 지식 정보를 해석하여 매우 흥미롭고 독자적인 우주론을 만들었다. 19세기 중반까지도 중국이나 조선의 학인들에게 서양 과학지식은 자연의 원리를 파악하는 심오한 학문, 즉 '형상지도(形上之道)'에는 미치지 못하는 전문적 기술 지식에 불과한 것으로 인식되었다. 이러한 인식은 동도서기의 기반이 되었다고도 할 수 있다. 그러나 19세기 중엽이 되면서 서구 제국주의의 위압적 등장과 함께 최신의 과학 기술이 쏟아져 들어오자 유럽의 '과학'만 '과학'이 되었고 전통적인 '과학'은 '과학'으로서의 지위를 잃는데, 종두법과 근대 의학의 도입이나 태음태양력인 시헌력이 '음력'으로 몰락하고 보다 '과학적인' 양력이 시간을 지배하게 되는 과정은 그러한 대표적인 사례이다.

맺음말은 화혼양재와 관련한 이데올로기, 담론, 구호와 그 의미 변천에 대한 논의, 산업화 과정이나 기업 현장에서 화혼양재의 검토, 그리고 중국에서 기원한 봉건제나 군현제 등 '한재'에 대한 논의라고 할 수 있는 정치제도 문제가 어떻게 서양이 모두 그러하니 우리도 군현제라는 논의로 변신했는지에 대한 검토, 서양의 천문학의 뛰어난 점에 감탄하면서도 이를 지식과 정보로 해체하여 전통 과학으로 흡수하고 서양 천문학을 저급의 논의로 취급하는 태도 등 동도서기의 인식틀과 그 붕괴에 대한 검토 등을 바탕으로 '위정척사와 동도서기, 그리고 중체서용은 과연 실패한 전략이었는가?'라는 주제를 논의할 것이다.

산업혁명과 이데올로기로서의 화혼양재
—이제는 지식산업혁명으로

◎
◎
제2장

1. 산업혁명이란 무엇인가?

영국에서 일어난 산업혁명은 인류가 맞이한 가장 큰 축복이었다. 물론 산업자본주의체제의 성립은 네덜란드에서 시작된 산업혁명에 의한 상업자본주의에 기반을 두고 있다. 향신료 등 고부가가치 사치품의 원거리 무역으로 가치를 창출하는 '확대재투자체제'는 영국에서 더욱 성숙하였으며, 이것이 기반이 되어 기술혁신에 의한 '확대재생산체제'로 진화하였다.

기존의 농업경제체제는 토지가 무한히 증가하지 않는 한 아무리 노동을 투입하더라도 결국은 생산이 체감하게 되며 성장은 감속하게 된다. 이러한 의미에서 농업경제는 단순재생산체제였다. 이것은 고금동서를 막론하고 사회적 가치창출을 기본적으로 농업생산에 의존할 수밖에 없었던 모든 국가와 민족이 직면하고 있던 한계였다. 주변경제에 의존하거나 기생하는 일부 유목사회나 소규모 도시경제를 제외하고는 모든 농업사회의 일반적인 속성으로서 농업사회는 성장이 감속하는 사회(Decelerating

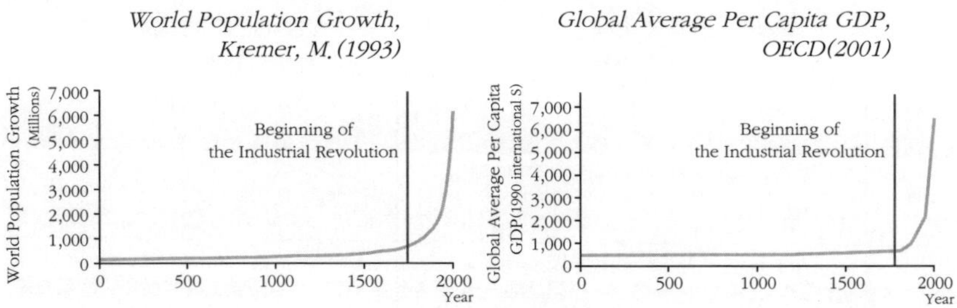

산업혁명의 성과

Society)였다.

그런데 네덜란드의 상업자본주의와 확대재투자체제는 성장이 가속을 시작한다는 점에서 인류문명사상 처음 맞이하는 새로운 사회였다. 물론 향신료와 차 이후 새로운 고부가가치 사치품이 계속 발굴되지 않았다는 구조적 한계 때문에 가속적 성장이 지속될 수 없었다는 근본적 한계가 있었다. 그럼에도 불구하고 감속하는 사회로부터 가속하는 사회로 인류문명이 진화를 시작한 혁명적 사건이었다는 점에서 상업혁명은 산업혁명의 가장 중요한 일부로 인식되어야 한다.

영국에서 시작된 기술혁명은 상업사회의 확대재투자체제를 확대재생산체제로 한 단계 도약을 시켰다. 상업사회에서는 기존의 고부가가치 사치품의 소비가 정체되고 대중으로 확산되면 더 이상 경제 성장을 견인할 수 없게 된다. 이러한 경우에는 지구상의 어디에선가 새로운 고부가가치 사치품을 찾아내야만 경제의 가속적인 성장이 지속될 수 있었다. 경제성장의 원동력이 신상품의 거대한 신수요의 창출이라면, 상업사회에서는 그 추진력을 경제 시스템 내부에서 만들지 못하고 외부에서 공급받아야만 한다는 분명한 한계가 존재했던 것이다.

산업혁명이란 바로 이러한 추진력을 경제 시스템 내부에서 만들기 시작했다는 점에서 그 의미가 크다. 감속하는 사회로부터의 탈피라는 측면에

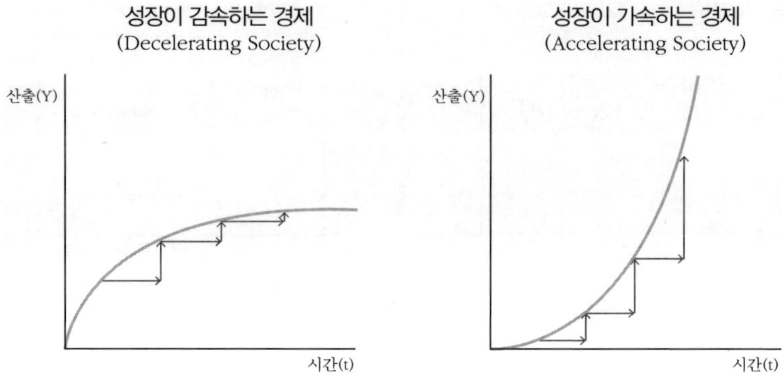

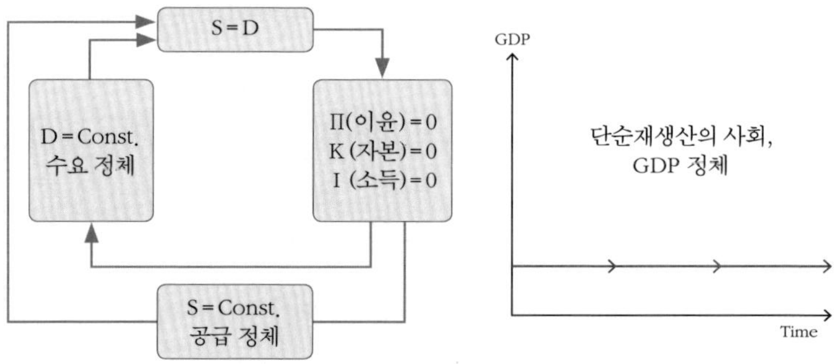

농업사회, 단순재생산체제

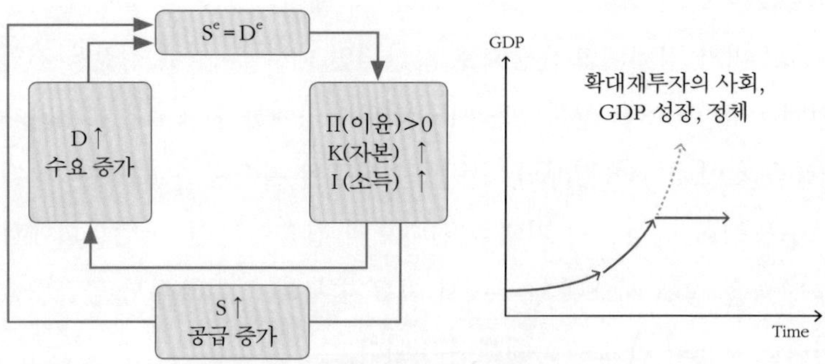

상업사회, 확대재투자체제

서 상업사회가 처음 대지를 떠나 하늘 높이 떠오른 무동력 글라이더라고 한다면, 산업혁명은 엔진을 장착하여 계속 비행이 가능한 항공기라고 할 수 있을 것이다. 산업사회란 기술혁명을 통해 경제체제 내에서 신상품을 계속 새로 만들어 내고 신수요를 지속적으로 창출해낼 수 있는 가속하는 사회(Accelerating Society)이기 때문이다. 경제성장이 가속한다는 면에서는 같지만 상업사회는 지속가능하지 않은 데 비해, 산업사회는 지속가능하다고 할 수 있다.

2. 일본의 산업화

일본의 산업화는 오랫동안 주목을 받아왔다. 인류문명사상 처음 산업혁명이 일어난 영국, 그리고 영국과의 인적, 물적 교류에 의해 산업화를 일찍 시작했던 소수의 서유럽 국가를 제외한다면, 제1차 세계대전에 즈음하여 영국식 산업화에 성공한 비서구 국가는 오직 일본밖에 없었다. 그리하여 일본의 산업화는 지구상의 여러 후발국 및 개발도상국들에게 경이적 사건이었으며 추종하고 싶은 모델이기도 했다.

비서구 국가로서 산업화에 성공한 것은 산업혁명의 진앙지인 서유럽에서 지리적으로 가까운 동유럽도 아니고, 유럽의 혈통과 문화적 전통을 이어받고 천혜의 자원을 보유한 남미도 아니었다. 또한 농업사회에서 인류문명의 4대발명이라고 일컬어지는 종이, 화약, 나침판과 인쇄술을 개발한 중국도 아니었고, 인류의 영적 종교적 기원을 배태한 인도도 아니었다. 극동의 후미진 섬나라라고 할 수 있는 일본이, 도대체 왜 어떻게 지구상에서 유일하게 성공한 후발산업국으로 발전할 수 있었을까?

이에 대한 논의는 매우 다양하다. 서구 학자들에게는 소위 서구의 '우수성'이나 지극히 '서구적인' 특징을 드러내 보여주는 것이기도 하지만, 동시에 일본 학자들에게는 일본의 '우수성'이나 '서구와의 유사성'을 드러내 보여준다는 점에서 이는 서구와 일본의 학자들에게 매우 흥미 있고 중요한 문제이지만, 한국의 학자들에게도 이는 매우 중요한 문제이다. 근대 국민국가의 건설에 실패하고 식민지로 전락한 것은 물론이요 그 이후 한민족이 겪은 분단과 전쟁이라는 고통도 모두 일본의 산업화와 관련이 있기 때문이다. 왜 메이지 일본은 산업화에 성공했는가? 대한민국은 눈부신 경제성장과 산업화가 가능했어도 조선과 대한제국이 산업화에 성공하지 못한 이유는 무엇이었을까?

'왜 일본은 산업화에 성공했는가?'라는 질문에 대한 답을 찾기 위해 학문과 학문의 벽을 넘나들며 이론적 실증적 검증을 통해 그럴 듯한 가설을 세웠다가 부정(reject)하기를 반복하던 중, '화혼양재'야말로 일본의 성공의 비밀이었을 것이라는 문제의식에 도달했다. 이렇게 볼 때 화혼양재에 대한 관심은 단순히 지나간 과거에 대한 호기심이 아니다. 이는 미래에 대한 고려 때문이다.

미래는 인간이 예측하기도 어렵고 통제하기도 어려운 것이지만 그렇다고 해서 아무 생각 없이, 아무런 대비 없이 미래를 맞이할 수는 없다. 미래에 대해 인간이 시도할 수 있는 최선의 대처 방법은 비록 굴절된 모습이라 하더라도 지나간 과거에 투영된 미래의 그림자를 기반으로 합리적 가설 하에 최고 이론들을 동원하여 다가올 미래의 모습을 퍼즐의 조각처럼 맞추어나가는 것이리라. 만일 농업사회에서 산업사회로 진화하던 과정에서 일본의 독보적 성공의 비결이 화혼양재였다면, 이는 산업사회에서 지식기반사회로 진화해가고 있는 우리 사회의 머지않은 미래에 대해 의미심장한 시사점을 제공하게 될 것이리라.

3. 선발국의 산업혁명 vs 후발국의 산업혁명

산업혁명을 넓게 포괄적으로 정의하면 18세기 중엽 영국에서 일어난 기술혁신과 이에 수반하여 일어난 사회경제 구조의 근본적 변혁이다. 도대체 왜 이런 문명사적 변혁이 하필이면 영국에서, 그것도 18세기 중엽에 꼭 일어나게 되었는가? 영국에서 산업혁명이 일어나게 된 필요충분조건으로서 3개 조건은 다음과 같다.

첫째, 상업혁명에 의한 확대재투자체제가 성숙되어 있어야 한다. 신제품을 지구상 어디선가 찾아내거나 혹은 인간이 만들어 내거나 하는 차이가 있기는 하지만 확대재투자체제와 확대재생산체제는 모두 가속하는 경제체제이다. 또한 확대재투자체제를 통해서 일단 자본이 축적되어야 이렇게 축적된 자본이 기술혁신에 투입된다. 그리고 그러한 기술혁신은 공급 측면에서는 공정(工程)의 혁신을 통하여 대량생산을 가능케 하고 수요 측면에서는 신기술에 의한 신제품을 통해 신수요를 창출하면서 확대재생산체제의 지속적인 선순환을 가능케 한다. 따라서 산업혁명의 대전제는 상업혁명에 의한 확대재투자체제의 성립이다.

둘째, 정부의 기술 및 기업에 대한 각별한 보호정책이다. 산업혁명 이전의 영국은 유럽의 중심에서 벗어난 후미진 양모생산국이었다. 양모의 생산과 수출로는 모직물 산업의 가치사슬에서 총이윤의 극히 적은 부분밖에 차지할 수 없었다. 영국 의회는 1337년 양모수출금지법[1]을 제정했다. 양모를 영국에서 적어도 반제품 이상으로 제조과정을 거칠 것을 강제함으로써 모직물 산업의 부가가치의 더 많은 부분이 영국 국내에 남도록 한

1 "*Prohibition of Export of Materials for Making Cloth*" 〔*Guildhall, letter-Book E, f. 167*〕, 1326 in A. E. Bland, 1933, *English Economic History*, G. Bell and Sons.

것이다. 이것도 부족하여 1555년 영국은 반제품 수출금지법[2]을 공표했다. 모직물 산업의 가치사슬이 창출하는 부가가치 전체를 영국 내에 남기겠다는 것이었다.

결국 영국은 모직물 산업이 발전한 네덜란드와 플랑드르(벨기에와 북프랑스지역)로부터 모직물 제조기술을 이전받고 체화하여 모직물 제조업국가로 발전했다. 이때 인도가 영국의 식민지로 편입되면서 인도의 면직물이 수입되기 시작했다. 인도산 캘리코 면직물에 대한 영국 내 소비자 반응은 캘리코 열병(fever)이라고 할 만큼 가히 폭발적이었으며 이는 영국의 모직물산업에 큰 타격을 주었다. 위기에 처한 영국 모직물 산업을 구하기 위한 영국 정부의 시도는 1700년 캘리코 수입금지법으로 구체화되었다. 그럼에도 불구하고 폭증하는 면직물 수요와 거대이윤에 편승한 밀수가 횡횡하자 1721년 영국 정부는 급기야 캘리코 착용금지법이라는 전무후무한 무리한 법률을 제정 공표하기에 이르렀다. 이러한 영국 내 모직물 산업을 보호하기 위한 일련의 입법은 캘리코 면직물의 수입을 근절하는 데는 성과를 보았지만 위축된 영국 모직물 산업의 재기에는 크게 기여하지 못하였다.

그러나 대신 영국에서는 새로운 기계화된 면직물 산업이 태동하여 무서운 기세로 성장하기 시작했으니 이것이 바로 영국의 직물혁명이며 세계 최초의 산업혁명이다. 이뿐만 아니라 영국의 특허 제도[3], 현상금 제도[4], 해

---

2 "*Proposals for the Regulation of the Cloth Manufacture*" 〔*Brit. Mus. Cotton MSS., Titus B.I, fol.189, temp. Hen. VIII.*〕 1555, in A. E. Bland, 1933, *English Economic History*, G. Bell and Sons.

3 North, Douglass C. 1981 *Structure and Change in Economic History*. New York: Norton, pp. 164–66. Mokyr, Joel 2008 "Intellectual Property Rights, the Industrial Revolution, and the Beginnings of Modern Economic Growth", Research Symposium on Property Rights Economics and Innovation, Searle Center on Law Regulation, and Economic Growth, *Northwestern University School of Law,* p. 12.

4 Mokyr, Joel 2003 "Why was the Industrial Revolution a European Phenomenon?", *Supreme Court Economic Review*, Vol. 10, pp. 58–62.

적퇴치를 위한 상비해군의 육성[5], 항해조례[6], 동인도회사의 확대개편[7] 등 영국정부는 영국 기업의 보호와 육성을 위해서 모든 가능한 법적 제도적 지원을 주도적으로 제공하였다. 이러한 사실들을 고려한다면 영국에서는 산업혁명이 우연히 '일어난 것'이 절대로 아니며, 산업혁명이란 영국정부와 기업이 합심하여 영국에서 '일으킨 것'이라고 해야 타당할 것이다.

셋째, 행운이 따랐기 때문이다. 영국은 지표면 가까이에 석탄과 철이 풍부하였기 때문에 산업혁명에 유리했으며 강과 운하 등 편리한 교통도 도움이 되었다. 유럽과 대서양을 연결하는 지리적 위치 또한 도움이 되었다. 게다가 때마침 나폴레옹의 대륙봉쇄령도 영국의 신대륙무역 독점에 도움을 주었으며 결국 영국은 나폴레옹 전쟁에서 승리함으로써 산업혁명의 선두주자로서의 위치를 확고히 할 수 있었다. 마지막으로 상업제국으로서 영국이 독점하다시피 했던 면직물, 설탕, 담배 등의 상품은 네덜란드가 한때 독점했던 후추, 정향, 육두구 등과 비교할 때 단순 중계무역이 아니라 제조공정기반 무역이었다. 바로 그 때문에 영국의 확대재투자체제는 확대재생산체제로 진화하는 제조업기반 기술혁신에 크게 기여했다는 사실 또한 중요하다.

물론 이와 관련하여 많은 학자들이 다양한 가설들을 제시해왔다. 유럽중심주의자들은 유럽의 특별함이 산업혁명을 가능케 했다고 주장한다.

---

5 Beer, George Louis 1901 "Cromwell's Policy in its Economic Aspects. I", *Political Science Quarterly,* Vol. 16, No. 4, p. 587.

6 Farnell, J. E. 1989 "The Navigation Act of 1651, the First Dutch War, and the London Merchant Community," *Economic History Review*, 2nd ser., 16:3 (1963–1964), 439–454. Brenner, Robert 2003 *Merchants and Revolution: Commercial Change, Political Conflict, and London's Overseas Traders, 1550–1653.* London: Verso. Israel, Jonathan 1990 *Dutch Primacy in World Trade, 1585–1740*, Oxford, pp. 269–279.

7 Lawson, Philip 1993 *The East India Company: A History*, London: Routledge.

중국 같은 통일제국이 아닌 분열된 유럽이 산업자본주의의 형성에 기여한 것은 사실이지만, 이는 자본주의의 형성에 관한 사실이지 산업혁명에 관한 사실은 아니라는 점에서 동의하기 어렵다. 또한 온대지역이라는 기후적 특성이나 경작하는 작물의 특성 등에 기인했다는 일반론에는 동의할 수 있지만, 그와 유사한 조건은 다른 지역이나 다른 시대에도 있었다. 이러한 일반론으로는 왜 18세기 영국에서 산업혁명이 일어났는가에 대한 답을 할 수가 없다.

한편 후발국의 산업혁명의 성공조건은 선발국의 경우와 매우 다르다. 후발국으로서 선발산업국 수준으로 산업혁명에 완전히 성공한 독일과 일본, 아직은 절반의 성공으로 평가되고 있는 한국과 대만, 그리고 이제 산업화의 길을 착실히 달리고 있는 것으로 보이는 중국 등 그 어느 나라도 앞에서 언급한 선발산업국의 산업혁명의 3대 조건이 잘 갖추어지지는 않았었다. 이들 산업화에 성공한 후발산업국들은 상업혁명에 의한 확대재투자체제가 미리 갖추어지지도 않았고 영국처럼 산업혁명에 우호적인 조건이 우연히 갖추어지는 행운이 뒤따르지도 않았었다.

다만 선발국 산업혁명의 두 번째 조건에 해당하는 정부의 정책이 선발국 산업혁명의 세 가지 조건을 모두 대신할 만큼 강력했고 또 계획적으로 추진되었다. 독일의 경우 소위 철과 호밀의 동맹(결혼), 일본의 메이지 유신과 군국주의, 한국과 대만의 강력한 권위적 통치체제, 그리고 중국 공산당의 일당독재 등 강력한 정부의 분명한 정책의지와 강력한 추진력이 있었기에 후발국의 산업화가 성공할 수 있었던 것이다.[8]

후발국의 발전과 성공은 후발국 국민들이 원해서 국민들의 뜻에 따라 이루어진 것이 아니었다. 영국 같은 선발산업국의 경우 상업사회의 확대

8 권위적 정치체제나 독재가 산업화에 필요하다는 것은 김태유의 시각이며 본 연구에 참여한 공동연구원들 모두가 동의하는 것은 아니다.

재투자체제를 이미 경험한 국민들은 산업사회의 확대재생산체제를 수용하는데 거부감이 별로 없었다. 오히려 국민과 시장이 앞서 산업혁명과 확대재생산체제를 견인하기까지 하였다. 정부의 역할과 시장의 역할이 앞서거니 뒤서거니 하며 서로 상승작용을 하면서 선발산업국의 산업혁명을 추진하였다. 그렇지만 확대재투자체제도 자본주의도 경험하지 못한 상태에 있던 후발국 국민들은 변화를 의심하고 산업화에 저항하였다.

엘리트 지도층의 확실한 미래비전이나 후발국 정부의 강력한 정책의지만으로 수천 년 이어 온 농업사회라는 감속사회의 관행과 타성에 젖은 국민들에게 산업사회라는 가속하는 사회를 강요하는 것이 어떻게 가능할 수 있었을까? 제1차 세계대전에 이르기까지 유럽의 독일을 제외한 다른 모든 후발국들은 산업화에 성공하지 못했으나 오직 일본만이 유일하게 성공할 수 있었던 이유는 과연 무엇이었을까? 도대체 무엇이 선발국 산업혁명에서 발견할 수 있는 3가지 조건을 정부의 정책이라는 단 한 가지 조건으로 후발국에서 대체할 수 있게 해주었을까?

4. 화혼양재(和魂洋才)

4.1. 산업혁명을 거부하는 농업사회

산업혁명과 산업사회의 확대재생산체제로 인류는 풍요를 누리게 되었지만 산업혁명과 산업화를 모두가 환영한 것은 아니었다. 확대재투자체제의 상업사회에 이미 진입한 선발국 국민들은 환영하기도 했지만, 농업사회의 단순재생산체제에 안주하고 있는 후발국 국민들은 거부하고 저항하기도 한다. 국가의 발전과 보다 풍요로운 사회를 열어줄 가능성을 가진 산업혁명을 왜 이들은 거부하는 것일까?

농업사회에서 많은 경우 피지배자인 농민들은 지배자들이 주창하는 국가발전에 대해 회의적이며 생산을 증대시키려는 지배자들의 노력에 대해 적대적으로 반응한다. 왜냐하면 성장이 가속하는 산업사회와는 달리 농업사회는 성장이 감속하는 사회이기 때문이다. 추가적인 노동을 투입하더라도 한계 생산이 체감하고 성장이 감속하는 농업사회의 국민, 즉 농민에게는 증산이나 잉여생산에 대한 인센티브가 존재하지 않는다. 그러므로 증산이 없고 경제도 국가도 발전하지 않는다. 그래서 수천 년 농업사회를 통하여 국민소득의 증가가 거의 없었던 것이다.

그러한 상황이기 때문에 국가발전을 추구하는 농업국의 통치자 및 지배계급들은 농민이 잉여생산을 하도록 강요하게 된다. 농민의 잉여생산을 강요하는 방법은 법과 칼을 동원하여 세금을 더욱 거두어들이는 것이다. 다른 한편으로는 종교나 도덕을 동원하여 농민의 잉여생산 감래를 위한 고통을 찬양하고 고무하는 것이다. 즉 노동이 신성시되고, 가난이 청빈으로 미화되며, 결국 농민들은 천국이던 극락이던 죽어서나 좋은 세상을 만나게 된다. 그래서 농업사회에서는 지배자와 피지배자 간의 관계는 강요하는 자와 강요당하는 자의 관계이며 기본적으로 적대적일 수밖에 없다.

비록 농민들의 삶은 '멜더스 트랩'에 빠진 끔찍한 것이지만 오랜 세월 압박과 강요와 수탈이 종교적 윤리와 도덕으로 포장된 가운데 선택의 여지없는 삶을 숙명으로 받아들여 왔던 농민들은 체념하고 안주하는 보수적 태도를 갖도록 길들여졌다. 기본적으로 농업사회라는 생산양식에서는 그 어떤 정치적 사회적 변화도 삶의 질의 근본적인 개선을 이루지는 않으며 오히려 자칫 더 큰 고통만을 줄 뿐이라는 사실을 농민들은 오랜 체험을 통해 이미 잘 알고 있기 때문이다.

후발국 농업사회의 국민들은 변화를 의심하고 이에 저항하는 경향이 있으며 바로 이것이야말로 지구상에 존재하는 수많은 국가와 민족들이 산업화에 성공하지 못하는 이유이기도 하다. 어떤 후발국이던 사랑하는 조국을 선진적인 산업국가로 발전시키길 염원하는 선각자들은 있었을 것이다. 그런데 그들 대부분의 노력은 실패했으며 그들의 나라와 민족은 아직도 대부분 개발도상국으로 남아있다. 왜 그럴까?

4.2. 개혁세력의 승리가 가능하려면?

후발국이라고는 하지만 사실 각 국가와 민족이 처해 있는 조건들은 천차만별이다. 이들을 일반화하여 이야기하는 것은 매우 무리한 일이지만 산업화가 성공하지 못하는 이유는 결국 산업화하려는 개혁세력과 이에 저항하는 수구세력의 힘겨루기에서 수구세력이 승리했기 때문이라고 보아도 무방할 것이다. 대부분의 후발국의 실패가 수구세력의 승리 때문이고 일본의 성공적 산업화가 개혁세력의 승리 덕분이라면, 일본의 경우 개혁세력과 수구세력의 힘겨루기 과정에서 처음에는 열세에 놓여 있던 개혁세력의 승리를 가능케해 준 '그 무엇'인가가 있었기 때문에, 즉 다른 후발국들에는 없고 일본에는 있었던, 일종의 캐스팅 보트 역할을 했던 그 무엇이 분명히 있었기 때문이라고 볼 수는 없을까?

일본의 예외적인 성공을 가능케 한 '그 무엇'이 혹시 '화혼양재'는 아니었을까? 만일 그렇다면, 화혼양재란 과연 무엇이었을까? 그 실체를 규명하는 것이 중요하지 않을까? 공동 연구자들은 화혼양재라는 용어가 등장하고 다양한 분야에서 사용되고 '소비'되는 방식을 검토하였다. 담론의 수준에서 뿐만 아니라 실천의 수준에서 과연 화혼양재란 무엇이었던가를 찾아보았다.

첫째, '화혼"이란 존재하지 않는다. 화혼이란 후발국의 민족주의처럼 만들어낸 창작물이다.

둘째, '양재'는 산업기술이며 나아가서는 산업화, 산업혁명을 포함한다.

셋째, 조선의 동도서기(東道西器)와 중국의 중체서용(中體西用)은 주체적으로 서구의 것을 수용한다는 의미에서는 일본의 화혼양재와 근본적으로 유사하다고 해석될 수도 있다. 그러나 다른 한편으로는 도와 기, 체와 용에 대한 철학적 기반을 추적할 수도 있고 또한 화혼에 비해 동도와 중체가 보다 구체적이며 실질적인 내용을 가지고 있다는 의미에서 매우 다르다고 해석될 수도 있다. 가장 커다란 차이는 화혼양재가 일본에서는 비교적 널리 알려지고 사용되었던 반면에 동도서기와 중체서용은 조선이나 중국사회에서 매우 널리 알려지거나 사용된 용어가 아니었다는 사실이다. 소위 엘리트 그룹의 일부 인사들이 주장하였을 뿐 그 사회적 영향력 역시 무시해도 좋을 수준이었다.

4.3. '화혼'은 무엇이었나?

화혼양재라는 용어의 의미나 용례를 검토해 보면 '양재'가 서양의 산업기술을 뜻하는 것은 명백한 반면에 '화혼'이 무엇을 의미하는가는 불분명하다. 과연 '화혼'이라는 의미, 즉 일본적 정신의 내용이 무엇인지를 규명하려고 한 여러 학자들도 '화혼'의 의미나 내용이 빈약하다거나 모호하다는 점에 대체로 동의하고 있는 듯하다.

그렇다면 이렇게 빈약하고 모호한 개념이 그리도 널리 사용되었던 이유는 무엇이었을까? 아니, 이렇게 빈약하고도 모호한 개념을 만들어낸 이유는 무엇이었을까? 흔히 화혼양재의 근간이 되었던 '화혼한재'라는 용어에서 '화혼(야마토다마시)'의 의미는 메이지 이후 일본 제국 시대의 야마토다마시와는 달리 실용적인 것을 의미한다고 하는데, 왜 이러한 '화혼'의 의미 차이가 그리도 간단하게 무시되었던 것일까?

공동연구자들은 혹시 도쿠가와 시대 말기, 메이지 시대 초기의 일본인들에게는 서양의 산업기술인 '양재'를 받아들이기 위해 '화혼'이 필요했던 것은 아니었을까 추정해 보았다. 다시 말해, 일본적인 것의 총화로서

'화혼'은 낯설고 일본적인 것과 대립되고 심지어는 일본적인 것에 위협이 되고 있던 '양재'를 좀 더 부드럽고 수용하기 쉽게 만들기 위해 발명되거나 상상된 개념이었던 것은 아닐까 라는 잠정 결론에 도달했다.

비록 '화혼'의 실체가 불투명하기는 하지만, '화혼'이 있다고 믿는 것 자체가 중요한 것은 아니었을까? 화혼이 존재하고 화혼이 보존된다면 양재는 받아들여도 좋지 않을까? 화혼을 지키기 위해서라도 양재는 받아들여야 하는 것이 아닐까?

그리하여 '화혼'의 존재에 대한 믿음은 자연히 '화혼양재'에 대한 믿음, 즉 주체(일본)의 관점에서 타자(서양)의 문물을 '안전'하게 받아들일 수 있다는 주장으로 이어진다. 그런 점에서 화혼양재는 서양 문물에 대한 일본인들의 뿌리 깊은 저항감과 거부감을 경감시켜주는 이념적 장치였다고 볼 수 있을 것이다. 또한 존황양이를 내세우며 서양과 통상을 허락하여 소위 신국(神國)을 더럽힌 막부를 타도하자고 궐기했던 세력이 서양 문물을 받아들여야만 한다는 사실을 깨닫고 막부보다 더욱 적극적으로 양재를 받아들이면서 자신들의 변신과 논리적 모순을 설명하고 봉합하기 위해 선택할 수밖에 없었던 용어라고도 볼 수도 있을 것이다.

4.4. 중요한 것은 '화혼'이 아니라 '양재?'

이렇게 본다면 근대 일본의 화혼양재라는 용어에서 강조점은 '화혼'이 아니라 '양재'에 있었다고 할 수 있다. 화혼양재는 일본적인 것을 중시하는 것처럼 보이지만 사실은 서구의 우수한 산업기술과 군사력을 강조하는 것이었다.

일본의 집권층은 비록 천황을 내세우기는 했지만 자신들의 권력의 정당성을 과거로부터 세습되거나 전수받은 전통이 아니라 새롭고 혁신적인 요소로서 정당화하였다. 중국이나 조선·대한제국과 달리 근대 일본의 엘리트들은 실질적으로는 철저한 서구화에 불과했던 '근대화' 또는 '문명개화'를 화혼양재라는 용어를 통하여 포장했고 근대적인 제도와 산업기술을 통한 부국강병을 정당성의 원천으로 설정할 수 있었다.

따라서 화혼양재는 서구의 산업기술을 받아들이는 근대화 과정에서 국민 대중을 설득하고 조직하는 이념이기도 했다고 해석할 수 있다. 즉 화혼양재는 '근대화=서구화'를 위한 '민족주의적' 성격의 국민 동원과 국민 통합의 이데올로기였던 것이 아닐까? 물론 화혼양재라는 이데올로기가 얼마만큼 효과적이고 성공적이었는가, 그리하여 일본의 국민 문화에 얼마만한 영향을 미쳤는가를 가늠하는 작업은 추후 또 다른 연구를 통해서 밝힐 문제일 것이다. 현 시점에서 중요한 것은 화혼양재라는 구호가 당대의 일본인들을 설득하고 모순을 봉합하고 서구 문물에 의한 전통 일본의 파괴 가능성이라는 위협을 두려워하지 않도록 하는 효과를 지닌 현실적 힘으로 작용했을 가능성이다. 그렇다면 화혼양재는 비록 의식적으로 만들어진 창작물이라고 해도 결코 무의미하거나 허구적인 것은 아니었다고 할 수 있다. 오히려 일본인들을 근대화 과정에 동원하고 통합하는 특정한 효과를 생산했다고 할 수 있다.

민족주의에 대한 연구에서는 민족이 '상상의 공동체(imagined community)'라거나 '느낌의 공동체(felt community)'라는 주장들이 큰 설득력을 얻은 바 있다. 이런 주장들은 민족의 유구하고 영속적인 전통을 내세움으로써 민족의 실체성을 강조하는 소위 '민족주의적' 주장을 효과적으로 교정하는 역할을 했다. 즉 '상상의 공동체'나 '느낌의 공동체'와 같은 개념들은 민족이 이미 거기에 존재하여 우리에게 주어진 원초적 실체라는 오래된 믿음을 비판하면서 민족이 특정한 상황들과 조건들 속에서 구성되고 발명된 역사적 현상임을 우리에게 상기시켜 주는 것이다.

이미 홉스봄(Eric Hobsbawm) 등의 역사학자들이 사용하여 널리 알려진

'전통의 창출(invention of tradition)'이라는 표현대로 화혼양재는 특정한 시기에 발명되고 만들어진 전통의 하나였다고 볼 수 있을 것이다. 전통의 창출이라는 표현을 사용한 역사학자들은 민족의 전통들이 비록 만들어진 것이기는 하지만 날조라고 치부해버릴 수 있는 허구적인 것은 아니라는 점에 주목해왔다. 예를 들어 스코틀랜드의 민족 전통이라 간주되어왔던 격자무늬 킬트(kilt)가 18세기에 잉글랜드 출신 의류업자에 의해 만들어졌다는 것을 밝혀냈다고 하더라도 킬트가 스코틀랜드 민족 정체성의 형성 과정에서 특정 효과를 생산했다는 것을 부정할 수는 없는 것이다. 비록 창출된 민족 전통이라 하더라도 이는 신기루와 같은 허상이 아니라 민족의 '아비투스(habitus, 체질, 습관)'에 녹아 있는 민족의 '실상'이기도 한 것이다.

4.5. 화혼양재와 민족주의

일본의 화혼양재와 유사한 민족주의적 장치는 어느 의미에서는 일본과 유사한 상황에 있었다고도 할 수 있는 독일에서도 발견할 수 있다. 독일은 지금은 선진국 중에서도 선진국으로 간주되고 있지만 영국이나 프랑스에 비해 근대 국민(국가)의 형성이 늦었고 산업화 역시 늦었던 것이 사실이다. 근대 독일에서 많은 지식인들과 기술자들은 서구의 앞선 기술(Technik)을 따라잡기를 열망하고 있었다. 그러면서도 서구의 기술을 독일적인 문화(Kultur) 속에서 받아들일 수 있기를 바랐다.

독일의 이러한 독특한 기술과 문화의 결합은 일본의 화혼과 양재의 결합을 연상시키기도 한다. 독일인들 역시 독일적인 정신을 간직하면서 그 속에서 서구의 산업기술을 받아들이려고 했던 것이다. 역사가 허프(Jeffrey Herf)는 이러한 근대 독일의 기술과 문화의 결합에서 근대성과 낭만주의의 결합을 발견한다. 허프는 이러한 '고도로 기술적인 낭만주의'가 나치즘으로 대표되는 '반동적 근대주의(reactionary modernism)'로 이어졌다고 주장한다. 그러나 '반동적 근대주의'는 종종 반(反)자본주의의 형태를 띠기도 했다. 가령 독일 경제학자 좀바르트(Werner Sombart)는 독일적·기독교적 문화를 상업과 금융에 오염된 유대 문화와 대조했는데, 그러면서 이러한 유대 문화를 종종 자본주의와 동일시했다. 좀바르트가 보기에 자본주의는 우려할 정도로 '기술에 대한 상업의 우위'를 의미했다. 이러한 시각은 기술 관료들을 영웅시했던 1870년대 이래 독일 엔지니어들 사이에서 공유되었던 문화의 일부이기도 했다. 그리고 이러한 문화는 훗날 나치 이데올로기의 핵심 개념인 '노동(Arbeit)'의 개념에도 일부 투영되었다. 나치즘에서 '노동'이란 곧 순수한 독일적 '정신(Geist)'이었으며, '영혼(Seele)'으로서의 기술과 생산은 바람직한 것으로 희구의 대상이었으나 자본주의와 임노동은 배격했던 나치즘 특유의 '반동적 근대주의'를 잘 보여주는 개념이었다.[9]

이렇게 볼 때 일본의 '화혼+양재'는 독일의 '기술+문화'와 마찬가지로 후발국의 강렬한 민족주의를 반영하는 이념적 장치였다. 이러한 민족주의적 장치들은 각각 일본과 독일의 국민들을 근대화 과정에 참여시키는 과정에서 강력한 동원과 통합의 이데올로기로 작동했던 것으로 보인다. 비록 '화혼'의 실체가 불분명하고 '문화(Kultur)'의 내용이 빈약할지라도 '화혼'과 '문화(Kultur)'는 각기 일본적인 것과 독일적인 것을 표상하는 강력한 상징으로서 일본인들과 독일인들의 마음속에 자리를 잡았던 것이 아닌가 한다. 즉, 일본이나 독일과 같은 후발국의 경우, 강력한 국민 동원과 국민 통합의 이데올로기로서 민족주의는 '근대화=서구화' 과정을 가능하게 하는 전제인 동시에 그 유기적 일부였다고 할 수 있다.

---

9 허프의 "반동적 근대주의"에 대해서는 다음을 참고할 것. Herf, Jeffrey 1984 *Reactionary Modernism: Technology, Culture, and Politics in Weimar and the Third Reich*. Cambridge: Cambridge University Press.

그런데 민족주의는 비록 후발국에서 두드러지게 나타나기는 했지만 후발국들만의 전유물은 아니었다. 영국과 같은 선발국에서도 '민족주의적' 성격의 국민적 정치 문화가 엄연히 존재했다. 이런 주장은 통념에 반하는 것처럼 들릴 수 있다. 왜냐하면 후발국에서는 국가가 의식적이고 계획적으로 산업 정책을 수행해야 했기에 강력한 동원과 통합의 민족주의적 이데올로기가 필요했던 반면에, 선발국에서는 산업화가 점진적이고 자생적으로 전개되었으므로 그와 같은 인위적인 동원과 통합의 이데올로기가 불필요했었다는 인식이 널리 퍼져 있기 때문이다.

그러나 오늘날 많은 연구들은 영국과 같은 선발국에서도 국가의 개입, 즉 위로부터의 산업적 지도와 보호라는 요소가 매우 중요했었다는 점을 지적하고 있다. 또한 국가의 인적·물적 자원을 효과적으로 동원하여 산업화를 추진하는 것은 물론 산업화 과정에서 나타날 수 있는 여러 사회적 균열과 모순을 극복하기 위해서라도 선발국 역시 국민 통합의 문화와 이데올로기를 필요로 했다는 연구들이 등장하고 있다.

영국의 경우만 보더라도 산업적 성공을 가져온 요인들을 여럿 생각할 수 있지만, 특히 자유의 전통에 기반을 둔 독특한 국민 문화의 형성에 주목하기도 한다. 즉 영국에서는 계몽사상과 실용주의 전통에 입각한 지적 자율성이라는 가치가 널리 확산되고 공유되어 있었다는 것이다. 대학 교수들과 기술자들이 자유롭게 토론하고 아마추어의 기술적 발명이 높이 평가되는 영국 특유의 문화가 그러한 지적 자율성의 가치를 배양한 온상이었다고 한다. 특히 개인적 자유라는 요소가 중시되었는데, 여기서 자유란 대체로 법의 테두리 안에서 각자의 방법대로 각자의 목표를 자유롭게 추구하는 것을 의미했다. 이 과정에서 개인의 자율성과 창의성이 최대로 발현되고 그 결과가 소유권이나 특허권 등을 통해 보장되고 존중받는 제도적 시스템이 영국에서 제일 먼저 구축되었다.

나아가 영국은 '자유'를 국민 정체성의 핵심 요소로 삼으면서 다른 나라들보다 앞서 국민 통합에 성공했다. '자유롭게 태어난 영국인'이라든지, '프로테스탄트 국민'이라는 표현, 또는 '영국인들은 결단코 노예가 되지 않으리라'거나 '영국인들은 정원에서도 자유를 찾는'다는 말은 영국에서 '자유'가 심오한 감흥을 일으킨 가치였음을 잘 보여준다. 요컨대 '자유'는 영국의 국민적 정치 문화의 핵심 요소였던 것이며 이는 영국 특유의 민족주의를 보여주는 것이라고도 할 수 있다.

그렇다고 한다면 영국과 같은 선발국에는 민족주의가 없다는 주장은 받아들이기 힘들다. 물론 선발국의 민족주의는 후발국의 민족주의와 그 의미와 형태 등에서 차이가 크다. 예컨대 후발국 민족주의에서는 '피와 흙(Blut und Boden, Blood and Soil)' 등의 혈연이나 문화적 요소들이 강조되는 반면, 선발국 민족주의에서는 정치적 권리와 의무의 담론이 부각된다. 그럼에도 불구하고 문화적 민족주의이건 정치적 민족주의이건 모두 국민 동원과 통합의 기능을 수행한다는 점은 부인할 수 없다.

만일 '민족주의'라는 표현을 사용하기가 껄끄럽다면 그 대안으로 '애국심(patriotism)'이라는 용어를 사용할 수도 있을 것이다. 비롤리(Maurizio Viroli)는 애국심이란 민족주의와 구별될 수 있고 또 마땅히 구별되어야만 하는 용어라고 주장한다. 그는 애국심을 "수 세기에 걸쳐 한 국민(a people)의 공동의 자유를 지탱하는 정치 제도들과 생활양식에 대한 사랑", 즉 "공화정에 대한 사랑"으로 규정한다. 반면에 민족주의는 "국민의 문화적·언어적·종족적 하나됨과 동질성을 옹호거나 강화하기 위해 18세기 후반에 만들어진" 언어로 규정한다.

이런 맥락에서 비롤리는 공화주의적 애국심의 적(敵)은 "폭정, 전제, 압제, 부패"인 반면, 민족주의의 적은 "문화적 오염, 이질성, 인종적 비순수성, 사회적·정치적·지적 비통일성"이라고 한다. 즉 애국심은 공화국과 자유를 위한 사랑인 반면, 민족주의는 통일성의 추구가 된다. 그렇기 때문에 비롤리는 애국심이 "민족주의에 대한 강력한 해독제"라고 보면서 "민족주의 없는 애국심"이 필요하다고 주장한다.

그러나 민족주의라고 부르든 애국심이라고 부르든 간에 국가의 발전을 위해서는 국민들을 산업화로 이끄는 공동의 이념적 지향이 필요하다. 지배 엘리트와 일반 대중을 하나로 묶어주고 이들 속에 강렬한 연대의 감정을 불러일으키며 자부심을 심어주고 자발적인 헌신을 이끌어내는 문화와 이데올로기 없이는 산업화라는 고통스러운 길을 나아가기가 어렵다.

경제사학자 거셴크론(Alexander Gershenkron)의 시각을 수용한다면 화혼양재는 넓은 의미의 민족주의라는 맥락에서 파악할 수 있다. 일찍이 후발국 산업화의 고전적 패러다임을 제시한 거셴크론은 어떤 나라든 산업화를 자극할 수 있는 이데올로기가 필요하다는 점을 강조했다. 거셴크론이 보기에 영국의 경제적 자유주의, 프랑스의 생시몽주의, 독일의 민족주의, 러시아의 마르크스주의 등은 모두 그런 산업화의 이데올로기들이었다.[10] 민족주의가 선발국이건 후발국이건 각각의 특수한 역사적·사회적 맥락 속에서 기술 진보와 경제 발전을 위한 특정한 기능을 수행했다고 할 때, 화혼양재는 그러한 기능을 수행했던 민족주의적 담론의 하나라고 이해할 수 있다.

화혼양재라는 민족주의적 담론은 근대 일본에서만 나타났던 것이 아니며 선발국의 제도와 기술을 도입하여 산업화라는 과제를 수행해야 하는 여러 후발국들, 예를 들자면 러시아나 터키 등에서 구체적인 형태는 매우 다르지만 본질적으로 유사한 방식으로 나타났다고 볼 수 있다. 이러한 담론들에 대한 비교 연구는 매우 의미 있는 것이 될 것이며 이를 통해 산업

---

10 Gershenkron, Alexander 1962 *Economic Backwardness in Historical Perspective* (New York, Washington and London: Frederick A. Praeger Publishers, p. 86.

혁명과 관련된 지적 또는 문화적 전제들에 심도 깊은 이해가 가능할 것이다. 과거에 일어났던 산업혁명의 지성사와 문화사에 다가올 지식산업혁명의 그림자가 투영되어 있다고 본다면, 과거에 대한 역사적 지식은 미래의 발전을 조망하는 훌륭한 창문이 될 것이다.

화혼양재의 계보와 의미 변환
—화혼한재와 야마토다마시, 그리고 야마토고코로

제3장

1. '화(和)'란 무엇인가?

일본에는 '화혼한재(和魂漢才)'라는 용어가 있었고, 그것을 가지고 근대 초기에 '화혼양재'라는 조어가 만들어졌다. 여기에서 화(和)는 일본을 가리킨다. 고대 중국에서는 일본을 '왜(倭)'라고 불렀는데, 후에 일본에서 이 '왜'라는 글자를 싫어하여[1] 같은 음을 지닌 '화'라는 글자를 사용하게 되었다고 한다.[2]

한자의 화(和)는 '입 구(口) 변'과 음을 나타내는 '벼 화(禾) 방'으로 구성되며, '사람의 소리에 따라 맞춰준다'는 뜻에서 출발하여 '마음을 부드럽

1 '倭'라는 명칭의 기원에 대해서는 여러 이야기가 있으나 '委'가 들어 있는 한자들이 '작은', '구부러진', '아첨', '가식', '복종하는' 등의 뜻을 가지고 있으며 〈위키피디아〉는 Carr, Michael. 1992. "Wa 倭 Wa 和 Lexicography," (International Journal of Lexicography 5.1:1-30)를 근거로 '倭'는 '복종심이 강하고, 체구가 작으며, 다리가 구부러진 사람'을 염두에 두었다고도 한다. 고대 중국에서는 다른 주변 민족들을 비하해서 불렀으며 '倭' 역시 비하의 의도가 있었다고 추정할 수 있다.

2 일본어 발음상, 倭와 和는 동일하게 '와'로 발음한다.

게 하여 맞춘다'는 것을 의미하게 되었다고 한다. 일본인들은 그러한 의미의 '화'를 오랫동안 존중해 왔다고 스스로 말하고 있다. 고대 중국인들이 시작해서 한국인들도 사용했던 '왜'라는 글자를 '화'로 바꾸고, 거기에 '대(大)'를 붙여 '야마토(大和)'라 읽고 있는 것에서도 잘 나타나고 있다.

오늘날의 치열한 '경쟁사회'에서 경쟁에 이기기 위해 일본에서 중시되고 있는 것이 조직 내의 '사람의 화(人の和)'이다. 종종 『맹자』의 '하늘이 주는 좋은 때는 지리적 이로움만 못하고, 지리적 이로움도 사람의 화합만은 못하다(天時不如地利 地利不如人和)'[3]가 인용된다. 이러한 '사람의 화'야말로 소위 '일본적 경영'의 중요한 지주가 되었고, 일본기업의 성공과 해외진출의 기반이 되었다고 간주되기도 한다.

이렇게 일본인에게 소중한 가치인 '화'는 흔히 일본인의 정신적 심층을 이해하는 중요한 열쇠라 간주되고 있다. 하지만 '화'라는 개념은 결코 일본인 고유의 윤리적 관념은 아니었다. 고대의 일본인은 이른바 '청정감'이라고도 할 수 있는 소박하고 낙천적인 도덕 감정 정도의 윤리관밖에 가지지 못했던 것으로 알려져 있다. 이러한 일본인들에게 정신적 깊이를 부여하기 시작한 것은 5~6세기에 전래되어 온 불교와 유교였다.

불교가 전해졌다고는 하지만 처음에는 불상을 주술적으로 숭배하는 것에 불과하다가 쇼토쿠(聖德) 태자 시기에 와서 외래 사상인 불교의 교설에 대한 이해가 진전되었다. 일본 최초의 성문법이라고도 불리는 「헌법 17조」 역시 쇼토쿠 태자가 외래 사상을 현실 정치에 도입시키려고 제정한 것이다. 쇼토쿠 태자 시기의 외래 사상에 대한 이해는 불교, 유교를 비롯하여 도교, 법교, 음양의 사상에까지 미치고 있을 정도로 상당히 광범위했다.

그런데 「헌법 17조」의 제1조가 '화로서 존귀함을 이룬다(和を以て貴し

3 『맹자』 권4 「공손추장구하(公孫丑章句下)」.

となす)'로 시작되는 것을 보면, 외래사상을 수용하면서도 특히 '화'의 관념을 중시했던 것으로 보인다. '화'의 관념은 일본 고유의 것이라기보다는 불교와 유교와 함께 전래된 것이지만, 이렇게 외부에서 전래된 관념 중에서도 특히 '화'가 당시의 일본에서 선호되고 받아들여졌던 것은 분명하다.

이러한 '화'의 개념을 전제로 '화혼(和魂)' 또는 '대화혼(大和魂)' 즉 '야마토다마시'[4]라는 개념의 의미가 변천한 과정을 살펴보기로 한다. '화혼'이라는 용어는 흔히 일본과 외국을 대비할 때 일본인의 전형적인 정신이며 또한 견지해야 할 것이라 주장되어 왔다. 외래 사상인 '화'를 기반으로 하고 있는 '화혼'이 어떻게 일본 고유의 정신이 되었는지 그 형성 과정을 파악하는 것은 근대 초기에 일본 사회가 '양재(洋才)'로 대변되는 외래 문화를 수용하는 과정을 이해하는데 도움이 될 것이다.

2. '화혼' 또는 '야마토다마시'의 행로

'야마토다마시(大和魂)'가 무단(武斷)적 존황주의와 결부된 것은 근래 백수십 년 사이에 일어난 일이다. 그러나 한국인과 중국인은 물론, 수많은 일본인들조차도 무단적이고 존황적인 '야마토다마시'가 일본에서 아득한 옛날부터 이어져 온 것이라 막연히 생각하고 있다.

문헌상으로 '야마토다마시'의 용례가 최초로 확인되는 헤이안 시대의 장편소설 『겐지모노가타리(源氏物語)』[5]의 〈乙女巻〉에서 '야마토다마시'는 '중국 등지에서 도입된 지식이나 학문을 기초적 교양으로 하여, 그것을 일

4 大和魂(やまとだましい)은 '야마토다마시이'라고 표기하는 것이 일본어 발음에 더 가깝지만 국어 표기법에서는 장음을 별도로 표시하지 않으므로 '야마토다마시'라고 표기한다.

5 헤이안 시대 궁중에서 일했던 궁녀 무라사키 시키부(紫式部)가 쓴 일본 최초의 고전소설이자, 현존하는 세계 최초의 소설.

본의 실정에 맞추어 응용하여 정치나 생활에서 발휘하는 것'이라는 의미로 사용되었다. 이후, 야마토다마시는 천 년 이상의 세월을 거쳐 여러 가지로 이해되고 사용되면서 내용이 점차 복잡하고 다양해졌다.[6] 사용하는 사람이 어디에 위치하고 있는지에 따라 다양하게 해석되는 넓은 폭을 가지게 된 것이다. 그 쓰임새에 따른 의미를 정리하면 대략 다음과 같다.

첫째, 중국 등의 외국의 문화나 문명을 향수하게 되었을 때, 그에 대한 일본인의 상식적이고 일본적인 대응능력, 즉 야마토고코로(大和心)이다.

둘째, 지적인 논리나 윤리가 아니라, 감정적인 정서나 인정으로 사물을 파악하고, 공감하는 능력이나 감수성, 즉 모노노아와레(もののあはれ)이다.

셋째, 일본 민족 고유의 것이라 생각되어 온 용감하고, 청렴하고 특히 주군이나 천황에 대한 충의로운 기상, 정신, 배려이다.

넷째, 세상사에 대응하여, 사회 내에서 사물과 사건들을 원활하게 추진해 가기 위한 상식이나 능력이다.

다섯째, 각종의 전문적인 학문·교양·기술 등을 사회 안에서 실제로 도움이 되도록 하기 위한 재능이나 수단이다.

현대에 이르기까지 이와 같은 다양한 의미를 갖게된 '화혼' 또는 '야마토다마시'는 어떻게 등장하였으며 어떻게 이러한 의미들을 갖게 되었을까?

2.1. '야마토다마시'의 어원과 최초의 의미

앞서 언급했듯이 '야마토다마시'의 최초 사용례가 문헌상으로 확인되는 것은 11세기이지만 이는 11세기에 갑자기 만들어진 개념은 아니었다. 『겐지모노가타리』의 저자 무라사키 시키부가 활동하던 시기는 수백 년에 걸쳐 대륙과 한반도로부터 문화의 도입이 이루어지던 시대였다. 즉 헤

6 일본의 고전에서 '화혼'의 사용례와 의미에 대한 상세한 논의는 박미경(2016)의 '일본고전에 보이는 '화혼'의 정의와 어의의 변천'을 참고할 것.

이안(平安) 시대(794~1185) 중기는 국풍(國風)이라 불리는 일본의 독특한 문화 양식이 융성했던 시대로서, 그 근저에는 외국으로부터 전래된 지식과 문화에 변화를 가하여 일본풍을 만들어냈다는 인식이 존재하였다. 무라사키 시키부가 말한 '자에(ざえ)'는 한재(漢才), 즉 대륙의 학문과 지식을 의미하는 것이었고, 당시의 일본인들은 이를 도입하고자 필사적으로 노력하고 있었다.[7]

이러한 시대에 '야마토다마시'는 '여자마음(女ごころ)'으로서, 외국 학문(漢學)을 익힌 '남자마음'에 대립하는 것으로 해석되기도 하였다. 헤이안 시대 초기의 문화적 사조는 중국 일변도였고 법제에서 풍속, 문예에 이르기까지 중국 것이 지배하던 상황이었다. 그런데 정관(貞觀) 연간(859~877)부터 국풍운동의 징후가 보이기 시작하고, 당(唐) 내부의 혼란 및 견당사의 중지 등이 계기가 되어 연희(延喜) 연간(901~923) 이후에 급격하게 중국 양식의 답습에서 벗어난 문화가 발달하기 시작했다.

그 중요한 움직임의 하나는 한자를 빌려 일본어를 기록하는 가나가 등장한 것이었는데, 특히 여성들이 사용하는 히라가나가 발달하면서 헤이안 시대 중기부터 궁정여류문학자가 등장하기 시작했다. 기노쓰라유키(紀貫之)의 『도사닛키(土佐日記)』[8]에 '남자들이 하는 일기라는 것을 여자도 해 보려는 것이다'라고 하였는데, 이는 궁중 안에서 여성이 목소리를 내기

---

7 이와 유사한 용례가 『오카가미(大鏡)』, 『금석물어(今昔物語)』, 『우관초(愚管抄)』 등에도 나타난다. 『오카가미』에서 야마토다마시는 '융통성이 있고, 임기응변을 할 줄 아는 실천가'라는 의미이고, 『금석물어』에서는, 학문적 지식을 가리키는 '한재'에 대해, 섬세하고 뛰어난 정서와 정신을 의미하며, 사려분별이라는 정도의 의미로 사용되었다. 『우관초』에서는 스가와라의 뒤를 이어, 공적으로 성실한 사람은 '화한의 학재'가 풍부하고, 인품과 세간에 필요한 재능을 가지고 있어야 한다고 강조하였다.

8 『도사닛기』는 헤이안 시대(935년)에 기노쓰라유키가 도사국(지금의 시코쿠)에서 교토로 돌아가던 중에 일어난 사건을 허구를 섞어 기록한 것으로, 일본 문학사상 최초의 일기문학이다.

시작했다는 것을 의미하고 있다. 또한 『오카가미(大鏡)』에서도 야마토다마시는 여성의 마음씀씀이를 의미하고 있다.

이와 같이 헤이안 시대 중기에 처음으로 자각되었던 '야마토다마시'에는 '여자 마음'이라는 의미가 함축되어 있었으며, 그 이후의 가마쿠라 시대(1185~1333)와 남북조 시대(1336~1392) 사람들도 야마토다마시의 원래의 의미를 잘 이해하고 있었던 것으로 보인다. 이렇게 '야마토다마시'는 오랫동안 평화로운 마음의 작용을 의미하는 용어였다. 이 여성적이고 일상에서 필수적인 마음씨인 야마토다마시가 갑자기 살벌한 냄새를 풍기게 된 것은 근세 말기의 문정(文政, 1818~1842) 및 천보(天保, 1830~1844) 연간 이후의 일이다.

2.2. '화혼한재(和魂漢才)'론의 등장

한편 중국과 한국에서 전해진 외국의 학문을 습득하는 가운데 '일본인이란 무엇이고, 일본문화란 무엇인가'라는 자문자답도 헤이안 시대에 등장하기 시작했다. 중국과 한국에서 유입된 지식과 학문을 열심히 연마하기는 했지만, 이것을 그대로 일본 현실에 적용하기는 어려웠기 때문에 외국의 학문은 어디까지나 '기초 교양'으로 받아들이고 일본의 실정에 맞추어 정치나 생활의 현장에서 응용할 필요가 있었다.

한학(漢學, 중국의 고사와 경전)의 지식이 풍부하고 시구(詩句)에 정통한 것이 학문이었다면 '야마토다마시'라는 것은 마음이나 사려분별을 가리키는 용어였다. 요컨대 학재(學才)가 중국의 것인데 비해, 다마시(魂)는 일본인의 고유한 마음의 작용이었다. 이렇게 본다면 외국에서 수입한 뛰어난 지식이나 기예를 익히는 것도 중요하지만 이를 일본의 현실에 맞게 활용하는 마음의 작용인 다마시도 중요하다. 다른 한편으로는 일본인의 다마시라는 것도 외국에서 유입된 학재, 즉 한재(漢才)를 기초로 할 때 비로소 적절하고 충분하게 발동되는 것이기도 하다. 그로부터 야마토다마시는 한재(漢才)에 대(對)하여 실무적인, 또는 실생활상의 '재지(才知), 능력'을 가리키는 것으로 풀이(『国史大事典』)되어 책상물림의 지식을 현실의 다양한 장면에서 응용하는 능력을 가리키게 되었다. '실무능력'이라는 의미로 사용됨과 동시에 일본 사람들의 '정서를 이해하는 마음(心)'이라는 의미로도 사용되었다. 이렇게 본다면 훌륭한 윗사람이 되려면 이 두 가지를 다 갖추어야 하는 것이며 야마토다마시와 '한재'는 상호보완적인 것이 된다.

'정서를 이해하는 마음'이라는 의미에서 야마토다마시의 구체적 사례는 와카(和歌)[9]에서 찾을 수 있다. 헤이안 시대의 대표적인 문인관료 스가와라 미치자네(菅原道真, 845~903)는 흔히 화혼한재라는 용어를 만들어 낸 것으로 잘못 알려져 있는데, 학문이 뛰어난 시인(詩人)이자 가인(歌人)[10]이었기 때문에 '한재'와 '화혼'을 모두 갖춘 인물로 여겨지고 있다. 스가와라 가문은 대대로 학문으로 조정에 봉사해 왔는데, 미치자네의 조부 기요토모(清公)는 학자이자 시인으로서 천왕의 명에 따라 한시집 『능운집(凌雲集)』과 『문화수려집(文華秀麗集)』을 편찬한 사람 가운데 하나이며, 당나라에 견당사로 다녀왔고 귀국 후에는 조정의 의례나 풍속을 당나라 풍으로 만드는 데 힘썼다. 또한 부친인 고레요시(是善)도 뛰어난 한시인(漢詩人)으로 유명했으며, 『일본문덕천황실록(日本文徳天皇實錄)』의 편찬에도 참여한 학자였다(오스미 가즈오, 2014: 15~16). 미치자네는 일본에서 학문의 신으로 숭상되는 인물[11]로 한학에 정통했지만 '와카'의 세계에서도 많은 업

9 와카(和歌)는 일본의 전통적인 정형시로서 5음과 7음의 일본어로 구성되어 있다. '일본 노래'라는 의미의 와카라는 명칭은 헤이안 시대에 중국에서 들어온 한시(漢詩)와 대조하여 생겨난 것으로 야마토우타(やまとうた) 또는 '노래(うた)'라고 단순하게 부르기도 한다.

10 시인(詩人)은 한시(漢詩), 가인(歌人)은 화가(和歌)나 단가(短歌) 등 일본 노래.

11 후쿠오카에 있는 스가와라 신사(神社)는 시험 합격의 염원을 에마(絵馬)에 써서 걸거나

적을 남겼다.

한편, 헤이안 시대를 거쳐 가마쿠라(鎌倉) 시대(1185~1333)가 되자, 말법사상이나 가마쿠라 신불교가 확산되면서 현세를 부정하는 사상이 널리 퍼져나갔고, 실제 사회와 괴리된 의례 중심의 정치는 계속되는 전란으로 인해 존망의 위기에 처했다. 이에 귀족사회를 중심으로 황실과 황실을 지탱하는 귀족사회의 유래를 신국사상(神國思想)에서 구하고자 하는 풍조가 생겨났다. 이러한 상황에서 일대 변혁을 일으킨 사건이 몽골의 침입이었다. 이른바 '가미가제(神風)'라고 부르는 폭풍이 이세신궁(伊勢神宮)을 비롯한 여러 신사들에서 바친 '이적조상(異敵調伏)' 기도의 성과라고 선전되면서, 일본은 신국이라 하는 인식이 확산되기 시작했다.

이후 정토사상이나 가마쿠라 신불교도 이러한 인식을 받아들이는 방향으로 변화했으며, 일본의 불교는 신들의 가호에 의해 성립되었고, 말법의 세상을 구원하는 가르침도 일본이 신국이기 때문에 성립한다는 주장이 등장하게 되었다. 여기에서 신국이란 아마테라스오미카미(天照大神)의 후예인 천황이 현인신(現人神, 아라히토가미)으로 군림하여, 만세일계(萬世一系)[12]와 아마테라스오미카미의 신칙(神勅)하에 영구히 통치를 행하는 나라를 의미한다.

'화혼한재(和魂漢才)'라는 말은 이러한 신국사상의 영향을 받아 등장한 것으로서 정신적 의미가 더욱 강조되기 시작했음을 보여준다. 화혼한재는 스가와라가 살았던 시대보다 훨씬 뒤인 무로마치(室町) 시대에 스가와라 미치자네에 가탁(假託)하여 만들어진 위서(僞書) 『관가유계(菅家遺

수험생에게 줄 부적과 연필 등을 구입하려는 관광객으로 붐비고 있다.

12 일본 황실의 혈통은 중국이나 한국과 달리 단 한 번도 단절된 적이 없다는 주장이다. 매우 오래된 것 같지만 이러한 표현은 1867년 이와쿠라 토모미(岩倉具視)가 「王政復古議」에서 처음 사용했다고 한다.

凡神國一世無窮之玄妙者
不可敢而窺知
雖學漢土三代周孔之聖經革命之國風
深可加思慮也
凡國學所要
雖欲論涉古今究天人
其自非和魂漢才不能闚其閫奥矣

* 밑줄은 필자 강조.

중국의 성인들의 도는 혁명의 국풍에 의해 생겨난 것이나, 신국(일본)과는 양립하지 않는 것이므로, 그 점을 깊이 생각하여 아무리 중국의 학문을 배우더라도 그것에 심취되어서는 안 될 것이다.

일본의 학문은 고금에 걸쳐 하늘과 사람의 도리를 탐구하는 것에 그 요점이 있다. (그러므로) 화혼(和魂)으로 한재(漢才)를 (공부)하지 않으면 궁극적인 도를 깨달을 수 없을 것이다.

〔그림1〕 다자이후의 화혼한재비

戒)』[13]에 등장한다. 이 때문에 '화혼양재'의 기원을 『겐지모노가타리』보다 훨씬 전인 스가와라 미치자네가 살았던 시대로 간주하는 사람들도 있다.

아무튼 '화혼한재'가 포함된 글귀를 새긴 〈화혼한재의 비(和魂漢才の碑)〉는 에도 시대 말기인 1858년에 다자이후 덴만구(太宰府 天満宮)에 세워진 것을 필두로, 전국의 덴만구(天満宮)[14]에 세워졌다(〔그림1〕 참조). 막부 말기에 히라타파(平田派)의 고쿠가쿠(國學)의 영향을 받아 보다 국수주

13 '스가와라 가문의 유훈'이라는 의미로서 무로마치 시대에 나타난 2권으로 구성된 교훈서. 저자 미상. 구게(公家)가 지켜야할 사항들에 대해 스가와라 미치자네의 이름을 빌려 33조로 정리한 것이다.

14 덴만구(天満宮)는 스가와라 미치자네(菅原道真)를 신으로 모신 신사.

의 또는 존황양이의 움직임이 증대하는 가운데 일본과 중국의 관계에 대한 논의를 재확인하려는 의도가 있었던 것이 아닐까 추측된다. '화혼한재의 비'에 공통적으로 새겨져 있는 글은 앞의 〔그림 1〕과 같다.

이와 같은 스가와라 미치자네의 '화혼한재'에 대해 오쿠무라 이쿠로(奥村伊九良)는 '국체(國體, 고쿠타이)는 한학의 지식만으로는 그 진수를 알 수가 없고, 국학(國學, 고쿠가쿠)의 오묘함은 반드시 화혼과 한재를 병용하여야만 터득할 수 있다는 것'이었다고 분석하였다(奥村伊九良, 1944). 이처럼 '한재'로 알려진 스가와라 미치자네는 사후에 '학문의 신'으로 일본에서 널리 숭배되어 왔다.

2.3. 에도 시대 국학자들이 사용한 '야마토다마시' 또는 '야마토고코로'

에도 시대 중기, 고쿠가쿠(國學)[15]라는 복고주의적 문학연구 운동이 일어나게 되면서 과거에 헤이안 시대의 여류문학에 등장했던 야마토다마시에 새로운 의미가 부여되기 시작했다. 고쿠가쿠라는 명칭은 히라타 아쓰타네(平田篤胤, 1776~1843) 등이 붙인 것으로서, 그 이전에는 화학(和学), 황조학(皇朝学), 고학(古学), 고도학(古道学)이라 불리기도 했다. 겐로쿠(元禄) 연간(1688~1794)에 게이츄(契沖, 1640~1701) 등을 중심으로 고어연구에 기초를 둔 고전연구가 시작되었는데, 게이츄의 『만엽대장기(万葉代匠記)』(1688년 완성)는 종래의 유불적(儒佛的) 해석에 의거하지 않고 순수하게 문헌학적 입장과 객관적 귀납법에 의해, 일본의 고전연구에 과학적 방법을 전개한 점에서 주목되고 있다. 이 게이츄의 학문경향이 가다노 아즈마마로(荷田春満, 1669~1763)와 그 문하생이었던 가모 마부치(賀茂真淵, 1697~1769)에게 계승되면서 자유로운 연구 방법이나 학문정신이 크게

---

15 한국에서도 국학이라는 용어가 오랜 동안 사용되었기 때문에 혼란을 피하기 위해 여기서는 일부러 '고쿠가쿠'라고 표기했다.

발전하게 되었다.

고쿠가쿠는 『고사기전(古事記伝)』을 저술한 모토오리 노리나가(本居宣長, 1730~1801)에 의해 발전했다. 고쿠가쿠의 발전과정에서 가모 마부치와 모토오리 노리나가는 소라이학(徂来學)[16]의 영향을 크게 받았으며, 이들의 고전연구는 나름대로 엄밀한 학문적 입장을 견지하였다. 노리나가의 사후, 그의 고도(古道)관은 히라타 아쓰타네에 의해 신도적인 색채를 고취하면서 국수화가 진전되었다. 그런데 고쿠가쿠의 천황을 높이는 국수 사상은 막부 부정의 이론의 기반이 되었고 메이지 유신의 사상적 지주를 형성하게 되었다.

모토오리 노리나가의 경우, 저술 전반에 걸쳐 야마토다마시에 대해 여러 차례 언급하고 있다. 특히 『다마노고부시(玉の小節)』에 가장 질적으로 응결된 형태로 발견되는 '모노노아와레설'(もののあはれ説)에는 야마토다마시에 대한 견해가 잘 나타난다. 모노노아와레란 궁극적으로는 '사건·사물의 마음'인 '고토노고코로(事の心)'와 '사람의 마음(人のこころ)'이 서로 공명하여 하나로 결합되어 성립되는 인식작용이라는 것이다. 일종의 감성적인 인식의 세계를 이야기하고 있는 것인데 그러한 세계가 구체적으로 나타난 것이 『겐지모노가타리』라고 한다. 결국 『겐지모노가타리』의 탁월한 가치는 젊은 여성의 순진한 인간됨이 있는 그대로 전개되는 것에 있으며, 야마토다마시는 그와 같이 거짓이 없는 인간의 정서를 말하는 것이라 주장하고 있다.

이러한 견해는 '가라고코로(漢意)'라는 말에 포괄되어있는 유학류(儒學

16 오규 소라이(荻生徂徠, 1666~1728)는 기존의 주자학을 '억측에 근거한 허망한 설'이라 비판하면서 기존의 주자학적 고전 해석을 거부하고 고대 중국의 고전을 독해하는 방법론으로 고문사학(古文辭學)을 확립했다. 도덕과 윤리에 입각한 주자학적 정치를 반대하면서 정치는 도덕, 윤리와 분리되어야 한다고 주장했다.

流)의 이론화를 배제하려고 하는 소위 노리나가 식의 '고도(후로노미치, 古の道)' 연구방법에서 생겨난 것이다. 노리나가는 필생의 대작인 『고사기전』 44권을 완성한 1798년, 69세의 나이에 자신을 따라 학문의 길에 들어선 초심의 학자들을 위해 저술한 학문론 『우히야마부미(うひ山ぶみ)』에서 '가라고코로'를 깨끗이 버리고 '야마토다마시'를 견고하게 해야 한다고 역설하였다. 모토오리 노리나가의 이러한 주장은 고학의 실천에 관한 것이었을 뿐, 무단적인 국수사상을 고취하려고 한 것은 아니었다.

원래 '여성적'인 마음씨였던 '야마토다마시'를 일거에 '웅무(雄武)'의 것으로 전화시킨 것은 노리나가 사후에 그의 문하생이었던 히라타 아쓰타네였다. 히라타는 1809년의 『고도대의(古道大義)』에서 '사람의 도는 요컨대 자연의 정(情)을 말하는 것인데, 그것을 그대로 행하는 것이 인간의 진정한 길이 되는 것이다… 우리나라(일본)의 이니시에(古)는 이것을 그대로 지켜왔으므로 자연스럽게 정직하게 생활해 왔다'고 하면서, 이를 '야마토고코로(大和心)' 또는 '미쿠니다마시(御国魂)'라고 하였다.

'야마토고코로' 또는 '미쿠니다마시'는 일본인의 타고난 용맹함을 표현하는 것으로서, '히라타 아쓰타네'는 '야마토다마시'를 정직하고 맑은 일본 고유의 정신으로 해석했던 가모 마부치와 모토오리 노리나가의 설명에서 한 걸음 더 나아가 일본 고유의 정신을 용감함이라고 설명했다. 그리고 그는 이를 갈고 닦아야 한다고 주장하였다. 일본인은 원래 야마토고코로나 미쿠니다마시의 마음을 가지고 있으나, 요즘은 외국 이야기에 마음을 빼앗겨 본래 마음이 흐려져 있으니 원래 상태로 되돌려야 한다고 반복적으로 주장한 것이다.

그런데 히라타 아쓰타네의 '야마토다마시'에 대한 새로운 해석은 결국에는 도쿠가와(徳川) 막부에 위협이 되었다. 왜냐하면 막말의 심각한 사회모순이나 외국함대의 거듭된 내항으로 인해 존황양이론이 부상했을 때

히라타 아쓰타네의 설이 그 이론적 근거를 제공했기 때문이었다. 모토오리 노리나가의 고학(古學)을 부연해서 설명한 히라타 아쓰타네의 고도(古道)는 눈 깜짝할 새에 신분을 넘어 일본 전역에서 받아들여졌으며 고쿠가쿠가 전국적으로 보급되기에 이르렀다.

야마토다마시의 살벌한 무력사용이나 천황제와의 결합은 이러한 시대적 산물이었다는 것이 명백하다. 쓰다 사유키치(津田左右吉)는 '상대(上代)의 일본 국민은 대개 평화로운 생활을 해 왔는데도, 상대를 숭배하는 고쿠가쿠 학자가 국민의 정신을 무(武)에 있다고 한 것은 사실과 매우 다른 것'이라고 지적했다. 그러면서도 '대외문제로 인해 무언가 사변이 일어나게 될 것이라 예상되던 막말에 이르러 이 시대의 고쿠가쿠 학자의 사상이 이러한 형태로 나타난 것은 당연한 일'이라고 평가했다.

2.4. '화혼'의 전도(轉倒): 요시다 쇼인의 '야마토다마시'와 군국주의

'야마토다마시'는 요시다 쇼인(吉田松蔭, 1839~1859)에 이르러 더욱 국수주의적인 성격을 띠게 된다. '일군만민론(一君万民論)'[17]을 주장하던 요시다 쇼인은 막부가 칙허도 없이 일미수호통상조약을 체결한 것을 비난했으며, 막부의 로주(老中)[18] 마나베 아키카쓰(間部詮勝)의 주살을 기도하다가 체포되어 1859년에 에도에서 처형되었다. 쇼인은 '이렇게 하면 이렇게 되는 것이라 알면서, 관두려야 관둘 수 없는 야마토다마시(かくすればかくなるものと知りながら やむにやまれぬ 大和魂)'라는 말을 남겼는데 여기에서 야마토다마시는 '조국을 소중히 하는 마음, 민족을 생각하는 마음'이

17 일군만민론(一君万民論)이란 오직 군주 한 사람에게만 태생적 권위를 인정하고, 다른 모든 사람들 사이에는 일체의 신분 차이나 차별을 부인하는 주장.

18 로주(老中)는 에도 막부의 관직 가운데 하나. 쇼군 아래의 최고위직으로, 막부의 정무 전반을 총괄하였다.

라고 해석할 수 있을 것이다. 그는 에도(江戸)로 호송된 이후에도 '몸은 비록 무사시(武蔵)의 들판에 있지만, 스러지지 않고 마음에 새겨진 야마토다마시(身はたとひ武蔵の野辺に朽ぬとも、留置まし大和魂)'[19]라고 하였다. 요시다 쇼인의 이 와카(和歌)는 '일본 민족 고유의 기개 또는 정신'이라는 개념을 가진 것으로서, 모토오리 노리나가가 이야기했던 '아침햇살에 향내를 풍기는 산벚꽃(朝日ににおう山ざくら花)'에 비유되는 '청정하고 과감하게, 나아가 신명을 아끼지 않는 심정'이 된 것이다.

요시다 쇼인의 이 와카에 의해 부각된 '야마토다마시' 개념은 메이지 유신과 함께 그 개념이 변모하였다. 야마토다마시는 천황제하의 국수주의에 영합하였으며 국가주의의 흥륭과 함께 시세에 맞추어 편협한 것이 되었다. 1920년대에 이르면 국가에 더욱 강한 귀속의식을 지닌 용어로 변해갔다.

즉, 도쿠가와 막부 시대 말기부터 메이지 시대에 걸쳐 야마토다마시는 새로운 변화를 겪었던 것이다. 용맹한 정신을 뜻하는 야마토고코로와 미쿠니다마시가 히라타 아쓰타네에 의해 일본고유의 정신이라고 강조되면서 여성적 마음을 의미하던 야마토다마시는 남성적이고 무력적인 의미를 갖게 되었다. 나아가 요시다 쇼인의 노래에서 확인되듯이 야마토다마시는 나라를 위해 목숨을 아끼지 않는 일본의 독특한 정신으로 간주되기 시작했다. 이렇게 야마토다마시는 국가주의와 함께 제2차 세계대전에서 패전할 때까지 군국주의의 기반으로 이해되고 사용되었다.

---

19 이 말은 요시다 쇼인이 죽기 전에 제자들에게 남긴 유서 「유혼록(留魂録)」의 서두에 쓰여 있다.

3. '화혼양재': '화혼'과 외래 문화의 수용

3.1. 에도 시대의 사회와 문화: 화혼양재(=외래 문화수용)의 사회적 배경

'화혼양재'라는 용어는 어떠한 사회적 배경에서 등장했을까? 당시 사람들은 일본의 사회와 문화를 어떻게 파악하고 있었을까? 외래 문화의 유입을 인위적으로 차단하고자 했던 쇄국 체제는 일본인들에게 어떤 의미가 있었으며 어떠한 영향을 주었을까? 외래의 문물을 파악할 수 있는 준거가 될 교육 상황과 지적 토양은 어땠을까? 그리고 관료제와 행정, 지역질서, 그리고 경제적인 영역의 특성은 어땠을까?

3.1.1. 쇄국과 그 의미

쇄국에 대한 평가는 그 영향의 마이너스적 측면만이 일방적으로 강조되어 왔다. 그러나 관점을 달리 하여 쇄국의 영향보다도 쇄국을 할 수 있었다는 사실 자체에 대해 재평가해 볼 필요도 있다. 쇄국을 할 수 있다는 것 자체가 당시 일본이 갖고 있었던 하나의 능력이라고 생각할 수 있기 때문이다. 쇄국이라는 선택과 그 성공적 실시는 당시 일본이 국내를 통일하고 하나의 국가를 형성하고 있었다는 증거이기도 하다. 만일 그렇지 않았다면 쇄국은 불가능했을 것이며 개항도 큰 의미가 없었을 것이다.

한편 쇄국 기간 동안 폐쇄적 체계 속에서나마 산업화가 진행된 결과, 역사는 근대 사회의 기술과 제도를 수용할 수 있는 방향을 향해 진전하고 있었다. 나아가 일본이 개항한 시기에는 유럽에서의 세력 각축도 급격한 변화를 겪고 있었다. 일본도 그렇고 유럽도 그렇고 각자의 역사가 매우 급격하게 변화하던 시기에 서로 접촉했다는 사실도 매우 중요하다.

그리고 쇄국이라고는 했지만 이는 문자 그대로 나라의 문을 꼭꼭 닫았던 것은 아니었다는 점도 인식해야 한다. 해외와의 모든 교류를 엄격히 금지한 억압적 정책이 아니라, '막부가 인정하는 범위 내에서 외국 및 타 지역과의 교류'만 인정했던 것이다. 중세의 왜구의 활동을 비롯하여 국가의 통제를 벗어난 자유롭고 다양한 접촉이나 교류가 금지되고 막부에 의한 일원적인 대외적 국민관리체제가 확립되어 근대로 이어졌던 것이다. 실제로 나가사키(長崎)를 통해 중국과의 교역이 이루어지고 있었으며 네덜란드의 상관도 설치되어 있었다. 쓰시마(対馬)번의 조선 무역, 사쓰마(薩摩)번의 류큐(琉球) 무역, 아이누와의 에조(蝦夷) 무역이 공인되어 있었고 밀무역도 성행하고 있었다. 또한 난학을 통해 의학과 자연과학, 미술 분야에 관한 해외지식이 유입되어 합리주의적 사고 형성에 커다란 영향을 미쳤다.

3.1.2. 교육과 지적 기반의 확립

에도 시대에는 전국적으로 교육이 크게 발전하였다. 에도 시대를 시기적으로 구분해서 살펴보면 아래와 같이 정리할 수 있다.

에도 전기에는 평화(소위 Pax Tokugawana)가 도래하면서 문자가 널리 보급되었고 학문이나 교육에 대한 사회적 관심이 고양되었다.

에도 중기에 쇼군 요시무네(吉宗)가 주도한 교호(享保, 1716~35) 연간의 개혁은 '큰 정부', '강한 정부'가 국가 기능과 공공 기능을 확대하는 방향으로 추진되었다. 그중에서 교육개혁은 전 국민에 대한 교육이 전개되었고, 국가질서·사회질서의 안정 및 평화의 정착에 기여하였다.

에도 후기에는 전국 각지에 번교(藩校), 향학(郷学), 테라코야(寺子屋) 등이 지역이나 신분을 넘어 전국적으로 설립되었으며 문화가 크게 발전하였다.

이와 같이 일본의 근세 3백 년은 국가로서의 통합이 강화되었고, 평화가 정착되고 문화가 크게 발전한 시기였다. 이러한 과정을 뒷받침한 것은 에도의 '교육력'이었다. 에도의 교육은 지역이나 신분을 넘어 전국적으로 보급되고 발달되었다. 에도 시대는 무사뿐 아니라 서민들도 교육을 받았고, 나아가 서민 자신이 주체적으로 배우는 자세를 확립했다는 점에서 국민교육의 형성기였다고도 한다. 메이지 유신 후 신(新) 정부가 지역 차와 신분 차를 부정하는 폐번치현(廃藩置県) 및 신분제 폐지 등의 정책을 실시하였을 때, 큰 혼란이나 저항이 없이 정책이 실현될 수 있었던 것은 이러한 '교육력'이 뒷받침되었다고 평가하기도 한다.

이러한 지적 기반은 일본의 근대화를 검토하는 과정에서 매우 중요하다. 왜냐하면 교육의 보급을 통해 식자율이 증가했고 한문으로 된 책을 읽을 수 있는 독자가 전국에 존재하게 되었기 때문이다. 무사나 중농(中農) 이상의 농민, 상인 등 광범위하게 존재하는 독서층은 도쿠가와 시대에 상업출판의 융성을 가져왔다. 여기에 중국의 서적들이 유입되어 일본의 근대화에 크게 공헌했다.

따라서 일본의 근대화와 근대 사상의 전개를 막부 말기의 양학의 유입과 그 발전에만 주목하여 파악하는 것으로는 불충분하다. 양학이 유입되기 이전에 일본은 이미 상당한 수준으로 교육이 보급되어 책을 읽을 수 있는 독자층이 전국적으로 널리 형성되어 있었다.

3.1.3. 관료제와 지역질서

에도 시대의 무사는 주로 농민을 괴롭히는 수탈자 또는 억압자로 묘사되어 왔지만, 다른 한편으로 이들은 지역주민의 생활이나 생산을 보호하는 행정 관료로서의 역할도 수행하고 있었다. 시간이 지나면서 번주(藩主)의 봉건영주적 성격은 점점 엷어졌고 번주 이하 번의 무사들은 막부로부터 영지와 영민을 위탁받은 관료로서 지역행정에 종사하고 있는 것 같은 상황이 전개되었다고 할 수 있다.

이러한 번의 관료적 지배의 기초가 된 것이 지역사회의 성숙이었다. 에도 시대의 무라(村)는 무로마치 시대의 자치적 단위였던 소손(惣村)의 자주성과 자율성을 이어받았으며, 관료적 지배를 지역에서 지탱해 주는 조직으로 성장해 갔다. 나누시(名主)나 쿠미가시라(組頭) 등 무라의 임원들은, 지배의 말단기구로서 기능하는 동시에 무라의 자주성과 자율성을 체현하고 있었다. 에도 시대 후기가 되면 이레후다(入札, 선거)나 린반(輪番, 교대)으로 무라의 임원직에 취임하는 경우가 많아졌다. 또한 이들 무라의 임원들을 일반 농민의 대표 자격으로 감시하는 역할을 했던 햐쿠쇼다이(百姓代)도 설치되었으며, 무라요리아이(村寄合) 등의 회의 방식이나 무라오키테(村掟) 등의 규정 제정 등 운영 시스템도 정비되어 갔다. 번에 의한 관료적 지배는 지역사회의 성숙과 맞물려 실현되었다.

3.1.4. 경제와 인구구조의 변화

16세기 말부터 도쿠가와 막부에 의해 전개된 새로운 영주제는 17세기를 통해 거의 전국으로 확산되었다. 이 영주제는 검지(檢地, 토지조사)에 근거한 석고제(石高制)[20]를 채용했으며, 또한 병농분리(兵農分離)[21]와 조카마치(城下町)의 건설을 실행하고 소비인구집단을 강제적으로 창출하였기 때문에, 기나이(畿内)[22]에서 완만하게 진행되던 도시형성이 일거에 전국으로 확산되었다. 나아가 도쿠가와 막부의 참근교대(参勤交代)제로 인해 에도는 거대한 소비력을 갖춘 도시로 발전하였고, 오사카는 이 에도에 필요

20 '석고(石高)'는 근세 일본에서 '석(石, 고쿠)'이라는 단위를 이용하여 토지의 생산성을 나타낸 수치로 이에 의거하여 토지에 대한 과세가 이루어졌는데, 봉건 영주들의 영지 면적을 표시하게 되었다.

21 무사(사무라이)들이 촌락에 거주하면서 농민을 직접 지배하고 수탈하지 못하도록 봉건영주의 거성 근처(조카마치, 城下町)에 거주하면서 봉건영주로부터 곡식을 받도록 함.

22 기나이(畿内)는 전근대 시대에 사용되었던 표현으로 수도 교토 주변의 '수도권'이라는 의미로서 '긴키(近畿)'라고 부르기도 하며 간사이(關西) 지방에 해당한다.

한 물자공급지의 역할을 확립함으로써 전국적인 규모의 경제가 성립하게 되었다.

또한 영주는 농민으로부터 받은 연공(年貢)을 미곡과 화폐로 통일했으며, 미곡을 화폐로 교환해야 했기에 영주와 상인과 농민 사이에 물자와 서비스와 화폐가 순환하게 되었다. 화폐사용은 전 주민들에게 확산되었고, 농민의 행동에도 경제적 인센티브가 작용하게 되었다. 그리하여 농민은 최적의 생산방법을 선택하고, 가족노동에 의한 집약농업을 전개하게 되었다.

그런데 막부는 페리의 내항과 1854년의 개항, 그리고 1858년 미일수호통상조약의 체결 이후 국제적 균형을 회복하기 위하여[23] 국내 균형을 희생시켜 가면서도 화폐 개주[24]를 단행하였다. 그 결과 물가가 급등하고 막부의 재정은 파탄에 봉착했다. 이러한 과정은 각 지역의 경제가 전국적으로 연동이 되면서 하나의 국내 경제가 형성되어 가는 과정이기도 하였다. 나아가 이렇게 형성된 국내 경제는 정부의 통제로부터 벗어나 무역을 통해 국제 경제와 연결되어 갔다. 메이지 유신 이후에는 이러한 움직임이 더욱 가속화되었다.

한편 에도 시대에는 인구, 경지면적, 생산량 비율이 남다르게 증가했는데, 그중에서 면적당 생산량의 증대가 뚜렷하게 나타난다. 이는 집약적 농업의 발전을 의미하며 토지이용의 형태가 변화했음을 시사한다. 그리하여 노동력이 가족을 근간으로 하게 되고, 농민 세대(世帶)는 직계혈연으로 구성된 단혼가족 형태로 변모하였다. 그 결과 결혼율과 출생률이 증가하

---

23 일본은 외국과 금은의 교환 비율이 달랐다. 일본에서는 외국보다 상대적으로 금의 가치가 싸고 은의 가치가 높아서 같은 양의 은으로 더 많은 금을 살 수 있었기 때문에 외국 상인들에 의해 일본에서 금이 대량 유출되었다. 막부는 이러한 상황을 막기 위해 화폐를 개주했다.

24 화폐개주는 금화의 금 함유량을 줄여 국제시세에 맞추는 금화악주(金貨惡鑄) 방식을 취하였다. 그러나 그 결과 통화량이 팽창하여 심각한 인플레가 초래되었고 일본 민중의 분노는 폭발했다.

고, 생활수준의 향상에 따른 사망률의 감소와 평균수명의 연장으로 인구가 폭발적으로 증가하였다.

메이지 시대에 들어 폐번치현과 지조개정을 통해 이룩한 예산의 중앙집권화와 세수의 안정화, 그리고 근대적 재정·금융정책은 중요한 의미를 지닌다. 일련의 정책에 의해 국가의 재산 규모가 800만 석에서 3,000만 석으로 확대되었고, 특히 번 규모의 경제단위 해체와 '은화사용지역'의 '금화사용지역'으로의 통합[25]에 의해 '국가'라는 시장 경제 단위가 확립되었다. 쇄국 경제에 의해 특수화된 개별적 가치 체계를 지녔던 일본 시장이 통화제도의 확립을 통해 세계 경제와 연결되었고 일본 상품의 가치는 세계 경제에 의해 규정되기 시작했다.

세계 경제와 연결됨으로써 무엇보다도 먼저 물가변동이 일어났다.[26] 쇄국 하의 폐쇄체제에서의 물가체계가 한꺼번에 세계의 물가체계에 맞추게 되었기 때문이다. 개항 이후의 물가상승을 '가격혁명'이라고까지 부르는데, 이러한 가격혁명은 부의 분배구조에 변화를 일으켰다. 도시 상인의 화폐자산의 증가는 적었고, 지방 출신 사업가의 활동이 활발해졌다. 부의 분배구조의 변화가 일본의 산업구조와 사회구조를 변화시켜 갔다.

3.1.5. 아편전쟁과 서양의 충격 및 위기감

막부 말기의 양학 연구자들이 가졌던 위기의식은 무엇보다도 서양 열강에 비해 현저히 뒤처졌던 군사력의 열세에서 비롯되었다. 중국의 아편전쟁을 통해 간접적으로 느꼈던 서양과의 군사력의 차이는 이후 시모노세

25 번에서 발행했던 한사쓰(藩札)의 폐지는 지방자치의 폐기이기도 했다. '은화사용지역'의 통합은 가미가타(上方), 즉 교토와 오사카 지역의 문화와 경제를 도쿄 일극중심주의로 교체하는 것이었다.

26 예를 들면 생사, 밀, 구리 등이 수출품이 됨으로써 가격이 상승하였고, 유채기름, 못, 쇠, 고려인삼 등은 가격이 하락하였다.

키 전쟁(1863~64)[27]과 사쓰에이(薩英) 전쟁[28] 등의 직접 체험을 통해 더욱 분명한 것이 되었다.

무엇보다도 아편전쟁에서 강국이자, 일본이 성인의 나라로 생각하였던 중국의 패전은 큰 충격을 주었다. 일본의 지식인들은 이러한 패배가 서양의 동양 진출의 첫 신호가 될 것이라는 위기감을 가지게 되었다. 이 전쟁을 통해 탄생한 서적『해국도지(海國圖志)』가 전해졌고, 막부 말기에 개혁의 기운이 일어나는데 일조를 했다.

그런데 아편전쟁에서 청이 패배했다는 정보가 전해지기 이전인 1825년, 이미 일본은 외국 선박을 발견하면 즉시 포격하라는「이국선타불령(異國船打拂令)」을 공포하는 등 서양인과 일본 백성의 접촉을 차단한다는 강경한 태도를 보이고 있었다. 하지만 1837년 모리슨호 사건[29]이 발생하자 이국선을 무조건 타격하라는 명령에 대한 비판이 제기되었으며, 아편전쟁의 경과로 서양의 군사적 위력을 인식한 막부는 방향을 전환하여 1842년에「이국선타불령」을 폐지하고 외국 선박에 대해 숯이나 물의 편의를 도모해주는「신수급여령(薪水給與令)」을 반포하는 등 서양 열강에 대

---

27 고메이 천황의 요구에 따라 쇼군 이에모치는 1863년에 양이(攘夷)의 이행을 약속했는데, 조슈번에서 시모노세키 해협을 통과하는 미국, 프랑스, 네덜란드 선박에 포격을 가했고 또한 해협 봉쇄로 경제적 손실을 입은 것에 대한 보복으로 영국이 미국, 프랑스, 네덜란드와 합세하여 4개국 함대가 조슈번의 포대를 공격하여 파괴한 사건. 이 사건으로 조슈번은 무력으로 양이가 불가능하다는 것을 깨닫고 적극적으로 서양의 지식과 기술을 도입하게 되었다.

28 1862년에 발생했던 나마무기 사건(사쓰마번의 행렬을 호위하던 무사들이 나마무기촌에서 말을 타고 행렬을 가로질러 지나가려던 영국인들을 공격하여 살해 및 부상을 입힌 사건)과 관련하여 1863년 사쓰마번과 직접 협상을 하러 출동했던 영국 함대가 사쓰마번과 포격을 주고 받은 사건. 이 과정에서 사쓰마번은 막대한 물적 피해를 입었으며 서양의 군사적 우위를 깨닫게 된다.

29 모리슨호 사건(Morrison Incident)은 1837년 일본인 표류민(오토키치 등 7 명)을 태운 미국의 비무장 상선 모리슨호가 에도만(도쿄만) 우라가 앞바다에 나타나자 일본 측 포대가 포격한 사건이다.

한 태도를 연화시켰다. 이 대외연화정책은 이윽고 개국의 주요한 요인이 되었고, 페리 내항, 메이지 유신을 거쳐 일본의 근대화로 이어지게 된다. 이러한 상황이었던지라 일본의 위정자와 지식인들 상당수는 군사·산업 면에서 서양의 월등한 기술을 어떻게든 도입해야 하지 않을까 하는 문제의식을 가지고 있었다.

3.2. '화혼양재'라는 용어의 등장

'화혼양재'란 흔히 일본 정신을 중심으로 해외 또는 외래의 지식이나 기술을 도입하여, 일본을 풍요롭게 하고자 하는 방책이라 이해되어 왔다. 그런데 일각에서는 아라이 하쿠세키(新井白石, 1657~1725)의 생각이야말로 '화혼양재'의 맹아, 또는 원형이라 주장하고 있다. 아라이 하쿠세키는 1708년 포교활동을 위해 일본에 왔다가 검거된 이탈리아인 선교사 시도치(Giovanni Battista Sidotti, 1668~1714)를 신문하는 과정에서, 여러 학문에 정통한 그의 박식함에 "천문·지리에 관해서 내 지식은 그에게 도저히 미치지 못한다"고 감탄하고 『채람이언(采覽異言)』, 『서양기문(西洋紀聞)』을 저술하였다.

그런데 아라이 하쿠세키는 서양 학문에 대한 상당한 지식에도 불구하고, "서양 쪽의 학문이라는 것은 단지 그 현상적인 것(形)과 사물(器)에 대해서만 상세한 것이다. 소위 형이하의 것만 알지 형이상이라는 것은 아직 알지 못한다(新井白石, 1975: 17-19)"고 단정했다.[30] 난학에서 양학을 거쳐 근대의 (서양) 학문이 일본에서 발전하여 오늘날에 이르렀다고 생각하는 사람들은 아라이 하쿠세키의 두 저서를 그의 난학의 출발점이라고 평가할 수도 있다. 하지만 아라이 하쿠세키의 학문 전체에서 난학은 특히 큰

30 예수회 선교사들의 뛰어난 천문학적 지식에 감탄하면서도 이를 전적으로 수용하려 하지 않았던 중국과 조선의 지식인들의 서양 학문 인식을 연상시킨다.

비중을 차지하고 있지는 않다. 아라이 하쿠세키는 양재=난학을 확실히 존중하기는 하였지만, 그로 인해 유교의 자연관이나 지금까지의 지식을 버리고 난학을 지식의 원천으로 삼으려 하지는 않았다.

오늘날 일본의 근대화 과정을 검토하면서 아라이 하쿠세키를 난학의 시조라고 부르고 화혼양재의 등장과 관련시키는 사람들도 있지만, 정작 아라이 하쿠세키 자신은 화혼을 운운하면서 일부러 일본주의를 표방할 필요성 따위는 느끼지 않았던 것으로 보인다. 당시의 시대 상황은 그럴 필요가 있을 정도로 절박하지 않았기 때문이다.

본격적으로 '화혼양재'가 등장하는 것은 19세기에 들어서이다. 1840년에 발발한 아편전쟁으로 인해 일본은 서양의 위협을 현실적이며 임박한 것으로 이해하게 된다. 아편전쟁의 전황이나 전후 처리에 관한 저작이 번각본, 필사본 등으로 확산되었으며, 이로써 중국을 둘러싼 정세에 대한 인식도 심화시켰다. 나아가 그러한 위난을 바로 이웃나라에까지 몰고 온 서양 국가와 세계의 정세에 대한 관심이 증대되어 갔다.

그러던 1853년, 미국 해군 제독 매튜 페리(Matthew Perry)는 네 척의 군함으로 구성된 작은 함대를 거느리고 우라가(浦賀)에 내항하여 미국 대통령 필모어(M. Fillmore)의 국서를 막부에 전하면서 개국을 요구하였다. 막부는 이 큰 사건을 눈앞에 두고 방책을 정하지 못하여 다이묘와 제후의 무사(사무라이, 侍)들에게 의견을 구하였다.[31] 개항 문제는 일본에서는 처음부터 국가적(국민적)인 중대 사건으로 등장하였던 것이다. 주전론, 피전론, 거절론, 허용론, 현상 유지 등 다양한 의견이 전개되었는데, 이러한 의견들은 의견에 머물지 않고 사상적 조류로 발전하였다. 그리고 이러한 사상적 조류들이 서로 충돌하면서 개국, 존황양이, 막부 타도라는 역사적 과

31 이에 대한 답변서로 막부에 도착한 것이 719통에 이르렀다고 한다.

정이 전개되었다.

사상적 저류의 충돌과 혼란 속에서 '화혼양재'의 이념을 설정한 사람은 사쿠마 쇼잔(佐久間象山)과 요코이 쇼난(横井小楠)이었다. 이들은 일본이라는 국가를 보호하고 유지하기 위하여 자기 문화의 가치와 외래 문명의 도입을 동시에 주장하였으며, '화혼양재'란 자기 회복을 위한 고투의 표현이었다고 생각할 수 있다.

'화혼양재'는 19세기 후반 쇄국을 풀고 개방한 일본이 근대 국가와 자본주의 발전의 기초를 만들어 나가기 시작하면서 고대의 '화혼한재'를 유추하여 만들어낸 표어이다. 메이지 시대에 들어서 서양의 지식, 학문, 문화가 물밀 듯이 유입될 때 오카쿠라 텐신(岡倉天心) 등에 의해 이것들을 일본류로 도입해야 한다는 주장이 나타났으며 야마토다마시와 함께 '화혼양재'라는 용어가 지속적으로 사용되게 되었다.

그러나 화혼한재와 화혼양재의 근본적 차이에도 유의할 필요가 있다. 화혼한재는 외래의 문화를 수용한 다음, 이를 일본풍으로 변화하면서 주창되었다. 반면 근대의 '화혼양재'는 서양 문화를 도입하는 초기에 처음부터 슬로건으로서 내세운 것이다. 그러한 슬로건 하에서 일본은 유럽의 문화를 수용하여 근대화를 추진했다. 화혼양재에는 '화혼'을 완강하게 보존하고 지키려는 자세가 이미 존재하고 있었다고 할 수 있다.

일본은 근대 산업과 근대 군비를 갖추어 '부국강병'이라는 국가적 과제를 달성하기 위하여 유럽의 근대 문화 중에서도 우선 과학기술을 습득하는 것을 최우선시하였다. 반면에, 유럽의 근대개인주의 사상의 수용은 나쓰메 소세키(夏目漱石, 1867~1916)[32]나 모리 오가이(森鴎外, 1862~

32 나쓰메 소세키(夏目漱石)는 '야마토다마시'는 모든 이가 입에 올리지만, 그 누구도 본 적도 들은 적도 없는 것이므로 텐구(天狗) 같은 것이라고 하면서, 이 야마토다마시를 강조하는 것은 서양 문명의 압박을 느꼈기 때문에 일본인의 일본인다운 부분을 강조하는 것

1922)[33] 등 극히 일부의 지식인에게 한정되어 나타났다. 근대 일본은 이와 같이 '부국강병'책을 따르는 '화혼양재'의 노선을 그 이후의 다이쇼·쇼와 시대까지 추진했다. 그러한 과정에서 '화혼'이라는 말은 본래적 의미는 점점 퇴색하였으며 화혼한재 당시의 화혼과는 정반대의 의미를 지닌 '야마토다마시'로 전화(轉化)되어 버렸다.

3.3. '양재' 도입의 대표적 실천가들과 그 활동양상

3.3.1. 사쓰마번의 시마즈 나리아키라의 '슈세이칸 사업'

시마즈 나리아키라(島津斉彬)는 사쓰마번의 번주 시마즈 나리오키(島津斉興)의 장남으로 태어나, 중국과 서양의 문화에 깊은 관심을 가졌던 증조부의 영향을 받아 해외 문화의 흡수와 정보수집에 열심이었다. 1851년 번주의 자리에 오른 그는 서양식의 근대 산업을 가고시마에 이입시키고자 '슈세이칸(集成館) 사업'에 착수하였다. 근대서양식 공장군의 건설을 시작하면서, 특히 제철, 조선, 방적에 힘을 쏟았고, 대포제조로부터 양식 범선의 건조, 무기탄약과 식품제조, 가스등의 실험 등 폭넓은 사업을 전개하였다.

그 당시 사가(佐賀)번 등 일본 각지에서 근대 공업화가 추진되었지만 나리아키라의 '슈세이칸 사업'은 군사력의 증대뿐 아니라, 사회 인프라의 정비 등 여러 분야에까지 확산되었다. 1858년 나리아키라가 사망하면서 이 사업은 재정 문제 등으로 일시적으로 축소되었지만, 1863년의 사쓰에이

일 뿐이라며 비판적 입장을 보였다. 즉 야마토다마시의 강조는 정신의 소모와 공포를 안고 있기 때문이라고 하였다. 그의 소설『나는 고양이로소이다』(1905)에서 유추.

33 모리 오가이(森鷗外)는 동경제국대학 의학부를 졸업하고 군의관으로 독일에 유학하여 육군 군의총감을 지냈으며 나쓰메 소세키와 함께 근대 일본 문학의 거장이다. 모리 오가이는 무비판적인 모방을 배척하고, 자주적인 태도를 매우 강조하였다. 오가이는 서양의 마음을 가장 잘 전한 일본인 중 한 사람으로 평가받고 있는데, 일본의 젊은이에게 '청춘'이라는 새로운 감정을 계시하였다고 한다. 그는 체계적인 사변보다는 즉물적인 개개의 사물에 관심을 가짐으로써 화혼양재설에 비판을 가했다(平川祐弘 1987).

전쟁에서 영국 해군과 교전한 이후에 사쓰마번은 슈세이칸 사업의 중요성을 새삼 인식하고 슈세이칸 기계공장, 일본 최초의 방적공장인 가고시마 방적소 등을 건조하였다.

나리아키라가 이 사업을 실시한 시대는, 산업혁명에 성공한 서양 국가들이 새로운 시장의 획득을 위해 탐욕을 보이던 시대였다. 일본 및 일본 근해는 서양 선진 국가들의 이해가 미묘하게 충돌하는 장소가 되어 있었다. 더 이상 일본이 국제사회로부터 고립되는 것이 불가능한 시대가 시작되고 있었던 것이다. 이러한 시기에 전개된 '슈세이칸 사업'의 목적은 사쓰마번만이라도 흑선의 포함(砲艦)외교에 대항할 수 있는 해군력을 정비하고, 나아가 외국과 교류할 수 있는 풍요로운 나라를 만드는 것에 있었다. 과거 총(鐵砲)이나 기독교 전래의 입구 역할을 한 것은 사쓰마였다. 하지만 막부 말기의 위기는 그때까지와는 전혀 다른 위기였다.

그러한 이유에서 '슈세이칸 사업'의 당면 목표의 첫 번째는 군함의 건조였다. 이 사업은 별의별 실험과 시행착오를 반복하면서 그중에서 전망이 보이는 것부터 사업화하는 방식으로 진행되었다. 조선 사업과 대포의 주조를 주목적으로 하는 제철 사업, 배의 항해를 위한 범포(帆布)의 제작을 중심으로 한 방적 사업, 증기선의 건조 등을 추진했으며 그 결과 일본 최초의 본격적인 서양식 군함 '쇼헤이마루(昇平丸)'와 증기선 '운코마루(雲行丸)'를 완성하였다.

이렇게 하여 사쓰마번은 일본 최첨단의 공장시설과 기술력을 보유하게 되었다. 막부 말기, 사쓰마번은 이 기술력을 배경으로 도막운동(倒幕運動)을 이끌었다. 그리고 메이지 시대가 되자 슈세이칸 사업에서 활약한 인물들이 일본 전국의 공장에 기사로서 초빙되어 지도에 임하였다. 그런 뜻에서 슈세이칸은 근대 산업의 기초를 닦고 전국에 부국강병을 확산시킨 원점이라 평가받고 있다.

3.3.2. 사쿠마 쇼잔의 해방과 출판계획

사쿠마 쇼잔(佐久間象山, 1811~1864)은 마쓰시로(松代)번 사나다(真田)가의 가신이면서 주자학자였다. 아편전쟁을 통해 대외적인 위기에 눈을 떴고, 이후에는 '해방(海防)'에 전심하였다. 서양 포술을 배웠고, 독학으로 네덜란드어를 습득하였으며 서양 포술을 가르치는 주쿠(塾)를 열었다. 그의 제자로는 가쓰 가이슈(勝海舟), 가와이 게이노스케(河合継之助), 요시다 쇼인(吉田松蔭), 사카모토 료마(坂本竜馬), 가토 히로유키(加藤弘之) 등이 유명하다. 1854년 요시다 쇼인의 밀항 실패에 연좌되어 칩거를 명령받았고, 1864년에 교토에서 존황양이파에게 암살을 당했다.

아편전쟁 당시에 사쿠마 쇼잔이 속해 있던 마쓰시로번의 번주 사나다 유키쓰라(真田幸貫)는 막부의 로주(老中)로서 '해방'을 담당하고 있었다. 쇼잔은 마쓰시로번의 에도 번저(藩邸)의 학문소 책임자 겸 쓰라유키의 해방계(海防掛) 고문이 되어 1842년 「해방에 관한 번주에의 상신서(海防に関する藩主宛上書)」를 제출하였다. 이어서 쇼잔은 1850년 「네덜란드어사전 출판에 관해 로주 아베 마사히로에게 바치는 상서(和蘭語辞彙出版に関する老中阿部正弘宛上書)」를 제출하는데, 거기에서 그는 '해방(海防)은 천하의 해방으로서 천하인들에게 세계(서구)의 상황을 알려야 한다. 천하인들에게 그 상황을 알리기 위해서는, 양서를 널리 읽혀야 하고, 그 때문에 네덜란드어 사전을 출판하는 것이 선결과제'라고 하였다. 그리고 주요한 목적으로 삼아야 하는 것은 세계의 학술지식을 습득하고 세계의 장점을 모아서 일본을 오랫동안 독립국으로 유지하기 위한 기초를 세상에 넓히는 것에 있으므로, 그것에 주목하게만 된다면 어떠한 비판이 있더라도 모기가 윙윙 날아다니는 것과 같으므로 걱정할 필요가 없다고 하였다.

또한 사쿠마 쇼잔은 구체적으로 출판계획도 밝혔다. 양학이 성행하게 되면서 하나의 번에는 5~10명 정도가 이 사전을 필요로 하고, 60여 개의 번에서 살 것이므로 300부에서 500부 정도는 반드시 팔릴 것이다. 그 이외에도 삼도(三都, 에도·오사카·교토)나 몇 개의 번에 양학자들이 있으므로 700부는 팔릴 것이니 번의 이익이 될 것이고, 이 이익을 번의 인재양성에 사용한다면 대의와 실리 모두를 얻을 것이라고 주장하였다.

이러한 활동을 전개한 사쿠마 쇼잔의 사상적 배경은 주자학이었다. 쇼잔은 "동양 도덕, 서양 예술, 정미함(精)과 거침(粗)을 버리지 않고 표리를 겸함으로써 민물(民物)을 윤택하게 하고 국은(國恩)에 보답한다"고 하였다. 유학적인 또한 무사도적인 두 가지 혼(다마시)은 난학에 대한 쇼잔의 태도에 분명히 드러난다. 사쿠마 쇼잔은 아편전쟁의 충격을 받아 포술에 대한 관심에서 출발하고 있으며, 오로지 과학기술의 측면에 관심이 한정되어 있었다. 그리고 서양 국가들에 대항한다는 목표로 일관되어 있다. 난학에 대한 그의 태도는 무사나 군사적 정신태도로 일관되어 있었다.

그러면서도 주자학적인 학문태도가 그 기초가 되어 있었으며 사쿠마 쇼잔의 경우 무사 정신이 서양 포술에 대한 관심을 불러일으킴으로써 근대과학에 대한 이해와 평가를 낳는 매개체의 역할을 하는 것에 머물지 않았다. 이는 그의 과학적·합리적 사고태도 그 자체를 구성하는 계기를 이루고 있었다. 쇼잔의 언동에는 아직 맹아적인 형태이기는 하지만 근대적인 실험적 정신이 나타나고 있었다. 근대적인 실험은 목적의식적으로 인위적인 조건을 설정함으로써, 대상 안에서 보이는 법칙성 또는 상호관계를 엄밀히 파악하는 것을 핵심으로 하고 있으며, 단순히 현지를 견문하거나 관찰하는 것과는 다른 주체적 조작성을 전제로 하고 있다. 막부 말기의 다른 사상가들에게는 근대적 의미의 실험적 태도는 전혀 보이지 않는다.

사쿠마 쇼잔은 실험이라는 말을 빈번하게 사용했을 뿐 아니라, 새로운 뉘앙스를 부여하였다. 대포나 화약, 유리의 제조부터 사진기의 제작까지 걸친 그의 태도에는 다른 사상가들에게는 볼 수 없는 실험적이고 조작적인 경향이 존재하고 있었다. 그는 상증술(詳証術), 즉 수학이 기본이라 명언하고 있다. 주자학적인 지적 관조성은 근대적인 실험을 지탱하는 주체적 조작의 정신과는 오히려 대립하는 것이다. 바꾸어 말하면, 지적 관조성을 기초로 할 것인가, 주체적 조작성을 기초로 할 것인가라는 점이야말로 주자학적인 합리주의와 근대적인 합리주의와의 근본적인 차이 중 하나라고 할 수 있다. 쇼잔의 실험적 정신에서 볼 수 있는 주체적 조작성은 주자학이 아니라 오히려 무사적인 실험적 능동성을 기초로 하고 있었다.

이와 같은 사쿠마 쇼잔의 태도는 절충주의였다는 평가를 받기도 한다. 하지만 이러한 '절충'은 역사의 발전 과정에서 나타나는 필연적인 것이라 생각할 수도 있다. 무엇보다도 '화혼'이라는 위장 또는 자기변호가 없었다면 양이론자로부터 '서양 도취자' 또는 '매국노'라고 매도될 수 있었으며 생명도 위태로울 수밖에 없었다. 그리고 실제로 사쿠마 쇼잔과 요코이 쇼난 두 사람 모두 양이론자의 칼에 암살되었다.

'화혼양재'는 두 개의 상이한 문화체계를 어떻게든 접합하려고 시도한 것이다. 이러한 행위가 등장하려면 반드시 전제가 필요하다. 무엇보다도 자국과 타국의 문화적 이질성을 느끼는 것이고, 이질적이지만 타자의 고도화된 선진성을 인정하는 것이다. 인정하는 것이 없다면 양이론만 등장하지 않았을 것이다.

사쿠마 쇼잔은 정주학(程朱學)으로 서양 학문을 이해할 수 있고, 양자에 동질성이 있다는 것을 주장하였다.[34] 동질성 때문에 화혼으로서 양재의 사

34 사쿠마 쇼잔은 다음과 같이 주장했다. "주자의 생각은 정자의 설에 따른 것인데, 대개 천하의 사물에 대해 그 이치를 궁구하여 지식의 양을 끝까지 늘린다고 말씀하셨으나, 그것만으로는 바깥 사물을 좇느라 정신이 없게 되는 폐단이 있습니다. 그러나 내 마음이 곧 이치이니 천하 만물은 모두 나에게 갖추어져 있다고 한다면 내 마음의 이치를 궁구하기만 하면 된다는 말이 됩니다. 여기에 차이가 있는 것이지요. 서양의 궁리의 학문 같은 것도 역시 정주의 생각과 부합하는 것을 보니 실로 정주 두 선생이 격치의 설은 동해·서해·북해에서도 타당한 뛰어난 학설이라는 것을 의미합니다. 서양의 학술이 정주의 생각과 맞는

용이 가능하다고 한 것이다. 이와 같은 동질성을 추구하는 이유는 무엇일까? 한 마디로 자기부정에 의한 자기상실의 불안에서 오는 자기주체성의 회복에 대한 요구라 할 수 있을 것이다. 이 절충주의적 '화혼양재'의 개념에는 전통 문화와 서양 문화의 종합, 또는 통합이라고 하는 적극적 수용의 태도와 더불어 발판이 흔들리고 있다는 불안도 포함되어 있는 것이다.

3.3.3. 요코이 쇼난의 공의정체론(公議政體論)

요코이 쇼난(横井小楠, 1809~1869)은 구마모토번의 무사 요코이 도키나오(横井時直)의 차남으로 출생하여 번교였던 '지슈칸(時習館)'에서 공부를 하다가 1839년에 에도로 유학을 다녀오기도 하였다. 동료 번사들과 '실학당'을 조직하고, 사숙인 '쇼난도(小楠堂)'를 열었고, 1855년에는 자택을 '시지켄(四時軒)'이라고 명명하여 사숙을 운영하였다. 후에 후쿠이(福井)번의 번정개혁에 참여했고, 에도 막부의 정사총재직이었던 마쓰다이라 요시나가(松平春嶽)의 조언자로서 막부개혁에도 관계하였다.

요코이 쇼난은 쇄국체제와 막부체제를 동시에 비판하고, 그것을 대체할 수 있는 국가와 사회의 구상을 공공과 교역의 입장에서 모색하였다. 공공성·공공권을 실현하기 위하여 '강습토론', '붕우강학'이라는 신분계층을 초월한 토의를 정치운영에 있어서 가장 중요한 요소로 중시하였다. 또한 교역을 중시하는 입장에서 외국과의 통상무역을 권장하고, 산업의 진흥을 교역으로 파악하여 국내의 자율적인 경제발전 방책을 건의하였으며 이를 위해 막부와 번을 넘어 통일국가의 필요성을 설파하였다.

체계적으로 요코이 쇼난의 국가론이 제시된 문서로는 1860년에 후쿠이번의 번정개혁을 위해 집필한 『국시삼론(国是三論)』이 있고, 그 외에 학문

것을 보면 그것까지도 모두 우리 학문 범위 안의 일부분으로서 원래 바깥의 것이 아니라는 말이 됩니다."(佐久間象山, 1971: 330)

과 정치의 결부를 논한 1852년의 『学校問答書』가 있다. 『국시삼론』은 교역의 의의를 설명한 '부국론', 교역을 추진하기 위해서는 해군의 강화를 빼놓을 수 없다고 한 '강병론', 무사의 교육에 대해 논한 '사도론'으로 구성되어 있다.

'부국론'에서 요코이 쇼난은 막부가 도쿠가와 일가의 이익만을 생각하며 천하의 서민을 위한 정신이 없다고 비판하고, 공공의 정신으로 인정을 베풀고, 신의를 바탕으로 교역을 하고, 번과 민의 이익을 얻어야 한다고 하였다. 이러한 정치가 이루어지고 있는 미국과 영국, 러시아 등의 국가들과 교역을 하지 않는 것은 어리석은 짓이라고 비판하였다. 쇼난이 이상적이라고 여겼던 정치는 중국의 고대, 즉 '요순삼대'였다. '요순삼대'에는 군신관계에서도 자유로이 상호비판하고, 논의하고, 서로 가르쳐 주었는데, 유럽에서 이것이 실천되고 있다고 하면서 일본 정치의 재검토를 주장하였다. 도쿠가와 정권의 '사적'인 정치로부터 사심을 버리고 '공적'인 정치로 고쳐야 하며, 공의나 공론을 중심으로 하는 공의정체론(의회제)을 주장하였다. 일본의 독립을 유지하기 위해서는 '천덕을 따르고, 만국의 실정을 알고, 국내 정치를 충실하게 하고, 부국강병의 성과를 올려 외국의 침략을 받지 않도록 해야 한다'고 하였는데, 다만 '결코 양풍을 존중해서는 안 된다'고 하였다.

요코이 쇼난은 주자학의 진정한 정신을 『서경』의 요순삼대의 정치에서 찾았고, 『해국도지』에서 유럽의 정치형태를 배워 공의정체론의 창도자가 되었던 것이다. 다시 말하면, 쇼난은 서양 문명을 이끈 '천지공공의 도리'는 '일종의 경륜궁리(經綸窮理)의 학'으로서, 그것이 증기선, 기차, 전신기, 방직기 등 생활을 향상시키기 위한 기술을 개발하게 한 것이지만 그 '경륜'은 끝은 있고 근본은 없는 것, 즉 이해타산에서 출발하여 결과만을 중시하는 것이기 때문에 표면적으로 인(仁)에 가까운 듯이 보일 뿐이다. 이러한 서양 이치의 한계, 특히 '인'이 없는 식민지 정책을 비난하면서, 동양의 도덕과 성왕의 도를 강조했다(横井小楠, 1970: 444).

3.3.4. 후쿠자와 유키치의 저역·출판활동과 '후쿠자와야 유키치(福沢屋諭吉)'

막부 말기의 후쿠자와 유키치(福澤諭吉, 1835~1901)의 생활에는 세 기둥이 있었다. 첫째, 막부 외국방(幕府外国方, 현재의 외무성)의 일원으로서의 공무원 생활이며 '외국봉행지배조역차석번역어용(外国奉行支配調役次席翻訳御用)' 등을 역임하였다. 둘째, 후쿠자와 주쿠(塾)의 경영이다. 후쿠자와의 난학 주쿠, 그로부터 발전한 영어 주쿠의 경영을 말한다. 셋째, 저역업(著譯業)이다. 막말 유신기의 변혁기에 후쿠자와는 공무원 생활에서 이탈하여 사숙의 경영과 확대발전, 그리고 저역업과 출판업을 병행하였다. 후쿠자와 유키치에 대해 지금까지는 주로 문명개화의 사상이나 『학문의 권장』 등에 나타나는 사상적 흐름에 대해 논의되어 왔으나, 여기서는 후쿠자와가 자신의 사상을 실천하고 확산시키는 수단으로 매진하였던 출판활동에 주목하고자 한다.

후쿠자와 유키치는 1858년에 오쿠다이라(奥平)번의 에도 저택 일각에 작은 사숙을 열었고 1864년에 막부의 번역자로 출사하였다. 거기에서 번 자금을 사숙의 경영에 충당하였다. 공무 외에 아르바이트로 영자신문이나 잡지를 번역하여 에도의 각 번의 주재원(留守居役)에게 팔아서 사숙생의 학비를 충당하기도 하였다. 이러한 활동은 동란의 시대에 해외 정보가 종종 단절되는 상황에 아주 교묘하게 대응한 것이라고 볼 수 있다. 1868년 막부가 무너지기 직전에 사직을 하였고 그로 인해 사숙의 경영이 더욱 어려워지자, 1868년에 후쿠자와는 사숙을 번으로부터 독립시켜 '게이오기주쿠(慶応義塾)'라 명명한 뒤 사업의 일환으로 출판업을 시작하였다. 그런데 1869년 5월 13일, 행정관 발포의 출판조례에 의해 학교에 출판면허 사무가 귀속되었고, 이에 따라 출판자의 보호규정이 위판(僞版)도서의 판목 몰수와 벌금규정 등과 함께 조문화되었는데, 그 운영에 대해서는 에도 시대의 관습을 이어갔다. 후쿠자와 자신은 이를 '저역(著譯)사회의 대변혁'이었다고 회상하였는데, 그 체계란 저자의 권리를 보호하고 출판사는 오로지 출판물을 판매하고 수수료를 받는 것이었다. 후쿠자와는 그때까지의 서적도매상의 출판방식이 제판·인쇄·자재·제본·판매까지의 모든 것을 장악하고 있었고, 그것이 이익의 원천이 된다는 것을 알고 있었으며, 그것을 스스로 바꾸었던 것이다. 그리하여 게이오기주쿠의 구내에는 수십 명의 장인들이 모여서 일하는 작업장이 만들어졌다.

후쿠자와 유키치가 저술하고 출판한 책들은 잘 팔려나갔는데 해적판이 커다란 문제였다. 이런 상황에서 1869년에 공포되었던 출판조례는 해적판 대책에 부심하고, 해적판 발행에 대한 법적 규제를 위해 열심히 운동을 계속하던 후쿠자와에게 단비와 같은 것이었다. 즉 에도 시대의 출판관행을 답습하여 서적조합에게 판권을 보호하는 규칙과 운영, 위반사례 적발 등의 권한을 부여하고 조문화하여 서적조합이 해적판을 적발할 수 있게 된 것이다. 후쿠자와는 1870년에 '후쿠자와야 유키치(福沢屋諭吉)'라는 이름으로 이 서적조합에 가입하였다.

그리하여 법적인 보호 아래 '후쿠자와야'는 새로운 기업 확장을 시도하였고, 이것은 폐번치현을 계기로 메이지 정부의 집권화 과정의 표현이기도 했던 문명개화정책, 특히 학제의 반포 등의 기준을 따라 일대 비약적으로 성장하기에 이른다. 후쿠자와는 이러한 시대의 흐름을 탄 출판기업이라는 경제기반에 서서, 게이오기주쿠에 의한 교육경영과 메이로쿠샤(明六社)—도쿄학사원 라인의 계몽사상가로서 확고한 사회적 지위를 획득하였다. 이 시기의 양학의 관심은 난학에서 영학(英學)으로 완전히 바뀌어 있

었고, 각 번에서 영어 서적에 대한 수요가 증대하였으며, 광범위한 독자들의 수요도 존재하였다. 실제로 1873년에 출판한 『학문의 권장学問のすすめ』는 메이지 연간에 걸쳐 300만 부 이상이 판매되었다. 인구 약 3,000만 정도의 시대였다.

4. 결론에 대신하여: 화혼양재에 대한 질문과 해석

화혼, 즉 야마토다마시는 고대에 등장한 이래 의미변천을 거치면서 여전히 일본 사회에서 사용되어 오고 있다. 『겐지모노가타리』에 쓰인 원래의 의미는 '중국 등지에서 도입된 지식이나 학문을 어디까지나 기초적 교양으로 삼아 일본의 실정에 맞추고 응용하여 정치나 생활에서 발휘하는 것'이었던 것이, 천 년 이상의 세월을 거쳐 여러 가지로 이해되고 사용되어 복잡한 내용이 되었다. 이는 사용하는 사람이 어디에 속하는지에 따라 다양하게 해석될 만큼 넓은 폭을 가지고 있다는 뜻이다.

화혼이라는 개념을 기반으로 막부 말기부터 메이지 시대에 걸쳐 등장하여 일본 근대화에 있어서 중심개념을 이루었던 '화혼양재'의 담론에 대해 크게 세 가지 질문이 제기된 점에 대해 생각해 보고, 그에 대한 다양한 해석들을 소개하기로 하겠다. 첫째, 화혼에는 실질적 의미가 있었을까라는 것이다. 즉 '화혼양재'의 도식이 역점을 두고 있는 것은 '양재'였고, '화혼'에는 실질적 의미가 없었던 것은 아닐까라는 질문이다. 둘째, 다른 아시아 국가들과 달리 일본만이 근대화에 성공했다는 논의와 맞물려 있는데, 일본에는 '화혼'이 이미 일정 수준의 합리적 정신으로까지 승화되어 그것이 서양 근대와 연계되어 있었던 것은 아닐까? 셋째, 동양 도덕이 더 뛰어나다고 느낀 것은 서양 합리성에 결함이 있었기 때문이 아닐까라는 질문이다.

첫 번째 질문은 전형적인 근대화론의 관점이다. 즉 일본의 발전은 일본의 발전을 저해하는 비합리적 인자인 야마토다마시를 제거하는 투쟁이었다고 간주된다. 그 선구적 인물로 사쿠마와 요코이를 들고 있다. 후대의 후쿠자와 유키치의 입장이 유교와 투쟁하는 것이고, 그가 종래의 봉건적 가치관의 기만성을 타파하는 것을 문명개화라고 생각했다면 사쿠마와 요코이의 진심은 이미 화혼에서 떠났다고 보는 것이다. 다른 문화는 자기부정을 수반하지 않고서는 섭취될 수 없다. 그러나 자기부정은 그 부정을 통하여 자신의 한도 내에서 새롭게 자기를 재설정하는 것이다. 이것은 개인적인 자기주체성에서만이 아니라 국가주체성에서도 마찬가지로, 사쿠마와 요코이의 문제는 개인의 정신적인 자세 외에도 국가적 주체성을 어떤 점에서 유지할까라는 문제였다. 그들은 타문화의 가치를 인정하면서 주체를 수호하거나 국가 체제를 보호하고 유지하기 위하여 자기문화의 가치를 주장한 것이라고 해석할 수 있다.

두 번째 질문은 마루야마 마사오(丸山真男)가 던진 "일본은 어떻게 동양 최초로 근대 국가 수립에 성공했는가?"라는 질문과 동일하다. 일본의 근대화를 논의할 때는 상업자본의 발달과 매뉴팩처의 발전 단계가 논의되거나, 정신사적 고찰의 입장에서 중국·조선의 유학자가 그 형이상학으로부터 자유롭지 못하고 서양의 학문을 거부한 반면, 일본의 유학자는 주자학적 형이상학으로부터 자유로워지고, 유학 내부에서는 실학이 발달하며, 더욱이 유학에 대항하여 고쿠가쿠(國學)와 난학이 형성되었기 때문에 성공했다고 생각한다. 마루야마는 어째서 일본만이 그러했던가를 논하고 있다. 그가 내린 결론은 도쿠가와 시대의 "근세봉건사회의 사회구성과 유교윤리의 사상 구조의 유형적 조응이야말로, 근세에 유교가 가장 강력한 사회윤리로서 지도적 지위를 차지한 객관적 조건"(丸山真男, 1983: 11)이었고, "유교의 내부 발전을 통하여 유교 사상 자체가 분해되어 가는, 말 그대로 완전히 이질적인 요소를 자기 속에서 발아하는 과정”(丸山真男, 1983: 14)이라고 분석하였다. 그리고 그 사유 방법의 변혁을 소라이학(徂来学)에서 구하고 있다.

마루야마에 의하면 소라이는 자연·역사의 이치를 성인의 도에 한정하고, 천도(天道)의 불가지성을 부각시켜 인간 인식의 한계 밖에 둠으로써 도덕의 속박으로부터 자연·역사의 이치를 해방시켰다. 이어서 주자학적 사유방법의 붕괴에 미친 모토오리 노리나가(本居宣長)의 영향을 설명하면서 소라이와 노리나가의 공통점을 부각시켰다. 그 공통점이란 문헌학적 해석주의와 이념의 우위성을 부정함으로써 초래된 사실주의적인 역사의식, 그리고 인간 자연성의 해방이라고 하였고, 바로 그 지점에서 유교적 사고방식의 자기 붕괴와 더불어 근대적 사고방식이 성장한다고 생각하였다. 요컨대 마루야마의 논점은 소라이학이 ‘선왕의 도’와 ‘천지자연의 도’를 분리하고 학문의 공적 영역을 협의의 성인의 도로 한정함으로써 그 이외의 학문을 유교적 이데올로기로부터 해방시켰고, 이후 학자의 지적 관심이 개인의 세계로부터 외부의 세계로 전개되었다는 것이며, 형이상학·형이하학·실학이 분리됨으로써 양학의 발달이 촉진되고 ‘화혼’이 근대적 정신으로까지 고양되어 있었기 때문에 양재와 쉽게 결부될 수 있었다는 것이다.

세 번째 질문에 대해 미나모토 료엔(源了圓)은 일본 ‘실학’의 존재와 근대화의 관계로 답하고 있다. 미나모토는 동아시아 세계에서 “보편적 진리 추구의 요구로 성립된 학문이며 사상인 실학”이라는 개념을 설정하고 “사상 자체가 그것을 만들어 낸 문화의 틀을 뛰어넘어 보편성의 획득을 목표로 삼는”(源了圓, 1980: 7) 과정을 검토하여 ‘근세 일본에 합리적인 경제윤리가 일어났다’는 것을 실증하려고 하였다. 그에 따르면 막부 말기에 실천적인 세 가지 유형의 실학이 형성되었다고 한다. 사쿠마 쇼잔의 양유겸학(洋儒兼學)의 실학, 요코이 쇼난의 유교개혁의 실학, 그리고 요시다 쇼인의 정치 변혁의 실학이다.

사쿠마 쇼잔의 입장은 유교에서도 주자학의 궁리의 사고방식과 서양의 사고방식이 기본적으로 일치한다는 견해에 입각하여, 양학을 배우는 것은 "성인의 가르침의 취지에 적합하고, 성인의 가르침을 보완한다는 사고방식의 학문을 가리킨다… 이 주자학의 양학의 접합은 사상적으로는 철저하지 못했지만, 지금까지 양학에 접근하지 않았던 무사들을 양학의 세계로 끌어들인 것은 커다란 공적이었다. 또 주자학이 양학 수용의 기반이 된 것은 중국·조선에서는 유래가 없다"(源了圓, 1980: 80)고 하였다.

구마모토번의 무사로서 '학정일치'를 내세워 '실학당'을 조직하고 '시지켄(四時軒)'이라는 사숙을 세웠던 요코이 쇼난은 유교를 개혁하여 본래의 모습으로 되돌려놓으면 일본이 서양 문명을 맞아 직면한 문제를 해결할 수 있다는 관점에서 중국의 요순의 치세를 재평가하고자 하였다. 사쿠마와 비교하면 과학기술의 수용에서 한 걸음 더 나아가 서양의 정치 제도나 사회 제도에 주목하고 정치 제도의 개혁까지를 목표로 삼았다. 마지막으로 요시다 쇼인은 "막부의 타도 없이는 일본의 국가적 독립은 실현될 수 없다고 하는 관점에 입각한, 지극히 실천적 성격이 강한 실학"(源了圓, 1980: 98)을 주장했다고 하였다. 미나모토는 이 삼자의 논의를 근대화의 과정으로 재구성하고 메이지의 실학으로 연결시키고 있다.[35]

35 또한 중국과 비교하여 사쿠마 쇼잔은 중국의 양무파, 요코이 쇼난은 변법파인 캉유웨이, 요시다 쇼인은 장핑린 등의 배만파(排滿派)와 공통점이 많다고 하였다. 한편 조선 왕조 후기의 실학이 사회적으로 기능하는 것을 방해한 이유로서 양반계급과 그들이 지지한 보수적인 주자학, 과거제, 사대의식, 당파싸움, 중인계급에 대한 멸시를 들고 있다.

제2부

화혼양재와 동도서기:
현장과 사례 연구

국가의 정치제도와 근대 국가 건설과정의 화혼양재

—봉건론과 군현론의 줄타기와 한재(漢才)

제4장

1. 막말 유신기의 봉건·군현론 —한재(漢才)에서 화혼양재로

일본의 메이지 정부의 수립은 국민국가를 형성한 것으로 이해할 수 있지만, 당대의 일본인들은 메이지 유신의 정치 과정을 군현제국가의 성립으로 받아들였다. 왕정복고(王政復古)와 판적봉환(版籍奉還) 그리고 폐번치현(廢藩置縣)으로 이어지는 일련의 과정을 살펴보면 막부를 쓰러트린 일본인들에게 서구의 국민국가(nation state)라는 양재(洋才)를 도입하겠다는 의식이 있었는지는 의문이다. 당대의 일본인들은 동아시아의 전통적인 국가론인 봉건론(封建論)[1]과 군현론(郡縣論), 즉 '동도(東道)' 내지는 '한혼(漢魂)'을 통해 메이지 정부 탄생이라는 '화혼(和魂, 내셔널리즘)'적 과제

1 여기 봉건론에서 논의하고 있는 '봉건제'라고 하는 것은 전근대 동아시아에서 군현제와 함께 사용되었던 봉건제를 가리키는 것으로, 서양 중세의 feudalism의 번역어로 쓰이는 봉건제를 지칭하는 것이 아니다.

를 수행했다고 볼 수 있다.

메이지 시대에 인구에 회자되었던 '화혼양재(和魂洋才)'를 검토한 사람들 가운데 상당수가 '양재(洋才)'가 무엇을 가리키는가는 분명하지만 '화혼(和魂)'이 무엇인가는 불분명하다는 문제를 제기했다. 화혼이라고는 했지만 그 내용이나 실체에 대해서는 의문이 많다. 흔히 '화혼'은 서양의 물질문명에 대비하여 거론되거나 상정되는 일본적인 것, 특히 일본의 정신문명적인 것을 가리킨다고 생각되는데, 근대 일본인들이나 서양인들이 생각하는 일본의 정신문명이란 대개 유교적 도덕과 불교적 미의식의 혼합물처럼 보이기도 한다. 지극히 일본적인 것으로 간주되는 일본의 천황숭배는 춘추시대에 등장한 존왕(尊王), 일본의 무사도(武士道)나 다도(茶道)는 불교의 선종(禪宗)과 관련이 있는데 이들은 모두 중국적인 것이기도 하다. 맥락에 따라 화혼처럼 보이고 화혼처럼 사용되었지만, 그 내용은 화혼이라기보다는 한혼(漢魂)이나 동도(東道)라고 하는 것이 타당하지 않을까 하는 의문이 들 정도이다.

도쿠가와 막부가 무너지고 소위 '왕정복고'가 추진되던 당시, 일본인들은 미래 일본의 정치제도를 어떻게 그리고 있었을까? 메이지 유신으로 탄생하는 새로운 일본은 이윽고 근대 유럽 국가와 유사한 외관을 갖추고 국제사회의 구성원으로 등장하는데, 당대의 일본인들은 과연 화혼양재를 통해서 일본의 정체(政體)를 그렸을까? 사료를 검토해 보면 당대의 많은 일본인들은 봉건제와 군현제를 두고 논의하였고 이것들은 모두 중국에서 기원한 것들이었다. 즉 양재가 아니라 한재나 동기라고 해야 할 것들이었다. 그러나 왕정복고가 이루어지고 한동안 불투명한 시기를 거쳐 군현제가 정착되는데, 이때 이러한 결정에 정당성을 부여한 것 중 하나는 '서양은 모두 군현제'라는 것이었다. 결과적으로 보면 근대 국가의 외관(즉, 양재)을 하고 있으면서도 그 내실은 매우 일본적인(즉, 화혼) 메이지 국가가 탄생을 했다. 어떤 과정을 거쳐서 이러한 일이 일어났을까?

일본에서는 도쿠가와 시대에 유학이 보급되면서 서서히 유교적인 정치문화가 등장하기 시작했다고 볼 수 있다. 17·8세기의 조선과 매우 달랐지만 어떤 의미에서는 조금 유사한 상황이 19세기 일본에서 전개되었던 것이다. 물론 일본은 조선과 같은 주자학의 영향력이 압도적인 사회는 아니었으나 19세기가 일본 주자학의 전성기였던 것은 사실이다. 주자학이 발전하면서 일종의 '사대부적 정치문화'라고도 할 수 있는 것이 일본에서 형성되었다.[2]

도쿠가와 막부는 상당히 철저한 신분제 사회였으며 사무라이(侍), 즉 군인들이 막부나 번(藩)의 관리로 활동하였다. 중요한 직책은 지위가 높은 사무라이가 맡았지만 하급 관리의 경우에는 학문음미(學問吟味, 가쿠몬긴미) 제도로 능력을 시험한 뒤 등용했다.[3] 그러한 가운데 사무라이들은 서서히 군인(侍)에서 서리(吏)로 변화하였고 다시 서리로 변신했던 사무라이들 가운데 상당수는 자신들을 중국의 사서(史書)에 등장하는 '사(士)'라고 간주하기 시작했다. 즉 '사무라이의 사화(士化)'라고도 부를 수 있는 과정이 시작되었다.[4] 각 번에는 번의 학교(藩校)가 설치되었고 봉서(封書)를 통해 현실의 상황에 대한 자신의 의견과 제안을 표시하는 관행도 나타났다. 조선의 언관(言官)에 해당하는 메쓰케(目付)도 등장했으며 학문 네트워크를 기반으로 하는 당쟁을 연상시키는 것도 나타났다.

유학이 보급되면서 군주의 친정(親政)을 요구하는 목소리도 나타나기

---

2 박훈 2014 『메이지 유신은 어떻게 가능했는가』 4장 「유학의 확산과 '사대부적 정치문화'의 형성」 및 박훈 2019 『메이지 유신과 사대부적 정치문화』 서울대출판문화원.

3 이에 대해서는 황수경 2014 "幕末의 정치적 변동과 幕府目付의 동향—幕末 幕府目付의 정치적 성격과 관련하여" (서울대학교 동양사학과 석사논문)을 참고할 것.

4 박훈 2014 『메이지 유신은 어떻게 가능했는가』 5장 「'사화(士化)'하는 사무라이와 메이지 유신」.

시작했다. 이는 쇼군이 정치를 담당하는 기존의 질서와 충돌하는 것이었으며 병영국가체제를 동요시키는 것이었다. 공의(公議)라는 형태의 논의도 나타나기 시작했다. 이러한 움직임으로 막말에는 여러 당파와 결사가 나타났으며 이는 나중에 자유민권운동과 헌법에 대한 논의로 계승되었다고도 본다. 1780년대에는 교토의 천황과 구게(公家, 귀족)가 중국 서적들을 읽고 유학을 공부하기 시작했다고도 한다. 특히 "가장 광범한 범위의 정치참여를 허용"하는 '사대부적 정치문화'가 사무라이 사회에 뿌리내리면서 일본은 '근대'를 마련할 준비가 되었다.

일본은 도쿠가와 시대에 들어와 17세기 이후 대외전쟁도 없고 내전도 없는 장기 평화시대가 계속되었다. 그리하여 전사(戰士)로서 기여할 기회를 상실한 사무라이들은 인구와 행정 업무가 크게 증가하는 가운데 점점 비대해지는 행정을 담당하는 서리가 되었다. 즉, 전사였던 사무라이들이 행정 관료가 되는 '이화(吏化)'가 진행되었다.

게다가 19세기 후반 이후 유학이 일본에 확산되면서 사무라이 계층은 점점 더 '나라(國)의 대사', 즉 번(藩)의 정치, 나아가 '천하 대사', 즉 일본의 정치에 관심을 갖게 되었다. 이들 가운데 상당수는 더 이상 하급 행정 관료로서의 업무, 즉 이무(吏務)에 만족하지 않고, 그동안 소수의 상위 사무라이들이 과점하고 있던 정치권력에 도전한다. 이러한 현상은 사무라이의 '사화(士化)'라 부를 수 있을 것이다.

한편 사무라이들 사이에서도 '학문의 네트워크'라고 할 수 있는 것이 형성되고 확산되기 시작했다. 그러한 네트워크 가운데 정치토의를 금지하는 번의 명령을 어기고 특정한 선생이나 학습의 지도자를 중심으로 점차 정치적 결사의 성격을 갖기 시작하는 집단들이 나타나기 시작했다. '학당(學黨)'이 등장한 것이다.

또한 이러한 과정에서 비판적 정치토론을 하는 관행이 발전했다. 이러한 관행이 토대가 되어 토의를 기반으로 하는 일종의 '공론정치'라는 정치 공간이 형성되었다. 이러한 공론정치는 상서(上書)와 건백(建白)[5] 등의 방법으로 이루어졌다.

이렇게 정치공간이 형성됨에 따라 군주, 즉 번주(藩主)와 쇼군의 역할도 변화를 겪게 된다. 부하들과 회의를 거듭해야 하고, 아래에서 올라오는 상서를 직접 읽으며 여론을 파악해야 한다. 또한 백성들의 상황에도 깊은 관심을 가지는 존재가 되어야 했다. 이는 많은 사무라이들에게는 가로(家老)들에 의한 합의체제라는 기존의 틀에 얽매이지 않고 번주와 쇼군을 통해 직접적으로 정치에 참여할 기회를 갖기 시작했다는 것, 바꾸어 말하자면 '군주 친정'의 길이 열렸다는 것을 의미한다.

이러한 도쿠가와 후기의 변화들은 '사대부적 정치문화'의 등장이라 부를 수 있다. 아직은 수많은 번으로 나뉘어 있는 상황이고 유교국가 조선의 사대부 정치문화에 견주기는 어렵다 하더라도 이러한 변화는 매우 중요한 정치적 발전이었다. 그리고 이러한 '사대부적 정치문화'가 형성되었기 때문에 19세기 전반에 등장한 사건들이 일본에서는 '대외적 위기감'으로 증폭되었다. 대외적 위기감의 증폭에는 특히 공의여론(公議輿論)이 중요했는데, 이것 역시 사대부적 정치문화의 특징으로서 도쿠가와 시대 초기까지는 일본에서 찾아볼 수 없었던 것이다. 이러한 대외적 위기감의 증대가 존왕양이의 움직임으로 이어졌다가 막부의 붕괴와 왕정복고 이후 화혼양재를 구호로 문명개화를 추구할 수 있었던 이유도 '사대부적 정치문화'라는 기반이 형성되었기 때문이 아닌가 한다.

마에다 쓰토무(2014, 2015)를 비롯한 일부 연구자들은 중국이나 한국과 달리 일본이 서양 것을 쉽게 받아들일 수 있었던 가장 큰 이유를 '병학(兵

5 관청이나 윗사람에게 의견을 말하는 것.

學)'에서 찾았었다. 즉, 일본의 지배세력은 지위 고하를 막론하고 사무라이, 즉 기본적으로 군인들이었기 때문에 이들에게는 복잡한 철학적 논의나 명분보다도 실제 싸움에서 이기는데 도움이 되는 것이 중요했고, 만일 싸움에 이길 수 있다면 적의 것이든 서양 것이든 받아들일 자세를 가지고 있었기 때문이라는 것이었다.

그러나 도쿠가와 시대 후기에 일어났던 변화를 살펴보면 메이지 유신과 문명개화를 가능하게 만든 기반을 제공한 것은 오히려 '한재(漢才)' 아니 '한혼(漢魂)' 또는 '동도(東道)'에 해당하는 유교의 보급이었다. 도쿠가와 시대의 교육의 보급과 확산을 통해 하급 사무라이들에게까지도 유교적 소양과 사상이 침투했다. 그 결과 사무라이들의 '사화(士化)'가 진전되면서 '사대부적 정치문화'가 형성되었다. '화혼' 즉, 야마토다마시를 강조한 고쿠가쿠나 서양 사정을 알게 해 주었던 난학이나 심지어는 병학보다도 오히려 한혼이나 동도에 가장 가까운 사대부적 정치문화가 메이지 유신과 화혼양재라는 구호 아래 문명개화를 추진한 기반이 되었다고 볼 수 있다. 메이지 유신을 단행한 세력은 처음에는 존왕양이를 내걸었다가 왕정복고를 추진했다. 사무라이 사회에 주자학적인 '사대부적 정치문화'가 침투한 결과, 상당수의 '번'과 도쿠가와 막부라는 군사적 통치체제가 붕괴하고 새로운 질서가 성립되었는데 외관상으로는 중앙집권제(군현제)라는 서양의 근대 국가의 모습을 하고 있었으나 이에 도달하는 과정에서는 봉건제와 군현제가 논의되고 있었다.

당시의 사료를 검토해 보면 국가구상과 관련하여 봉건과 군현이라는 용어가 빈번히 등장한다. 서양의 정체(政體)에 관한 지식이 확산되면서 '상하분권(上下分權)의 정체(政體)' 등의 용어나 개념도 보급되기 시작하지만[6], 막

6 고세키 산에이(小關三英) 『新撰地誌』와 와타나베 가잔(渡邊華山) 『外國事情書』(1839)가 서양정치체제에 대해 소개한 이래로 그에 대한 지식과 정보도 확산되고 있었다.

말기(幕末期)-왕정복고(王政復古)-판적봉환(版籍奉還)-폐번치현(廢藩置縣)으로 이어지는 급박한 정세변화 속에서 대다수의 정치행위자, 지식인 등은 자신들의 눈앞에서 펼쳐지는 정치격변과 밀려드는 '근대화'의 파도를 봉건론과 군현론 등 전통적인 정치개념을 통해 이해하려 했다.[7] 메이지 유신의 정치적 주체가 되었던 일본의 사무라이들 또한 앞서 언급한 바와 같이 사화(士化) 과정을 통해 스스로를 유교 정치 전통의 사대부와 동일시하고 있었는데 이것 역시 동도와 한혼에 해당하는 것이었다.

중국에서의 봉건·군현논쟁이 장구한 역사를 갖고 있는 것과는 달리[8], 일본에서는 그렇지 않았다. 중세에는 논의조차 없었으며 도쿠가와 시대가 되어서야 이와 관련된 논의가 나타나기 시작했다. 중국에서는 봉건·군현의 장단점과 득실을 놓고 치열한 논란이 전개되었으나 일본에서는 대다수가 봉건제를 지지했으며 공공연히 군현제를 주장한 경우는 찾아보기 어려울 정도이다. 군현제를 취하고 있던 중국에서 황종희와 고염무, 그리고 청말(清末) 개혁가들의 봉건론은 일종의 강력한 개혁론이었으나 현실적으로 봉건제가 시행되고 있었던 에도 시대의 봉건제 지지론은 체제 긍정론에 지나지 않았다.

그럼에도 막부 말기와 메이지 유신 초기의 봉건·군현제 논의를 살펴보는 것은 정치제도와 국가체제의 변화에서 화혼양재의 작동을 살펴보기

---

7 이미 오래전에 민두기가 청말 개혁론이 전통적인, 특히 명말청초 이래의 봉건론의 전개와 관련이 있음을 밝힌 바가 있는데, 이는 방법론적으로 필자의 문제의식과 비슷하며, 본고도 그의 논의에 많은 것을 빚졌다(민두기, "청대 봉건론의 근대적 변모", 『아세아연구』 Vol.X, No.1, 1967. 이후 『중국근대사연구—신사층의 사상과 행동』, 일조각, 1977 所收). 물론 현실정치체제가 군현제였던 중국과, 봉건제였던 일본에서의 봉건·군현론의 전개는 매우 상이하며, 그 자체가 비교연구 대상으로 흥미로운 문제이다.

8 민두기, "중국의 전통적 정치상—봉건군현논쟁을 중심으로", 『진단학보』 29·30합병호, 1966(『중국근대사연구—신사층의 사상과 행동』, 일조각, 1977 所收); 增淵龍夫, "歴史認識における尚古主義と現実批判－日中両国の「封建」·「郡県」論を中心に", 岩波講座 『哲学』 4, 1969; 馮天瑜, 『「封建」考論』(第2版), 武漢大學出版社, 2007.

위한 첫 단계로서 매우 적절하다. 다음과 같은 이유 때문이다.

첫째, 막말 유신기의 정치과정에서 봉건·군현이라는 동아시아의 전통적인 정치개념이 일상적일 정도로 빈번히 사용되었다. 이는 당시의 사료를 읽는 것만으로도 쉽게 알 수 있다. 논의의 깊이는 차치하고라도, 동아시아 역사상 한 국가의 구성원이 이 정도로 광범하게 참여하여 봉건군현 논쟁을 전개한 것은 전무후무할 정도이다. 당대의 사람들은 '양재'에 해당하는 '근대 국민국가'를 두고 고민했던 것이 아니라, '한재'나 '동기(東器)'에 해당하는 봉건과 군현의 사이에서 갈팡질팡했다.

둘째, 거의 모든 사상가들이 찬양했던 봉건제는 왕정복고 후 불과 4년 만에 무너지고, 경계와 우려의 대상이었던 군현제가 커다란 저항 없이 수용되었다. 활발한 논의가 있었다는 사실 자체가 무색할 정도이다. 봉건과 군현 논란은 과연 무엇에 대한, 무엇을 위한 논란이었을까, 어떻게 이런 일이 가능했을까 생각해 볼 필요가 있을 정도이다.

셋째, 당대 일본인들은 서양 각국이 군현제를 실시하고 있는 것으로 이해했다. 서양에 대한 태도에 따라 군현제에 대해 경계와 선망 등 각기 다른 반응이 표출되었다. 서양을 따라가는 것이 점점 대세가 되고 부국강병에는 군현제가 효과적이라는 인식이 일반화되면서 군현제 수용세력이 많아졌다. '한재'의 하나였던 군현제가 이제는 '양재'가 되었다.

넷째, 군현제는 신분제 타파와 인재등용을 실현시킬 수 있는 제도로 이해되었다. 중국이나 조선과는 달리 오랫동안 강고한 신분제가 유지되어 왔고[9], 능력보다 신분이나 혈통을 중시하는 것이 일본의 미덕으로까지 칭

9 조선이 신분제 사회가 아니었다는 의미는 결코 아니다. 조선 사회는 인구의 상당 부분이 노비였던 신분사회였다. 그러나 적어도 이론상으로는 양인이 과거제도를 통해 벼슬에 나아갈 수 있었으며, 양반 가문 역시 3대가 벼슬을 하지 못하면 양반이 아니라는 말이 있을 정도로 제한적이나마 사회적 이동이 가능했던 사회였다. 도쿠가와 시대의 일본은 상대적으로 사회적 이동이 훨씬 제한되어 있었다.

송되는 담론도 유포되어 있던 일본에서 군현제의 이런 측면은 커다란 변혁적 의미를 갖는다.[10]

그러나 막말 유신 초기의 봉건·군현제의 의미는 조금 자세히 검토할 필요가 있다. 고염무는 '군현제 안에 봉건의 뜻을 담는다(寓封建之意於郡縣之中)'는 주장을 한 바 있는데, 이는 현행 군현제의 폐해를 절감하면서도 이를 봉건제로 바꾸는 것이 중국의 현실에서 불가능한 일이었기 때문에, 군현제를 유지하면서도 이에 봉건적 요소를 가미하여 군현제의 폐단을 시정한다는 취지였다. 고염무는 상급의 지방관인 지현(知縣)[11]은 치적에 따라 세습을 허용하여 봉건제후에 준하는 지위를 주어야 하며 그 아래의 지방관직에는 전통적인 회피제에 구애받지 않고 현민(縣民)이 천거한 현지인을 임명해야 한다고 했다.[12]

고염무의 발상을 좀 더 확대시켜 보면 순수한 군현제와 순수한 봉건제 사이에는 아래와 같이 몇 단계의 층위를 상정할 수 있다. 역사상 현실적으로 존재했던 것들은 두 가지 순수한 유형의 사이에 어딘가 위치하고 있었다고 볼 수 있다.

이 도식에서 〔A〕에서는 봉건제적 요소가 가장 강하고 순수한 형태로 나타나며 〔H〕에서는 군현제적 요소가 가장 강하고 순수한 형태로 나타난

10 이에 비해 이미 수천 년간 군현제를 유지해 온 중앙집권국가였고, 신분제가 존재하지 않았던 중국은 애초부터 군현제라는 이름으로 서양을 모델로 삼거나 개혁을 추진할 수가 없었다. 그렇기에 오히려 봉건론이 개혁의 담론으로 등장했던 것이다. 그러나 현재 존재하는 군현제 대신 봉건제를 전면적으로 실시하는 것은 현실적으로 국내외적 동인이 없었기 때문에 이 봉건적 개혁론은 일본의 군현적 개혁론보다 전면적인 것이 될 수 없었다. 물론 청말의 봉건적 개혁론이 지방행정에 신사(紳士, 명·청대 지식인 지배계층)를 참여시키는 등 지방통치를 일신하고 중앙-지방관계를 재정립할 것을 요구했고, 이어 지방분권과 신사층의 정치참여가 의회론으로까지 연결되어 그 영향력이 적지 않았으나(민두기, "청대 봉건론의 근대적 변모"), 현존하는 봉건체제를 아예 군현제로 바꿔야 했던 일본과는 상황이 달랐다고 할 수 있을 것이다.

11 송대 이후 청대까지의 지방에 파견되어 현(縣)을 다스렸던 관리. 현(縣)의 장관.

12 민두기, "중국의 전통적 정치상—봉건군현논쟁을 중심으로", p. 231.

	유형	내용
봉건제	〔A〕	순수한 봉건제도
	〔B〕	도쿠가와 막번체제(병농분리, 참근교대)
	〔C〕	야마가 소코, 오규 소라이
	〔D〕	공의소의 봉건지지파(다이묘의 고쿠다카 제한, 가신단의 家祿제한, 제후 감시 절도부 설치) 대정봉환파, 판적봉환 상표문(?)
군현제	〔E〕	공의소의 군현 지지파(知藩事 세습인정, 家祿제한제) 版籍奉還上表文(?)
	〔F〕	메이지 정부의 판적봉환 조치(華族制, 知藩事세습 부정, 知藩事家祿 인정, 家臣團의 서열폐지)
	〔G〕	폐번치현 幕權강화파 有司層
	〔H〕	순수한 군현제

다. 도쿠가와 시대의 소위 막번(幕藩)체제는 병농분리, 참근교대 등으로 봉건제에 군현제적 요소를 가미한 체제였으므로 〔B〕로 분류했다. 한편 메이지 유신 이후에도 봉건제를 유지하려고 했던 공의소(公議所)의 공의인(公議人)들이 1869년(메이지 2)에 주장했던 것은 형식은 봉건제이나 郡縣之意를 매우 강하게 가졌으므로 〔D〕라고 할 수 있다. 고염무가 강력하게 비판했던 청조의 체제는 〔H〕와 〔G〕 사이의 어딘가에 위치한다고 할 수 있고, 고염무가 지향했던 것은 〔F〕 혹은 〔E〕 정도였다고 할 수 있을 것이다.[13]

13 물론 이 도식은 매우 불완전한 것으로 논자에 따라 각 시대의 정치체를 어디에 배치할 것인가는 차이가 있을 수 있다. 단지, 막말 유신기의 정치변혁과정을 이해하기 위해 가설적으로 만들어 본 틀에 지나지 않는다. 한편 봉건·군현을 좀 더 유용한 분석개념으로 이용하기 위해서는 이 도식에서 준거로 삼은 중앙집권–지방분권, 세습–중앙임면뿐 아니라 혈통주의–능력주의, 군사–문치, 종교적–세속적, 인적 유동성의 정도 등 다양한 측면을 포괄하여 이 개념의 내포를 확장시킬 필요가 있을 것이다(石約翰(John E. Schrecker), "封建, 郡縣與中國歷史傳統", 『安徽史學』 2002年 第3期). 中田喜萬은 漢語로 서양 근대를 설명해 보려는 시도를 제창하면서 현재의 봉건·군현개념은 國制 전체를 시야에 넣은 게 아니라 영역통치의 형태만을 다루고 있는데 불과하므로 여기에 井田制, 학교, 군대의 존재형태 등 하위범주를 충실하게 만들어 사용할 것을 주장했다. 그는 이 개념을 서양에 적

막말 유신기의 봉건·군현론은 〔C〕, 〔D〕, 〔E〕, 〔F〕, 〔G〕 사이의 논쟁이었으며 보다 엄격히 말하자면 〔D〕와 〔E〕와 〔F〕 사이의 논쟁이었다. 물론 그 사이에도 엄연한 단절과 큰 차이가 있었지만 적어도 논의 상에서는 결정적 대립을 회피하고 타협할 여지가 없었던 것은 아니다. 왕정복고에서 폐번치현에 이르는 정치과정은 〔D〕를 주장하던 많은 논자들이 〔E〕 또는 〔F〕, 심지어는 〔G〕를 받아들이는 과정이었으며 결코 순수한 봉건제에서 순수한 군현제로 건너뛰는 것은 아니었다.

2. 도쿠가와 시대의 봉건·군현론

중국과는 달리 일본에서 봉건·군현론은 도쿠가와 시대에 들어와서야 비로소 논의되기 시작했다. 도쿠가와 막번(幕藩)체제는 기본적으로 봉건제였다. 이것은 이웃의 청, 조선의 군현제와도, 절대왕정 이후의 유럽과도 다른 것이었다. 당시 일본 지식인들 중에 이 봉건제에 대해 비판적인 입장을 보인 사람은 거의 없었다고 해도 과언이 아니다.[14] 아마도 당시의 체제가 큰 무리 없이 유지되고 있었다는 현실과 함께 동아시아 지식인들의 봉건제에 대한 전통적인 호의 때문이었을 것으로 보인다. 도쿠가와 봉건제

용했는데, 미국에서 군대편성권과 과세권 등을 중앙 정부에 주려고 하는 연방파를 郡縣之意를 封建之中에 寓하게 하려는 것으로 해석했다. 프랑스에 대해서는 절대왕정기는 귀족이 토지와의 관련성이 약했다는 점에서 feudality를 가진 군현으로 보고, 쟈코뱅파의 중앙집권정책을 군현제 확립으로 설명했다("政治学からみた「封建」と「郡県」-概念の限定のために" 張翔·園田英弘, 앞의 책, pp.53-74.). 渡邊浩도 봉건, 군현이라는 개념이 토크빌의 데모크라시, 아리스토크라시와 마찬가지로 사회유형을 나타내는 데까지 확장될 수 있다고 했다("トクヴィル氏、「アジア」へ"『UP』東京大學出版會, 2008.1.). 이처럼 봉건·군현개념을 확장시켜 가면 각국의 역사 전개와 이른바 근대 사회의 전개과정을 다른 각도에서 설명해 줄 가능성이 있다는 것이 필자의 현재 생각이다.

14 여기에는 진무(神武) 천황 때부터를 군현으로 볼 것인가, 덴무(天武)·덴지(天智) 천황 때부터로 볼 것인가 하는 차이는 있었지만, 대체로 무사세력의 등장이후를 봉건으로 보는 데에는 일치했고 당대, 즉 도쿠가와 시대를 봉건으로 여기는 데에도 이견은 없었다.

에 대한 쓰시마의 주자학자 아메노모리 호슈(雨森芳洲)나 주자학자 아라이 하쿠세키(新井白石) 등 당대 일본인의 긍정적인 평가는 중국과 조선 등 다른 나라 사람들의 입을 빌어 표현되기도 했다. 동아시아 지식인들이 이상으로 여기면서도 중국에서는 이미 오래전에 사라진 봉건제가 일본에서 시행되고 있다는 사실을 부러워하는 외국인들의 발언은 당대의 일본의 지식인들의 현실긍정적인 견해를 뒷받침하고 있다.

도쿠가와 시대의 봉건·군현론에 대한 논의는 대체로 '봉건·군현병행론'이라고 불릴만한 주장들이 큰 흐름을 이루고 있었다. 군현제를 봉건제와 대비하면서 비판하는 사람도 찾아보기 어려우며 현실정치를 변혁하는 것과도 거리가 멀었다. 그러나 봉건·군현논의는 꾸준히 전개되었고 이는 막말 유신기에 봉건·군현론이 광범위하게 확산되는 배경이 되었던 것으로 보인다.

도쿠가와 막번체제는 순수한 봉건제라고 파악하기 어렵게 만드는 요소를 갖고 있었다. 고염무 식으로 표현하자면 봉건에 郡縣之意가 상당히 깃들어 있는 있는 체제였다. 상당수 연구자들이 중앙집권적 봉건체제라는 용어를 사용한 것도 그 때문이다. 막부는 에도를 중심으로 '王畿'를 갖고 있을 뿐 아니라 전국의 요지에 영지(天領)를 갖고 있었다. 이 영지는 세습이 아니라 막부가 임명한 役人(代官, 奉行)이 다스렸고, 막부의 관리들은 영지 통치 외에 인근 다이묘를 감시·통제하거나 대외무역(나가사키의 경우)을 관장하기도 했다. 그중에서도 도쿠가와 막번체제의 가장 두드러진 군현제적 요소는 지배층인 다이묘·사무라이들이 영지를 떠나 도시에 집단 거주했다는 사실이다(兵農分離). 다이묘는 각자의 영지에 거주하는 것이 허용되었으나, 인생의 절반은 가족과 함께 에도에 머물러야만 했다(參勤交代). 막부의 하타모토(旗本)와 고게닌(御家人), 그리고 각 번(藩)의 사무라이들은 소영주로서의 성격을 거의 상실하고 에도라는 거대한 조카마치

(城下町)에 거주하며 점차 주군(主君)의 관료처럼 되어 갔다.

막번체제의 이런 절충적인 성격을 일찍이 간파한 것이 야마가 소코(山鹿素行)와 오규 소라이(荻生徂徠)이다. 소코는 다이묘의 영지와 奉行·代官이 지배하는 막부의 직속 영지(天領)가 뒤섞여 있는 현 체제를 순수한 봉건제로 보기는 어렵다고 하며 이는 봉건제를 군현적 요소로 보완하는 체제라고 이해했다.[15]

표면적으로 봉건제를 찬미했던 오규 소라이는 사무라이들이 영지에 있지 않고 조카마치(城下町)에 거주하는 것이 군현제와 무엇이 다른가라고 하며 사무라이의 지방토착을 주장했다.[16] 오규 소라이가 보기에 현실의 막번체제는 본연의 봉건제와 상당히 달랐다. 그러나 다른 한편으로 그는 강력한 지방제어장치를 갖춘 막부 중심의 중앙집권국가를 구상하기도 했다. 겉으로는 봉건제를 찬미하는 것 같았지만, 현실의 군현제적 요소를 인정하고, 나아가 조장하려 했던 것이다. 또한 무사가 농촌과 유리되어 있는 것은 비판하면서도, 다이묘가 참근교대제로 생애의 반 이상을 영지를 떠나 에도에 거주하는 것에 대해 침묵했던 것도 그 때문일 것이다. 결국 소라이학파의 '무사 토착론'은 봉건제의 이상적 실현을 목적으로 했다기보다는 상무 정신의 부활과 토지에 거주하는 무사와 농민 간의 농밀한 정의적(情宜的) 질서를 재건하고, 그에 기반하여 막부 중심의 강력한 중앙집권을 꾀하기 위한 것이었다고 볼 수 있다. 이들의 진정한 목적은 봉건제에 대한 막부의 통제를 강화하는 것, 즉 도쿠가와 봉건제에 군현의 요소(郡縣之意)를 상당한 정도로 가미하는 것이었다고 할 수 있다.[17]

---

15 小澤榮一 1974 "幕藩制下における封建·郡縣論"『近世史學思想史研究』, 吉川弘文館.

16 田尻祐一郎 2006 "「民の父母」小考" 張翔·園田英弘編, 『「封建」·「郡県」再考 ; 東アジア社会体制論の深層』, 思文閣出版, 2006 所收.

17 한편 드물기는 하나 군현제적 요소를 극단적으로 강조한 논자도 있었다. 사토 노부히로(佐藤信淵)는 垂統法이라는 개혁책을 제시했는데, 그는 거기서 전국의 무역과 유통을 막

이처럼 도쿠가와 시기의 봉건·군현론은 표면적으로는 봉건제의 일본 사회를 찬미하면서도, 실상은 봉건과 군현제의 절충을 긍정적으로 평가하고 있었다. 또한 봉건과 군현을 대립하는 것으로 인식했던 흔적도 찾기 어렵다.

3. 왕정복고는 군현제? '막부의 봉건'에서 '천황의 봉건'으로

현대인들은 일본에서는 게이오(慶應) 3년 12월 9일(1868년 1월 3일)의 '왕정복고 대호령'으로 천황중심의 집권체제가 성립되고 근대 국가가 출발했다고 알고 있다. 그러나 그 당시 대부분의 일본인들은 봉건제의 폐지를 원하지도 예상하지도 않았다. 도막파(倒幕派)에 속한 대부분의 사람들조차 마찬가지였다. 상당수 사람들은 군현제의 도입은 비현실적인 것으로 여기고 있었다. 군현제가 실시되더라도 이는 먼 미래의 일이라고 생각하고 있었다. 대부분의 사람들에게 왕정복고는 '쇼군하의 봉건'에서 '천황하의 봉건'으로 이행한 것을 의미했다.

막말(幕末)의 정치사는 흔히 도막파(倒幕派)와 좌막파(佐幕派)의 대립으로 설명하고 있으나 봉건·군현론이라는 관점에서 당시의 정치세력을 살펴보면 매우 흥미로운 양상이 발견된다. 첫째, 봉건제 유지론자가 압도적으로 많았고 군현론자는 소수였다. 둘째, 급진적인 도막파, 즉 왕정복고론자 중에 봉건론자가 의외로 많았으며, 오히려 막신(幕臣) 중에 도쿠가와씨 중심의 군현론을 주장한 이들이 있었다.

부가 장악하는 방안을 주장했다. 또 혼다 도시아키(本多利明)는 서양이 각 지역에 식민지를 건설하는 것을 '군현을 설치한다'고 했는데, 이처럼 난학지리서의 영향으로 군현에 호의를 보이는 논자들의 흐름이 한편에서 존재했다. 그러나 후술하는 것처럼, 후자의 경우는 해외점령지에 대한 군현설치를 의미하므로 반드시 당시의 봉건제와 충돌하는 것은 아니었다.

막말기 존왕(尊攘)운동과 도막(倒幕)운동을 대표하는 인물들 가운데 오쿠니 다카마사(大國隆正)는 봉건제를 존속시키고, 조정이 이 제도 위에 초연하여 존재할 것을 구상했다. 한편, 마키 이즈미(眞木和泉)는 왕정복고란 봉건제를 타도하는 것이 아니라 봉건제의 명분을 바로잡는 것이라며 오히려 군현제에 부정적인 태도를 보였다. 이들은 모두 '막부의 봉건' 대신에 '조정의 봉건'을 주장했던 것이다. 구사카 겐즈이(久坂玄瑞)는 쇼군이 아니라 천황의 朱印狀으로 다이묘들의 영주권을 보장하자는 구체적인 방법을 들어 주장했다.[18] 이 주장은 나중에 판적봉환의 상표문에 나타나기도 한다. 가장 급진적인 도막론자들이 봉건제를 지지하고 있었다는 사실을 상기한다면 막말기의 도막운동은 막부타도와 왕정복고를 통해 천황하의 봉건제를 실시하기 위한 것이었다고도 할 수 있을 것이다. 이들에게 왕정복고와 봉건제는 전혀 모순되는 것이 아니었다.

물론 도막론자 중에는 군현제 지지자도 있었다. 게이오 3년(1867) 후쿠이번(福井藩)의 번사(藩士) 세키 요시오미(關義臣)가 사카모토 료마(坂本龍馬)에게 〔지금 일본은〕 "66국에 263명의 제후가 있어 각각 자기 藩을 세워서 정치를 따로 한다. 이와 같이 통일되지 않고서 국력을 무엇으로 채울 것인가. 국위는 무엇으로 떨칠 것인가. 속히 봉건을 폐하여 군현을 두고, 왕정이 황국을 지배해야만 한다. 또 의사원(議事院)을 설치하여 널리 천하 유지를 초치하여 모든 혁신의 大政을 공정하게 의논케 해야만 한다[19]"라는 의견서를 보낸 일이 있다. 그러나 이와 같은 의견은 더 이상 막부의 정권유지가 어렵다는 것이 분명해지고 이에 따라 새로운 정권·국가구상이 급부상하게 된 이후, 특히 마지막 쇼군 도쿠가와 요시노부의 대정봉환(大

18 淺井清 1939『明治維新と郡縣思想』, 巖南堂書店 pp. 58-63 이하, 따로 서지사항을 밝히지 않은 사료는 앞에 소개한 淺井清의『明治維新と郡県思想』에 실린 사료임.

19 「第一號履歷撮要」 淺井清, p. 37.

政奉還) 단계에 와서야 등장하기 시작한 것이다.

흥미롭게도 군현제는 오히려 막부 내의 강경파들이 시도했던 것으로 보인다. 물론 도쿠가와씨를 중심으로 하는 군현제 구상이었다. 1865년 가을에 "이인(夷人, 여기서는 서양 사람)에 의뢰하여 천자와 제후를 없애고 천하를 군현의 세상으로 만들어, 쇼군을 천하의 대통령으로 삼아 재지(才智) 있는 자가 정치를 해야 한다… 아무개 아무개 등 막부의 여러 관리가 모두 이 주장이며 이인(夷人)과 친밀하게 일을 꾀하고 있다…."거나 "일본의 열번(列藩)을 타도하여 군현으로 바꾸어, 위로는 천자를 업신여기고 서양의 政體와 같게 하려는 계획"이라는 정보를 유포한 사람들이 있었다.

군현론자로 지목된 막부의 관리들은 당시 막부 내에서 가장 서양 정보에 밝고 서양과의 조약을 준수하려고 했던 서양통들이었다. 천황을 폐하고 대통령제를 기도했다는 말을 선뜻 믿기는 어렵지만, 아무튼 막부의 관리들이 군현제를 추진한다는 정보가 유포되고 있었고 반막부세력들은 이를 비난했다.[20] 가쓰 가이슈 역시 군현제 실시 계획에 관한 이야기를 '막권강화노선'의 대표 인물인 오구리 다다마사(小栗忠順)로부터 들었다고 회상한 바 있다.

다만 이러한 사료들은 막부의 관리들이 아니라 주로 이들과 대립했던 사람들이 남긴 것들이어서 막부 관리들이 진정으로 군현제를 실시할 계획을 갖고 있었는지 확언하기는 어려우나 반대파들이 막권강화노선을 군현제 실시로 이해하고 있었다는 것은 분명하다. 이들은 군현제가 천황을 폐위, 혹은 무력화시키고 제후를 없애 버린다는 점, 그리고 서양추종적인 것이라는 점에서 지극히 부정적으로 간주하고 있었다.

20 이에 대해 마쓰다이라 슌가쿠(松平春嶽)가 자신이 막부의 政事總裁職에 있던 때(文久 2년, 1862)에도 사카이(酒井), 오구리(小栗) 두 사람이 그런 주장을 했다고 한 점이 주목된다(淺井清, p. 67).

이처럼 도쿠가와씨 중심의 군현제는 부정적으로 인식되었고, 반대파에게는 幕私[21]를 증명하는 정치적 공격소재이기도 했다. 반대파들이 위험시했던 소위 막부의 군현론이란 천황과 제후를 없애고 인재발탁에서 세습적 지위를 중시하지 않는 것으로서 실제로 그러한 의도가 존재했다 하더라도 당시로서는 공개적 주장이 어려울 정도로 매우 급진적인 노선이었다. 그러한 이유 때문인지 막부의 군현론은 표면에 등장하지 않았다.

급진적인 '막권강화'에 회의적이었던 막부 내 정치세력은 대정봉환을 통해서 표면적으로는 천황 중심의 봉건제, 그러나 실권은 쇼군이 갖는 노선을 추진했다. 쇼군 요시노부가 정권(大政)을 천황에게 돌려주고, 막부의 해체와 쇼군직 사임을 선언한 것이다. 도쿠가와 요시노부의 브레인이었던 니시 아마네(西周)는 대정봉환 이후 천황 정부하에서 요시노부가 실권을 잡고 전국의 다이묘를 상원에, 각 번에서 선발한 번사 한 명씩을 하원에 배치하는 정권구상을 피력했는데(西周, 『議題草案』, 『別紙議題草案』(国立国会図書館デジタルコレクション), 이러한 구상은 기존의 번 체제를 그대로 유지한다는 것을 전제로 하고 있었다. 쓰다 마미치(津田眞道)는 『日本國總制度』(게이오 3년 9월)를 통해서 니시 아마네와 비슷한 구상을 밝힌 바 있고[22] 막부의 고위 관리였던 이나바 마사쿠니(稻葉正邦)도 게이오 3년(1867) 10월 14일의 의견서에서 요시노부를 조정의 섭정(攝政)이나 관백(關白)으로 삼고 현존의 봉토를 그대로 유지하면서 모두를 왕신으로 삼는 방안을 주장했다.[23] 반막부파의 의표를 찌른 막부의 대정봉환에 당황한 사쓰마와 조슈는 왕정복고라는 궁정쿠데타를 감행했다.

---

21 막부의 사사로운 정치행위를 지칭하는 말로 당시 반막파들이 주로 사용하던 용어였다(『續再夢紀事』一, 東京大出版會, 1974 覆刻, (처음 간행은 1921), pp. 6-12.

22 津田眞道, 「日本國總制度」, 『憲法構想 : 日本近代思想大系9』, 岩波書店, 1989.

23 『淀稻葉家文書』(淺井淸, p. 67).

막부의 관리들 가운데 군현제에 호의를 보인 사람들이 많았다 하더라도 수백 년 간 이어져 왔고 다이묘와 사무라이들의 이해관계가 걸려 있는 봉건제에 섣불리 손을 대는 것은 너무나 위험한 모험이었다. 이 때문에 대정봉환 추진자들의 정권구상은 봉건제를 유지하되 군현제적 요소를 대거 가미한 노선 〔D〕를 선택했다고 할 수 있다.

이렇게 본다면 막말기의 도막파(倒幕派)와 좌막파(佐幕派)의 대립은 정권의 소재(막부를 유지할 것인가, 왕정복고할 것인가)를 둘러싼 치열한 다툼이었을 뿐, 정체(政體)에 관해서는 봉건제를 유지한다는 생각을 가진 사람들이 압도적으로 많았었다고 할 수 있다. 그 이유는 두 가지로 생각해 볼 수 있다. 첫째, 봉건제는 7백여 년 간 장구하게 이어져 왔고, 또 에도 시대 내내 봉건제에 대한 호의적 담론이 압도적이었기 때문에 지속된다는 것에 새삼 문제의식을 갖지 않았다, 둘째, 일부가 장래 군현제 도입을 생각했더라도 그것은 중국에서처럼 단순히 중앙집권-지방분권 차원의 문제가 아니라 다이묘가와 사무라이 신분 자체의 해체와 관련이 있는 문제였다. 치열하게 경쟁하고 있던 도막파와 좌막파 모두 대다수 사무라이의 호응을 얻기 힘든 봉건제 폐지라는 노선을 취하기는 어려웠을 것이다.

그런데 막상 막부가 무너지고 왕정복고가 되면서 외형적으로 일단 천황하의 봉건제로 이행할 것이 기대되는 상황이 전개되었다. 그러나 불확실성과 정치적 유동성이 증대하는 애매모호한 상태가 계속 이어졌다.

4. 판적봉환(版籍奉還): 봉건과 군현 사이의 줄타기

왕정복고가 되었다고는 하지만 쇼군이 사라진 것이지 그렇다고 확실히 천황 하의 봉건제가 시작되었다고 할 수도 없는 불안정하고 애매한 상황이 되었다. 천황 봉건제로 이행을 한다면 무엇보다도 각 다이묘들이 천황에 의해 새로이 봉(封)해져야만 했다. 도쿠가와 시대의 막번(幕藩)체제라는 봉건제는 공의(公儀, 막부)가 각 다이묘를 봉하는 체제였다. 다이묘들은 대(代)가 바뀔 때마다 막부로부터 소령안도(所領安堵)를 확인하는 주인장(朱印狀)을 받아야만 했다. 사쓰마나 조슈와 같은 거대 도자마다이묘(外樣大名)도 예외는 아니었다. 도쿠가와 초기에는 막부가 주인장 발급을 거부하고 개역(改易, 廢藩)시켜 버리는 경우도 종종 있었다. 이 과정에서 천황의 역할은 아무것도 없었다.

이러한 상황에서, 즉 所領을 안도해 주던 公儀가 소멸된 상황에서 메이지 2년(1869) 1월 20일 사쓰마, 조슈, 도사, 사가 등 4개 번이 판적봉환을 단행했다. 자신들의 영지와 인민을 천황에게 바친다는 것이다. 기존 연구에서는 판적봉환을 폐번치현(廢藩置縣)으로 가는 첫걸음으로 보면서 근대국가의 성립과 관련해서 폐번치현의 획기성을 높이 평가해 왔다.[24] 그러나 판적봉환의 시점에서는 이것이 새로운 천황 봉건제의 시작인지 군현제의 시작인지 분명하지 않았다. 군현론의 확산은 판적봉환 이후에 본격적으로 확산되기 시작했다.

오히려 판적봉환의 상표문[25]을 검토해 보면 이들 4개 번은 폐번이 아니라 천황에 의한 주인장의 발급(所領安堵)을 청원했으며 봉건제의 지속, 즉

24 升味準之輔는 그 과정의 전격성 때문에 이를 '폐번쿠데타'라고 했다(『日本政黨史論』 1, 東京大學出版會, 1965, pp. 73-92.

25 〔전략〕 天祖께서 처음으로 나라를 여시고 기틀을 세우신 이래 皇統一系, 萬世無窮하여 普天率土 그 소유가 아닌 곳이 없고 그 신하가 아닌 자가 없었습니다 〔중략〕. 예전에 도쿠가와씨가 일어나자 高家九族이 천하에 半하였는데, 이에 따라 집안을 일으키는 자가 많았습니다. 그리하여 토지인민을 조정에게서 받았는지 아닌지를 따지지 않은 채 인습이 오래되어 오늘에 이르렀습니다. 〔중략〕 원래 臣등이 있는 곳은 바로 천자의 땅, 신 등이 기르는 것은 바로 천자의 백성입니다. 어찌 私有할 수 있겠습니까. 지금 삼가 그 版籍을 거두어 바치니 원하옵건대 조정의 사정에 맞추어 줄 만한 것은 주고 빼앗을 만한 것은 빼앗아, 부디 列藩의 봉토에 詔命을 내리어 이것을 새로 정해 주시길 바랍니다.(밑줄은 인용자, 이하 동일) 「版籍奉還に関する薩長土肥四藩上表」 歴史學研究會編, 『日本史史料』 4 近代, 岩波書店, 1997, p. 85.

막부하 봉건세에서 천황 하의 봉건제로의 이행을 기대하고 있는 것으로 해석될 수 있다. 다른 한편 상표문에서는 왕토왕민 사상이 다이묘들의 입을 통해 강조되고 있으며, 천황의 허가 없는 다이묘의 영지지배는 '사유(私有)'라고 스스로 인정하고 있다. 이백 년 넘게 동일한 영지를 통치해 온 다이묘가의 권리주장은 나타나지 않고 있으며 적어도 형식적으로는 천황에게 처분을 맡기고 있다. 이 시점에서는 봉건과 군현 사이에서, 보다 정확히는 가장 군현제에 가까운 봉건제의 형태 〔D〕와 가장 봉건제적 요소가 강한 군현제 〔E〕 사이에서 줄타기를 하고 있는 것으로 보인다. 당시로서는 어느 쪽으로 결정될 것인가 쉽게 예측할 수 없었다고 한다.[26]

당시 대다수의 다이묘와 수많은 사무라이들은 부분적 개혁을 통한 봉건제의 지속을 희망하고 있었다. 심지어는 이와쿠라 도모미나 오쿠보 도시미치 같은 신정부의 핵심인사들도 군현제의 급격한 실시를 주저하고 있었다. 한편 메이지 정부의 인사들 중에는 이것을 군현제로 가는 첫걸음으로 인식한 사람들도 있었다. 기도 다카요시는 이미 판적봉환을 군현제로 가는 음모의 성공으로 여기고 있었고[27], 군현론자 이토 히로부미도 "가만히 생각하니 여러 번들 가운데 〔판적〕봉환 문제를 자세히 연구하지 않고 세간의 분위기에 따라 의견을 올린(建白) 곳도 없지 않다. 또한 설령 그렇게 하더라도 반드시 조정으로부터 새로 소령안도의 지령을 받을 것이라

26 물론 판적봉환을 주도했던 기도 다카요시 등의 본심은 군현제에 가까웠다. 그러나 그럼에도 불구하고 상표문의 문장을 이런 식으로 쓰지 않으면 안될 정도로 당시 군현제에 대한 반발은 큰 것이었다.

27 "내가 하나의 모략을 꾸몄는데, 현재 제후의 봉토는 모두 朝敵(조정의 적)인 도쿠가와로부터 받은 것이어서 천자의 璽章이 안 보인다. 이래서는 점점 바르지 않게 되어 어떻게 명분을 천하에 세울 것인가. 이에 따라 판적봉환의 설을 주장하여 그 설이 사쓰마로부터 도사, 히젠에 미쳐 마침내 조정에 주청하였다."『木戸孝允日記』(메이지 4년 7월 14일) (淺井清, p. 167).

고 꿈꾸던 자들도 있었을 것이다"[28]라고 하여 "줄 만한 것은 주고 빼앗을 만한 것은 빼앗"을 것을 기대하던 자들의 의도를 일소에 부치고 있다. 그는 판적봉환과 비슷한 시기에 낸 건백서에서 이미 군현제 실시를 강하게 주장하고 있다.[29]

한편 군현제의 실시를 건의한 번들도 있었다. 에치젠번(越前藩)이 판적봉환 직후인 메이지 2년(1869) 1월 28일 군현제의 장점을 거론하며 군현제 실시를 주장했고 쓰야마번(津山藩) 번도 메이지 2년 2월 24일 군현론 주장으로 유명한 당나라 유종원(柳宗元)의 「봉건론(封建論)」을 들어가며 군현제를 주장했으며 그 외에도 몇몇 번이 군현론을 지지했다. 한때는 막부독재라며 강력한 비난의 대상이 되었던 군현제가 판적봉환을 계기로 왕토왕민이라는 명분하에 공공연히 주장되기 시작한 것이다.

봉건과 군현의 미묘한 줄타기는 1869년 5월 공의소에서 벌어진 공의인들 간의 봉건·군현논쟁에서도 엿볼 수 있다.[30] 앞으로의 국체(정체)를 봉건으로 할 것인가 군현으로 할 것인가라는 문제가 제기되자 각 번에서 파견된 공의인들은 진지한 논의를 벌였다. 봉건제 유지를 지지하는 논의가 다수이기는 했으나 미묘한 변화도 나타났다.

과거와 거의 마찬가지로 봉건제를 유지할 것을 주장하는 사람들도 있었

---

28 『伊藤公全集』 直話(淺井淸, p. 167).

29 「國是綱目(兵庫論)」 馬場恒吾 『伊藤博文』, 潮文閣, 1942, p. 105. 또 이토는 훗날 "나는 어려서부터 라이산요(賴山陽)의 『日本政記』를 애독하여 그의 근왕론에 감격함과 동시에 우리 왕조의 盛時에는 금일 말하는 군현제가 행해졌으니 이 제도는 즉 왕조의 생명이라는 것을 깊이 마음에 느꼈다. 그 후 유학을 위해 영국에 가서 유럽 제국도 역시 군현제도를 실시하여 국가의 융성을 가져온 것을 목격하고 점점 더 봉건을 폐지하지 않으면 안 될 필요를 확신"했다고 회고하고 있다(『伊藤公全集』直話, 淺井淸, pp. 100-101).

30 前田勉은 西洋政體論의 출현으로 봉건·군현론은 이미 낡은 것으로 되어버려 공의소의 이 논의는 봉건·군현론의 최후의 光芒이라고 하고 있으나 前田勉, 「近世日本の封建·郡県論のふたつの論点―日本歴史と世界地理の認識」(張翔·園田英弘編 2006 『「封建」·「郡県」再考;東アジア社会体制論の深層』, 思文閣出版, p. 276.), 본문에서 보듯이 '최후의 光芒'이기는커녕, 봉건·군현논의는 이 시기에 본격적으로 벌어졌던 것이다.

지만 봉건 지지파 대부분은 봉건제에 군현제적 요소를 크게 가미한 주장을 했다. 그들은 군현제가 "염치의 미속을 파괴하고 조진(躁進)의 악폐를 일으킨다"[31]고 비난하면서도 다이묘의 봉토를 30만 석으로 한정한다든가, 절도부(節度府)를 설치하여 제후를 감시하게 한다든지 하여 현행 봉건제에 군현제적 요소를 대폭 가미한다는 데에는 동의하는 자들이 많았다.

메이지 정부는 각 번들의 판적봉환 이후 각 번들에게 의견을 구하는 절차를 거친 다음에 6월 중순 판적봉환을 수락했다. 이에 따라 공경과 제후의 호칭은 화족(華族)으로 되었다. 제후들은 자기 번(藩知)의 지사(知事)가 되었고 세습은 허용되지 않았으나, 번 세입의 1/10을 가록(家祿)으로 보장해 주었다. 또 사무라이 간의 서열을 폐지하여 다이묘의 일족, 가로(家老)부터 평사(平士)에 이르기까지 사족(士族)으로 칭하기로 했다. 공의소에서 군현제를 찬성한 공의인들도 군현제하에서도 士族의 존속과 봉록을 인정하든가, 심지어는 구 다이묘를 지사로 임명하고 세습시킬 것을 주장했던 것을 상기하면, 메이지 정부의 이 조치는 노선 〔E〕를 벗어나 거의 〔F〕에 근접한 것이었다고 볼 수 있을 것이다. 이는 4개 번의 판적봉환 상표문(노선 〔D〕 혹은 〔E〕)의 내용을 크게 넘어선 것이었다.

메이지 3년(1870)부터는 자발적으로 번을 폐지하겠다는 사례들이 나타났다. 작은 규모의 지번(支藩)이 인접해 있는 종번(宗藩)에 흡수·합병되는 경우도 있었지만 규모가 큰 번들이 스스로 폐번(廢藩)을 요청한 경우도 있었다. 재정 상태가 어렵거나 친(親)막부활동으로 곤경에 처한 경우도 있었으나 그렇지 않은 경우도 있었다.

메이지 3년 5월에 이르자 군현제가 아니면 안정이 어려울 것이라거나 이미 판적봉환 이후 실질적으로 군현지체(郡縣之體)가 되었다는 등 군현

31 「公議所日誌」『明治文化全集』 4卷(憲政篇), 日本評論社, 1992(復刻板), p. 65.

제 이행으로 대세가 확실히 기울기 시작했다. 다만 사족의 봉록은 삭감은 되지만 폐지되지는 않을 것이라는 기대가 널리 확산되어 있었으며 이러한 기대는 군현제 이행에 대한 저항을 완화시킨 요인 중 하나로 판단된다.

메이지 4년(1871)에 들어서자 하치스가번(峰須賀藩), 구마모토번, 나고야번 등 규모가 큰 번들이 연이어 군현제 실시나 번의 지사직 사임을 건의했고 몇몇 번들이 자발적으로 폐번의 상표를 올렸다. 이렇게 볼 때 메이지 4년 7월의 폐번치현, 즉 군현제 선포는 급격한 것이 아니라 봉건·군현론이라는 오래되고 익숙한 전통적인 정치개념을 완충장치로 삼아 어느 정도는 '암묵적 예상'하에 이뤄졌다고 볼 수 있다.[32] 즉 왕정복고 직후에는 '봉건의 제(制)에 군현의 의(意)를 우(寓)하게 '하는 국가구상이 지배적이었다면 판적봉환을 거치면서 '군현의 제에 봉건의 의(意)를 우(寓)하게 하는' 것으로 대세가 서서히 변화해 갔다.

5. 폐번치현과 군현의 설득: "서양 각국은 모두 군현"

일본은 천 년 가까운 세월 동안 봉건제를 유지해 왔으며 왕정복고 당시만 하더라도, 심지어는 판적봉환의 시점에서도 봉건제의 유지를 지지하고 기대하는 사람들이 많았다. 이러한 상황에서 실시되었던 군현제는 당시의 일본인들에게 어떻게 정당화되었던 것일까?

무엇보다도 서양 각국의 정체(政體)가 군현제라는 인식이 중요한 역할을 했던 것으로 보인다. 서양이 위험시되던 막말에는 군현제도 경계의 대상이었지만, 서양이 일본의 모델이 되어가면서 군현제에 대한 태도도 바뀌어갔다. 양이운동이 힘을 잃고 문명개화의 시대가 오면서 "서양 각국은

32 石井紫郎, 앞의 책과 松尾正人『廃藩置県の研究』, 吉川弘文館, 2001도 대체로 이런 견해를 보이고 있다.

모두 군현"[33]이며 군현이 부국강병의 요인이라는 견해, 나아가 서양처럼 군현제를 실시하는 나라가 문명국이라는 논리가 널리 받아들여지기 시작한 것이다.[34]

서양관과 군현제의 관계에 대해서는 이미 18세기 난학서에 서양의 군현에 대한 기술이 있고 이것이 군현제의 이미지를 긍정적으로 바꾸는 데 기여했다는 지적[35]이 있지만 이것은 오류이다. 이 당시에 사용되었던 '군현'은 국내의 체제가 아니라 서양의 해외 식민지 개척을 가리키고 있었다. 일본의 난학자들은 서양이 해외에 영토를 확장하는 것을 군현을 설치한다고 표현했던 것이다.

서양의 국가체제가 군현제라는 인식은 막말기에 확산되기 시작했으나 이 당시의 군현제에 대한 인식은 반드시 긍정적이라고 할 수는 없었다. 막말기와 메이지 초기까지만 해도 서양을 모방하는 것을 부정적으로 보는 견해가 강했기 때문에 서양 각국이 군현제를 실시하고 있다는 사실 자체가 군현제에 대한 긍정적 견해로 연결되지는 않았다. 오히려 막말기의 군현론은 '서양벽(西洋癖)을 가진 군간(群姦)의 뜻'이라는 등 비판의 대상이 되기도 했다.

이러한 상황에서 군현제가 부국강병의 수단이라는 지지론이 등장했다.

---

33 西村茂樹, 「郡縣議」, 『西村茂樹全集』 4巻(增補改訂版), 日本弘道會, 2006, p. 309.

34 물론 서양관과의 관계 이외에도 王土王民사상과 尊王사상의 광범한 유포가 군현제에 대한 태도에 미친 영향은 심대하다. 18세기 말부터 시작된 유학의 급속한 확산으로 막말기에 존왕은 어느 정치세력도 거부하기 힘든 명분이 되어 있었다. 막말기 정치사는 어떤 면에서는 '존왕의 경쟁'이었다. 이에 따라 왕토왕민론은 상식화되었고, 위의 판적봉환 상표문에서 보듯이 개별 영주의 영주권이 이것과 맞닥뜨릴 때에는 크게 위축될 수밖에 없었다. 개별 영주들은 천황이 새로운 주인장을 주어 영유권을 확인해 줄 것을 희망했지만, 천황이 군현제를 실시한다고 한다면 이에 대항할 명분과 논리가 매우 빈약했던 것이다. 왕토왕민론은 군현제에 대한 거부감을 완화시키는 데 커다란 역할을 했고, 군현제라야 진정한 왕정을 실현시킬 수 있다는 인식이 확산되었다(前田勉 지음, 이용수 옮김 2014 『일본사상으로 본 일본의 본질—병학, 주자학, 난학, 국학』 논형, p. 278.).

35 前田勉, 앞의 논문, p. 274.

특히 서양과 대치하고 있는 상황이라는 현실이 강조되었다. 1867년경에는 서양과 같은 강국이 되기 위해서는 군현제 실시가 불가피하다는 견해가 등장했으며 메이지 정부 수립 이후 이런 주장은 더욱 확산되었다.[36]

중국에서 봉건·군현논쟁이 왕조 조명(祚命)의 장단, 인정(仁政) 가능 여부, 국방 효율성 등 어느 쪽이 좋은 정치를 실현할 수 있는가에 대한 다양한 쟁점을 둘러싸고 진행되었던 데 비해[37], 심각한 대외위기의식을 갖고 있던 일본은 어느 쪽이 일본을 '강국'으로 만들 수 있는가에 가장 관심을 가지고 있었다고 할 수 있다. 군현제의 우월성을 적극적으로 주장하기 보다는 일본의 현 실정을 고려할 때 '어쩔 수 없이' 군현제를 실시해야 한다는 것이었다. 여기에는 아마도 당시의 일본인들이 가지고 있던 봉건제에 대한 강한 친화성과 군현제의 '낯섦'에서 오는 반발을 우회적으로 회피하려는 이유도 있었다고 보여 진다.

그러한 상황에서 문명개화의 이름으로 서양화에 대한 거부감이 현저히 줄어들면서 보다 적극적으로 군현제야말로 세상의 개화, 일본 제국의 개명과 연결되어 있다는 주장과 함께 봉건제를 '무단의 정치'로 규정하는 움직임도 나타났다. 심지어는 봉건을 몽매와 난세의 것으로 치부하면서 옛 성인이 봉건제를 실시한 것은 그것이 좋은 제도였기 때문이 아니라 시대적 한계 때문에 어쩔 수 없었던 것이라는 주장도 나타났다.

처음에는 만국대치(萬國對峙)라는 절박한 상황에서 일본을 지키기 위한 수단으로 군현제 실시의 불가피성을 주장하다가 나중에는 봉건제를 몽매한 제도로 매도하면서 군현제야말로 유럽이 증명하고 있듯이 개화와 개

---

36 몇 가지 예를 들면 "최근 宇內의 형세가 변하여 西洋諸國은 대개 군현제를 실시하여, 만리 밖으로 항해하고 무역을 하여 큰 이익을 얻는 부국강병책을 시행하고 있다"(『明治建白書集成』 第1卷, 筑摩書房, 2000, p. 342), "그러므로 천하에 자립하여 만국병립하려고 하는 자는 반드시 군현제를 취하지 않고서는 안 된다"(『明治建白書集成』 第1卷, p. 468).

37 민두기, 「중국의 전통적 정치상—봉건군현논쟁을 중심으로」 참조.

명의 세상에 걸맞는 것이라는 적극적인 주장을 펼치기 시작한 것이다. 군현제는 또한 신분타파, 인재등용, 능력주의를 실현할 수 있는 것으로도 이해되었다. 이것은 거꾸로 군현제가 단지 제후의 번 통치권 소멸을 의미하는 데 그치지 않고, 무사계급의 역직(役職)세습, 나아가 가록(家祿)까지도 위협할 수 있다는 것을 의미한다. 현대에는 신분타파와 능력주의가 매우 긍정적인 것으로 인식되고 있으나 당시의 일본에서는 그렇지 않았다. 왕정복고 직후 각 번 무사계급의 대표자들인 공의소의 공의인들이 그토록 군현제에 소극적이었던 가장 중요한 이유는 바로 군현제가 능력주의와 관련되어 있기 때문이었다. 군현제가 실시된다면 자신들이 누리고 있던 지위와 특권과 풍요는 모두 사라질 것이며 이는 사회질서의 대붕괴("海內土崩瓦解")를 의미하니 도저히 받아들일 수 없는 것이었다.

그러나 왕정복고, 판적봉환, 폐번치현의 정치변혁을 거치면서 중앙정부 내에서도, 번 정부 내에서도 중하급무사 출신들이 실권을 잡게 되자 능력주의는 점점 정당성을 획득하게 되었다. 문벌에 따라 직무를 세습하고 있는 각 번의 지사나 관내에서만 충원하고 있는 고급 관리들은 무능하기 때문에 관직의 세습을 폐지하고 널리 인재를 능력에 따라 등용해야 한다는 주장이 대두되기 시작했다. 경계의 대상이며 불가하다고 간주되었던 신분제 폐지와 능력 위주의 인재등용을 요구하는 목소리가 높아지면서 군현제는 이를 실현할 제도로 지지를 받게 되었다.

막말 유신기의 정치변동과 관련하여 당대의 사람들이 관심을 가졌던 것은 서양식의 근대 국민국가의 건설이라기보다는 새로운 체제가 봉건제의 지속인가, 군현제의 도입인가라는 것이었다. 실제 전개되었던 과정도 봉건에서 군현으로의 갑작스런 비약이 아니라 '寓郡縣之意於封建之中'과 '寓封建之意於郡縣之中' 사이의 줄타기였다고 할 수 있다.

본래 도쿠가와 막번체제는 기본적으로는 봉건제였으나 상당 부분 군현제적 요소가 있었고, 도쿠가와 시대에 전개되었던 봉건·군현론도 기본적으로는 봉건을 지지하면서 양자를 절충하는 논의였다. 그러던 것이 막말 유신기에 양자 사이의 거리가 더 좁혀진 상태에서 논의가 진행되며 왕정복고가 이루어지고 얼마 후 폐번치현이라는 군현제로의 이행이 일어났던 것이다.

일본의 산업화 초기의 화혼양재
—제철 산업과 근대화에 대한 검토

◎
◎
제5장

1. 화혼양재의 흔적을 찾아서

화혼양재를 담론이나 정책의 영역에서 고찰하는데 그치지 않고 산업이라는 실천의 영역에서 검토하기 위해 공동연구팀이 선정한 분야는 일본의 제철 산업이다. 메이지 유신 이후 일본의 발전 양상에서 가장 큰 특징 중 하나가 급격한 산업화와 그 성공이었는데, 당시의 산업화는 주로 기계 산업을 중심으로 진행되었다. 제철 산업은 기계 산업을 위해서는 물론 철도의 부설과 총과 대포 등 근대 무기의 제조를 위한 기본 재료를 제공하면서 산업 전체의 발전과 밀접하게 연결되어 있었다. 철은 산업화 과정에서 반드시 필요한 재료이며 그것도 엄청난 양의 질 좋은 철이 필요하다. 철의 중요성이 흔히 '쌀'에 비교되는 것도 그 때문이다.

이렇듯 제철 산업이 일본의 산업화 과정에서 갖는 중요성 때문에 공동연구팀이 화혼양재와 관련된 논의와 실천을 제철 산업에서 발견할 수 있으리라 기대한 것은 당연한 일이었다. 그러나 제철 산업은 물론 다른 산업적 실천의 영역에서도 공동연구자들은 화혼양재와 관련된 구체적인 논란을 연구를 진행하는 과정에서 발견하지 못했으며, 공동연구자들이 접촉했던 일본 학자들 가운데 적절한 좋은 사례를 알려주는 사람은 없었다.

일본도 전통적인 제철 산업을 가지고 있었지만 근대 산업에 필요한 철을 생산하기 위한 제철 산업 기술은 서구에서 도입해야 했다. 제철 산업 분야에서 '양재'는 절실히 필요한 것이었으며 초기에는 많은 시행착오가 있었으나 결국 일본은 근대적 제철 산업을 발전시킬 수 있었다. 그렇게 본다면 '양재'는 성공적으로 도입되었던 것인데, 놀랍게도 1850년대부터 1900년대 초반까지의 제철 산업의 전개 과정에 대한 검토 과정에서 산업의 현장이건 산업 정책의 논의 과정이건, '화혼양재'가 거론되거나 이를 둘러싼 논란의 흔적은 발견할 수 없었다.

물론 화혼양재가 명시적으로 거론된 구체적 증거를 발견하지 못했다는 것이 화혼양재가 중요하지 않았다거나 산업 현장에서 의미가 없었다는 사실을 입증하는 것은 아니다. 연구 기간이 짧았고, 공동연구팀 가운데 오직 한 사람만이 이러한 작업을 담당했기 때문에 시간이나 인력의 투입이 충분하지 못했던 것도 사실이다. 심지어는 연구자의 역량이나 네트워크가 불충분했을 가능성도 있고, 단지 운이 나빴기 때문이라고 비판을 할 수도 있을 것이다.

그러나 공동연구팀이 화혼양재와 관련된 명시적 언급을 발견하지 못했다는 사실은 다른 한편으로는 화혼양재가 산업화 과정 중 실천의 영역에서는 실질적으로 문제가 되지 않았을 가능성을 시사하고 있다고도 해석된다. 화혼양재가 단순히 담론에 그치지 않고 실천의 영역에서도 양재를 수용하는 매우 중요한 지도 원리였었다면 이렇게 발견하기 어려울 이유는 없는 것이다. 자료의 '침묵'은 혹시라도 '부재'나 관련성이 없었다(irrelevant)는 것을 의미하는 것이 아닐까?

오히려 관 주도로 건설되거나 도입되었던 외국의 설비나 기술이 여러 이유 때문에 실패로 끝나고, 이후 민간에 불하되었다가 민간의 주도로 산업 현실에 알맞게 변형되고 조정되어 성공하는 패턴에 주목할 필요가 있다. 화혼양재에서 화혼의 핵심은 일본 것을 지킨다거나 주체성을 상실하지 않는다는 의미라기보다는, 외국 것을 일본의 상황에 맞게 적절히 조정한다는 실용 수준의 의미라고 보아야 한다는 것을 시사한다.

2. 도쿠가와 시대의 제련 산업

도쿠가와 시대의 광산은 도쿠가와 막부 또는 해당 번의 중요한 수입원이었다. 수입은 크게 직접 수입(광석이나 금속 판매)과 부가 수입(광산 지역에 물자 판매)으로 나눌 수 있다.

채굴된 광석 또는 제련한 금속으로 막대한 수입을 얻을 수 있었으므로 일본은 일찍부터 광산을 개발하고 여기에서 생산되는 금속을 판매했다. 특히 17세기의 일본은 세계적인 은 및 구리 생산국이었다. 1600년대 초기의 은 수출량은 월 20만 kg으로서 당시 세계 교역 은의 약 1/3 정도에 해당했다. 이는 당시 세계 최대의 은 광산인 볼리비아의 포트시 광산의 생산량과 같은 수준이었다. 일본은 또한 17세기 후반 세계 최대의 동 생산국가이기도 했다.[1] 1690년에는 연간 생산량이 5천 톤에 달했으나 이후 18세기에 들어오면서 생산량은 점차 감소했다.

광산 지역에 대한 물자 판매 또한 번의 중요한 수입원이었다. 광산 지역은 농업 등 다른 생산이 거의 없었으므로 생활필수품, 특히 식량을 외부에

1 에도 시대 최대의 번영기인 겐로쿠(元祿) 시대(1688~1704)가 일본의 동 수출량이 최대인 시기와 겹치며, 이는 광공업이 일본 산업에 미치는 영향을 보여주는 예가 될 수 있을 것이다.

서 구입해야 했다. 당시 각 다이묘들은 세금으로 받은 쌀(연공미)로 부하들에게 급료를 주고 나머지는 판매해서 자금을 마련했다. 남는 쌀의 판매가 가능했던 곳 가운데 가장 중요한 곳이 오사카(연 100만 석 소비)였으며, 각지의 광산 역시 커다란 수요처였다. 따라서 광산을 소유한 다이묘들은 광산 지역에 대한 쌀 판매를 독점하여 안정적인 이득을 얻을 수 있었다.

이득이 컸던 금, 은, 동 광산은 막부와 각 번이 대개 직할로 운영하였으나 철 광산은 민간에서 운영하는 일이 많았다. 일본에서 생산된 철은 일본 내에서 제련되어 다양한 철제 제품으로 제조되었다. 일본에서 전통적으로 철을 제련하는 주요한 방법은 사철과 목탄을 주원료로 작업하는 타타라 제철법[2]이었는데, 이를 통해서 강도가 큰 백주철[3]을 얻을 수 있었다. 이렇게 얻은 철을 주조해서 솥단지나 농구를 만들었고, 단련[4]을 하여 칼(일본도)과 총포류를 제작하였다. 철의 사용량은 막부 말기에 대략 연간 1만

2 타타라(たたら, Tatara)법은 일본의 전통 제철 방법이다. 모든 제철법은 철광석과 탄소를 만나게 해서 산화철의 산소 성분을 없애고 철을 얻는 것과 달리, 타타라법은 사철과 목탄을 사용했다. 기본적으로 목탄을 연소시켜 노를 만들 자리를 건조시킨 후 노를 건축한다. 그리고 사철을 넣고 며칠(보통 3일) 동안 가열한 후 노를 부수고 철을 얻는다. 일본 사철은 티타늄산화물을 상당량 포함하고 있고 이들이 만들어진 철에 많이 남아 있어서 강도가 우수한 철을 얻을 수 있었다.

3 주철은 크게 백주철과 회주철로 나뉜다. 둘의 차이는 철에 존재하는 탄소가 어떤 형태로 존재하는가에 의해서 생기게 된다. 백주철은 탄소가 철과 결합한 세멘타이트(Fe3C) 형태로 존재하는데 회주철에서는 독립적인 흑연 상태로 존재한다. 탄화물은 강도와 경도가 크기 때문에 백주철은 단단하고 가공이 어려우며, 이에 비해서 가공 시 흑연이 윤활작용을 하는 회주철은 가공이 쉽다. 그래서 백주철은 칼, 솥단지 등에 적당하며 회주철은 기계 공업의 재료로 사용된다. 제련 과정에서 어떤 주철이 얻어질 것인가는 탄소의 농도에 따라서 달라지며(높은 농도는 회주철이 되며 낮은 농도는 백주철이 된다), 농도를 결정하는 가장 큰 요인은 노의 온도이다. 온도가 올라갈수록 선철의 탄소 함유량이 높아진다.

4 타타라 제철로 만들어진 철은 탄소가 많은 주철이기 때문에 단단하지만 충격에 약하므로 칼이나 총과 같은 충격에 견디는 제품을 만들기 위해서는 탄소를 줄여주어야 한다. 과거에 철판을 가열해가면서 망치로 두드려 주는 작업을 반복하는 과정을 통해서 철 내부의 탄소를 제거하고 총과 칼과 같은 철 제품을 만들었으며, 이러한 과정을 단련이라고 부른다.

톤 정도를 생산해서 소비한 것으로 추정된다. 각 번의 다이묘가 거주하는 성 인근의 거리에는 철제 무기나 농기구를 생산하는 뎃포단야(鉄砲鍛冶, 대장장이)들이 자리 잡고 있는 것이 흔히 볼 수 있는 모습이었다.

3. 막부 말기 서양 제철 기술의 도입

막부 말기에 서양의 선진 기술과 이를 기반으로 삼은 강력한 군사력의 위력을 경험한 일본은 이러한 기술의 도입을 위한 노력을 시작했다. 제철 분야에서는 기존의 타타라 제철보다 훨씬 더 매력적인 서양의 제철 기술을 도입하기 위해 각지에서 반사로(反射爐)를 건설하는 일종의 붐이 일어났다. 그러나 이러한 시도들은 대부분 좌절되었다. 1842년 사가번에서 시작된 포 제작 움직임에 자극을 받은 여러 번들은 1850년대에 경쟁적으로 반사로를 세워 포 제작을 시도했다. 이를 살펴보면 아래와 같다.

사가번에서 1842년 청동포 제조소를 설치한 것은 아편전쟁의 충격에 대한 반응이었다. 그러나 청동포 제조는 동 가격의 상승 때문에 번 재정을 악화시키는 요인이 되었다. 이 때문에 사가번에서는 청동제가 아니라 철제 무기를 제조하는 것으로 방향을 전환했으며, 이를 위해 1847년에 철제 대포 주조법에 대한 설명서 번역에 착수하고 1852년에 반사로를 건설하였다. 외국의 기술지도 없이 설명서의 번역본을 읽고 이에 따라 반사로를 건설한 것이었는데, 그래도 소형로로 실험을 했던 다른 번의 기술자의 도움을 받기는 했다.

한편 사가번의 시도에 자극을 받은 사쓰마 및 미토번도 반사로 건설을 시작했다. 이러한 움직임이 조슈, 오카야마, 돗토리 등으로 확산되는 등 전국적으로 대포 주조 운동이 일어나면서 일본 전체에 11개의 반사로가 건설되었다.

그런데 대부분의 번에서 건설한 반사로는 실패로 끝났으며 사쓰마번의 반사로는 내화물이 녹아내렸다고 한다. 미토번의 경우 반사로 건설은 번주의 직속 사업으로 진행되었다. 사업의 책임자는 10석의 녹을 받는 하급 사무라이였으며 3명의 난학자와 더 하급의 사무라이 몇 명과 기술자들이 참여하였다. 난부번[5]의 오시마 다카토(大島高任)[6]가 도움을 주었다고 하는데, 오시마는 타타라선철이 아니라 고로[7]선철을 생산할 것을 주장했다고 한다. 미토번에서는 일단 대포 주조에 성공은 했으나 성능이 좋지 않아 고전하던 중, 안세이 대옥(安政の大獄, 1858~59)[8]으로 번주가 근신 처분을 받으면서 사업이 중단되었고 책임자는 할복했다고 한다.

사가번은 조업을 꾸준히 진행하여 일단 대포의 주조에 성공하였다. 최초의 조업에서는 900kg의 선철을 투입했지만 반 정도만 녹았으며 배출 과정에서 통로가 막히는 바람에 주조는 30kg만 이루어졌다. 이후 5회 차 조업에서 처음으로 대포 1문을 주조하였으나 시험 발사에서 대포가 파열되는

---

5 난부번(南部藩)은 난부씨(南部氏)의 영지였기 때문에 난부번(南部藩)이라고 불렸으나 1817년 10대 번주(藩主) 난부 도시타카(南部利敬)의 시대에 모리오카번(盛岡藩)으로 개칭하였다.

6 일본에서 최초로 고로를 만들어 조업하는 데 성공한 인물로 근대 철강업의 창시자로 평가 받았다. 70년대에 유럽 철강 업계를 시찰한 이후 일본에서 철강업을 중시해야 한다는 주장을 강하게 펼쳤고, 그 주장이 받아들여지면서 대형 철강소 사업이 시작된다.

7 철 제련 공정은 보통 2단계로 구분된다. 먼저 탄소 성분(목탄 또는 석탄)을 활용하여 철광석에서 산소를 분리하여 선철(iron)을 만든다. 선철은 탄소 성분이 매우 높아서 경도가 크지만 가공이 어렵고 인성이 약해서 기계나 포 등에 적합하지 않다. 이러한 용도에 사용하기 위해서는 탄소를 제거하고 강(steel)으로 만들어야 한다. 선철을 산소와 접촉시키면 탄소가 산화되면서 제거된다. 이 공정을 제강공정(steelmaking)이라고 하는데 반사로, 전로, 평로 등의 방법이 있고, 가마이시 제철소에서 채택한 반사로는 18세기 제강법의 주류였다. 그런데 반사로에 타타라 제철법으로 만든 선철을 사용하게 되면 포에 적합한 성질이 얻어지지 않기 때문에 더 높은 온도를 얻을 수 있는 고로에서 얻어진 선철을 사용하는 공정을 주장한 것이다.

8 안세이 대옥: 에도 막부의 다이로(大老) 이이 나오스케(井伊直弼)가 안세이 5년(1858년)에 자신의 반대파를 체포하기 시작해서 다음 해까지 100여 명의 존왕양이파 및 히토쓰바시파 인사를 대량 숙청한 사건으로, 무오의 대옥(戊午の大獄)이라고도 불린다.

사고가 발생했다. 3년 차 16회까지의 조업 기록이 남아 있는데 결과물이 점차 개선되어가기는 했으나 시험 발사는 모두 실패한 것으로 나타나고 있다. 하지만 그 이후에도 꾸준히 노력한 결과 성공을 거두었고, 메이지 유신이 일어날 때까지 이미 200문의 철제 대포를 제작하여 사용하였다.

한편 난부번은 고로 제철에 성공했다. 난부번은 재정이 열악했기 때문에 번 단독으로 추진하지 않고 민간과 합작하여 사업을 진행했다. 오시마 다카토가 목탄을 사용하는 소형 고로를 성공적으로 제작하고 운영했는데, 목탄의 소비를 1/3로 줄이고 3일에 불과하던 노의 수명을 거의 무한으로 연장하는 데 성공했다. 그 결과 메이지 유신이 일어날 때까지 난부번에는 10기, 인근의 센다이번에는 2기의 고로가 건설되어 운영된다.

반사로 공장은 대규모 사업으로서 많은 기술과 기술자가 필요하며 소요되는 자금도 막대하다. 그래서 독자적으로 사업을 추진했던 대번(大藩)들도 재정에 어려움을 겪었고 소번(小藩)들은 민간과 합작으로 진행하였다. 또한 반사로는 일본의 전통적인 제철 기술과는 완전히 다른 기술을 사용하였는데, 당시의 반사로 사업에 참가했던 일본인들은 오로지 책에 의존해서 사업을 추진하였다.

이 시기에 이루어졌던 여러 시도들의 성과를 간단히 살펴보면 다음과 같다. 번이 직접 주도했던 사업은 대부분 실패하거나 일본의 기존의 산업 환경과의 괴리를 노정했는데, 원료 가격이 급등하거나 생산한 제품이 사용에 부적합하여 운영상 적자를 기록했다. 한편 민간과 합작하는 방식으로 사업을 추진했던 난부번은 기존 산업과 조화를 이루는 방향으로 나아감으로써 어느 정도 성공을 거두었다. 이는 난부번 지역이 주코쿠(中國) 지역과 함께 일본의 양대 철 산업 지역으로서 목탄 및 광석의 공급과 수송, 그리고 철 소비 산업의 기반 등이 갖추어진 지역이었기 때문이었다. 게다가 오시마가 제작한 고로는 소형이고 목탄을 사용했기 때문에 이러한 이점들을 잘 활용할 수 있었다.

난부번에서 생산한 철은 타타라 선철과 유사한 백주철로서 타타라 선철에 대한 수요를 대체할 수 있었다. 게다가 새로운 고로는 목탄의 소비 절감 및 노 수명의 연장 등으로 재래식의 타타라 선철에 비해 경쟁력을 갖고 있었다.

다만, 난부번에서 백주철이 생산된 것은 의도한 바가 아니었으며 이는 노의 온도가 충분히 높지 않아서 생긴 현상이었다. 노의 온도가 높지 않으면 회주철을 생산할 수가 없었으며 오시마 고로에서 생산한 철로는 포나 기계의 제작 등 새로운 수요를 충족시킬 수 없었다. 새로운 수요를 위해서는 주철을 수입해야만 한다는 한계를 노정하고 있었다.

4. 메이지 유신 초기의 산업화

4.1. 초기의 기계 산업 발전과 釜石(가마이시) 제철소

막부 말기와 메이지 유신 초기 일본에서는 번, 막부 그리고 신정부 주도로 다양한 산업의 진흥이 추진되었다. 특히 사가번에서는 1852년에 일종의 이화학연구소라고 할 수 있는 정련방(精錬方)을 설치하여 증기기관, 증기선, 보일러 등을 제조하기 시작했는데, 이에 자극을 받아 1850년대에는 전국적으로 군함 건조와 소총 제작 등의 움직임이 일어났다. 그러나 미토번의 고로처럼 이러한 사업들은 1850년대 말에 대부분 좌초하였다.[9]

이러한 실패를 경험하면서도 1860년대에는 무기나 선박 제조 등 직접

9 예를 들어 1853년 사쓰마번에서 양식 범선 12척과 증기선 3척의 대함대를 건설하려는 계획을 세우고 이후 사업을 진행하여 4척의 범선과 1척의 증기선을 만들었으나 수준이 매우 낮았고 결국 1855년 중단하게 된다. 1854년 만들어진 나가사키 제철소(당시에 제철소는 현대의 조선소를 의미했고, 제철소는 광산이라고 불렸다)도 상당 기간 배를 만드는 것 보다는 배 수리 및 부품 또는 기관과 같이 소규모 기계를 만드는 사업이 중심이었다.

적인 군비 증강을 넘어서 '부국강병'이나 '식산흥업'과 같은 주장과 움직임이 나타나며 직조 산업 등 경공업 부문의 성장이 시작된다. 소비재 부문의 경우에는 일본에 상당한 전통 산업 기반이 존재하고 있었으며, 이러한 전통 산업에 새로운 기계가 도입되는 등 전통과 현대, 일본 것과 서양 것이 어느 정도 조화를 이루는 발전이 진행되었다.

메이지 유신 이후에는 철도, 전신선 등 기반 산업에 대한 투자가 시작되고 1870년에는 공부성이 설립되어 철도, 전신, 가로등, 광산, 제철 사업 등을 추진하였다. 한편 내무성에는 권업료(勸業寮)[10]를 설치하여 모범 공장 및 농목장을 운영하는 등 정부 차원의 산업 장려 정책을 본격적으로 추진하였다.

이러한 기간 산업이나 기계 산업은 다량의 철을 필요로 했으나 당시 일본에서 생산되는 철로는 공급량도 부족하고 품질도 맞지 않았다. 그래서 원료 철을 수입하여 이를 가공하거나 기계를 수입하여 생산에 투입하는 방식으로 산업화가 진행되고 있었다. 이러한 상황을 극복하고 일본 국내에서 원자재를 생산, 공급하기 위해서 공부성은 1874년 가마이시 지역을 철강 산업의 중심지로 결정하고 대규모 투자를 시작하였다.

가마이시 제철소는 오시마 고로 보다 높이가 3배에 달하고 열풍로가 설치된 최신의 대형 고로를 건조하여 철의 생산에서 가공까지 일관된 작업을 한다는 구상으로 투자가 진행되었다. 당시 서양에서는 대형 고로-전로/평로제련-압연의 일관 제철소가 시작되고 있었으나 공부성은 일본의 기존 고로보다는 대형이지만 서양에 비해서는 소형에 불과한 고로-퍼들제련-압연의 일관 제철소를 계획하였다.[11] 가마이시 지역은 난부번의 직

10 도쿄농공대학(東京農工大學)은 1874년에 설립된 일본 내무성 권업료(勸業寮) 나이토신주쿠(內藤新宿) 출장소를 기원으로 하고 있다.

11 당시 서양의 제강 기술은 1856년 Bessemer 산성 전로 개발, 1857년 Siemens 평로 개발,

할로서 목탄 가격이 저렴하고, 이미 10대의 오시마 고로가 잘 운영되고 있는 지역이었기에 대규모의 신규 투자가 이루어지는 제철소 입지로 선정되었다.

가마이시 제철소는 1875년에 일관 제철 방식으로 추진하기로 결정하고 공사가 시작되었다. 당시까지 운영되고 있던 오시마 고로는 폐쇄되었으며 철광석을 채굴하는 오하시(大橋)와 목탄을 제조하는 오가와무라(小川村), 그리고 고로, 연철 제련 공장, 압연 공장 등이 입지하는 스즈코(鈴子)초(町)를 연결하는 철로가 계획되었다. 이러한 사업은 당시 일본 기술의 종합편이라고도 할 만한 것으로 투자액은 총 237만 엔에 달했다. 1878년에 고로가 완성되기는 했으나 목탄의 부족으로 조업을 시작하지 못하다가 1880년 9월 10일에 1차 조업을 개시하였다. 첫날 3톤 생산을 시작으로 생산량이 증가해서 1차 조업기간 동안 하루 평균 15.4톤을 생산하기에 이르렀으나, 12월 15일에 목탄 부족으로 생산을 중단하였다. 이후 1년간은 목탄 생산을 독려하는 한편 코크스로의 건설을 시작하는 등 재조업 준비를 진행했다.

그리하여 1882년 2월 28일에 2차 조업이 시작되었다. 조업은 순조롭게 진행되어 3월 10일에는 하루 32톤을 생산하였으며 196일간 총 4,133톤을 생산했다. 조업 자체는 잘 진행된 것으로 판단할 수 있으나 목탄 사용량이 늘어나면서 목탄 가격이 상승함에 따라 적자가 발생했다. 한편 코크스로가 완성되어 코크스를 사용하여 제철 조업을 시도했는데, 코크스를 넣으면서 온도가 낮아지고 노내(爐內)에 슬래그가 발생하는 등의 문제가 생겨서 9월 12일에는 조업이 정지되고 고로가 사용 불능 상태가 되었다. 여기

그리고 1864년 Martin 스크랩 제강로나 지멘스마틴 평로 개발 등이 이어지면서 대량의 강(steel)을 빨리 제조할 수 있는 전로 및 평로 기술이 확립되었고, 이에 따라 철이 아닌 강의 시대로 접어들고 있었다.

에서 생산된 철 또한 백주철로서 용도가 매우 제한된 것이었다. 조업이 중단된 후 광범위한 조사가 진행되었으며, 그 결과 12월 18일에 폐업이 결정되었고 이듬해인 1883년 2월 16일 폐업을 하였다.

4.2. 정부 투자 실패와 민간 운영 가마이시다나카 제철소의 성공

제철소가 닫은 후 공부성[12]도 폐지되었으며 가마이시 제철소는 1885년 민간에게 불하되었다. 새로이 시작하는 제철소에서는 기존 대형 고로를 운영하는 대신에 소형 고로를 신설했다. 새로이 건설된 고로는 1886년부터 조업을 시작하였고, 상업적인 경쟁력도 확보하게 되면서 추가적인 고로 건설이 진행되었다. 특히 추가 건설 장소로는 과거 가마이시 제철소를 세우면서 철거하였던 오시마고로가 있던 곳이 선택되었다. 생산이 안정되자 이름을 가마이시다나카 제철소로 바꾸고 본격적인 철 생산을 진행했다.

가마이시다나카 제철소는 1887년에 출범했는데, 백주철을 생산해서 솥단지의 제조나 일본도의 제작 등 기존 수요를 충족시키는데 사용되었다. 송풍기를 개선하면서 점차 회주철의 생산이 진행되었다. 1892년의 인력구조를 보면 고로 조업 인원이 50명인 것에 비해서 목탄 생산에 900명이 투입되고 있었다. 1894년에는 과거에 건설했던 2호 대형 고로의 사용이 시작되었으며 생산량이 12,735톤에 달하면서 처음으로 타타라 제철 생산량을 능가하게 되었다. 1895년에는 코크스의 사용이 시작되었다. 연간 생산량은 12,982톤으로 증가했으며 이후 청일 전쟁에 따른 수요 등으로 생산과 운영이 안정화되기 시작했다. 또한 건설 후 사용되지 않고 있던 제련

12 공부성은 산업기반(철도, 전신, 가로등 등)과 대형 산업에 투자하였으며, 산업기반에 대한 투자는 대체로 목적을 달성한 것으로 평가할 수 있지만, 대형 산업에 대한 투자는 모두 실패하였다.

로 및 압연 설비도 사용되기 시작했다. 관주도로 시작했으나 결국 민간으로 이양되어 새로이 출발한 가미이시다나카 제철소는 적절한 생산 전략을 채택함으로써 조업 및 영업에 성공하고 계속 생산을 확대해 갈 수 있었다.

4.3. 메이지 초기까지의 일본 철강 기술 발전 요약

반사로, 용광로 그리고 철 가공 설비의 개발 및 개선은 외국의 도면 등을 참고하였지만 대부분 일본인들에 의해 이루어졌다. 초기에 이런 작업에 참여한 사람들 가운데는 외국 유학을 다녀온 인물들도 있었지만 일본에서 난학을 시작으로 외국 학문을 배운 사람들, 그리고 전통 기술자들도 있었다. 아울러 대학에서 공학교육이 시작된 이후에는 대학에서 배출된 엔지니어들이 주도적인 역할을 하였다.[13] 이러한 사업들은 초기에는 공학적인 측면에서 많은 시행착오를 겪었지만 어느 정도 시간이 지나자 문제를 해결해가면서 설비를 건설하고 성공적으로 조업을 할 수 있었다.

그러나 경영 또는 경제적인 측면에서는 두 가지 뚜렷한 경향이 나타났다. 첫째, 번 또는 메이지 정부의 공부성에서 추진한 사업들은 대부분 실패했다.[14] 그 이유는 이 사업들의 구성이나 생산품이 기존의 산업 체계나 방향과는 괴리가 있게 진행되었기 때문이다. 이에 비해서 기존 소비에 대응하는 방향으로 추진된 민간 주도 사업들은 대체로 기존 산업체계를 크게 교란시키지 않으면서 어느 정도 자리를 잡을 수 있었고 성공하는 사업들도 나타났다.

---

13 예를 들어서 가마이시 제철소는 동경제국대학 공대 학생들이 재학 시절 실습에 참여하였고, 졸업 후에도 공장 가동에 참여해서 기술 개발에 중심 역할을 한다.

14 공부성에서 세운 가마이시 제철소는 입지 선정의 이유가 목탄 공급을 싸게 할 수 있는 곳이라는 점이었지만, 제철소가 안정되게 운영되기 시작하면서 제철소의 수요가 인근에서 공급할 수 있는 한도를 넘어가자 목탄의 가격이 급등하게 되었고, 그 결과 나타난 원가 상승이 공장 폐쇄의 큰 원인이다.

이러한 기술이나 산업들은 정체되지 않고 이후 일본 산업의 조건 변화에 따라 기존 기술들을 개량하면서 발전하였다. 그리고 기술의 성숙도 역시 1890년 이후에는 일본의 기계 공업에 사용될 수 있는 품질의 철을 생산할 수 있는 수준에 도달하게 된다.

5. 일본 산업 발전기와 철강 산업

일본은 1890년대를 넘어 1900년대로 접어들면서 경제가 호황을 맞이하고 기존의 경공업 중심에서 중공업 중심의 산업 발전이 이루어졌으며, 그 결과 고급 철강재에 대한 수요가 급증하였다. 이에 따라 일본에서도 강(steel)을 제조하기 위해서 1890년에 산성 평로(acid open-hearth furnace)를 도입하고 1896년에 지멘스마틴 산성 평로를 도입하여 강의 생산을 시작하였고, 1891년 대형 제철소를 기획하는 등 노력을 기울였다.

하지만 이러한 계획의 추진이 그리 잘 진행되지 않았기 때문에 생산량이 빨리 증가하지 못했고, 1900년에 이르러서도 일본에서 강의 생산량은 2400톤에 그치고 있었다. 따라서 성장하고 있는 중공업의 수요에 대응하기 위해서 나머지 철강재를 수입해야 했는데, 같은 해 철강재 수입량은 22만 톤에 달했다.

이러한 문제를 해결하기 위해서 일본 정부는 일관 제철소 건설을 추진했다. 1901년 2월 야와타(八幡) 제철소에서 160톤 용량의 제1고로 조업을 시작하면서 일본에서 본격적인 철강 산업이 시작되었다. 이러한 관영 야와타 제철소 설립에 의해 일본은 비로소 최신식 일관 제철소를 가지게 되었다.

하지만 이 제철소도 처음에는 운영에 큰 어려움을 겪었다. 1901년 조업을 시작한 제1고로는 1902년 문제가 생겨서 조업을 중단하였다. 그리고

2년의 휴업 후에 조업을 재개하였으나 17일 만에 또 다시 중단하였다. 중단의 원인은 일본에서 채굴되는 철광석의 성분에 적합하지 않은 노 구조 때문이었다. 동경제대 졸업생들을 주축으로 한 엔지니어들이 노를 개조하여 1904년 다시 조업을 재개하였고, 그 이후는 순조로운 조업을 할 수 있었다.

이러한 경험을 바탕으로 노 설계를 개선하여 1905년에는 새로운 노 구조를 갖춘 제2고로를 준공하였다. 이 두 번째 고로는 처음부터 순조롭게 조업을 하였다. 이후 증설을 계속하여 1909년에는 연 11.9만 톤을 생산하게 되었고 일관 제철 공정도 1910년에 완성되었다. 이는 서양에서 고로가 사용되기 시작한 이후 약 400년 걸렸던 용광로-제련이라는 강 제조 공정 기술의 완성 기간을 50년으로 압축한 것이라 볼 수 있다.

하지만 1900년대 초반까지 일본의 철강 생산량은 그리 많지 않았다. 1910년경 세계 철강 생산량은 6천만 톤 정도(미국 2.7천만, 독일 1.5천만, 영국 1천만)였는데 일본은 1913년에 연간 24만 톤 정도를 생산하는 데 그쳤으며, 이는 일본 수요의 1/3 정도를 충당할 수 있었다.

일본 철강업은 제1차 세계대전 발발(1914) 이후 최고의 호황기를 맞이하면서[15] 성장하게 된다. 1915년 제강량을 보면 타타라법과 도가니법 생산량이 17,000톤이고 염기성 평로가 275,000톤 그리고 산성 전로의 생산량이 106,000톤이었다. 그리고 1916년 야와타 제철소 5고로가 건설되면서 고로의 대형화가 시작되었고, 철강 기술의 발전도 같이 이루어져서 품질이 매우 개선되었다.

1929년부터는 재벌들이 철강 산업에 참여하기 시작하였고 1931년 만

15 1914년 제1차 세계대전이 시작하자 독일에서의 수입이 중단되면서 수입 대체의 필요성이 생겼고, 영국이 1915년 그리고 미국이 1917년 철강 수출을 중단하면서 일본은 자체적인 철강 수급이 필요해졌다.

주사변 후 설비가 증설되면서 1932년에는 드디어 철강재의 자급이 가능한 수준의 생산이 이루어지게 되었다. 1934년에는 고로 19기에 생산 능력 221만 톤이 확보되었다. 1937년에는 모든 대형 제철소를 합병하여 일본제철소가 설립되었으며 지속적으로 증산을 추진한 결과 1942년에는 고로 총 35기에 생산능력 412만 톤을 갖추게 되었다. 일본 전체의 조강 생산량은 765만 톤에 달했다. 이 생산량은 1943년 세계 철강 생산량 1억 6200만 톤의 5%에 해당한다. 철강 생산량의 꾸준한 증가와 철강 품질의 개선은 1900년 이후 일본 산업 발전을 지탱하는 큰 기초가 되었다.

6. 일본 초기 산업화 과정과 성공 요인

앞에서 살펴본 것과 같이 일본은 메이지 유신 전후에 새로운 철상 기술을 도입하였고, 많은 시행착오를 겪긴 했지만 상당히 빠른 속도로 새로운 기술을 정착시키면서 철강 산업의 발전에 성공하였다. 이 기간의 철강 산업 변화를 요약하면 아래와 같다.

메이지 유신 이전에는 타타라 제철법에 의한 철 생산과 이를 활용한 주조, 단조, 판금 작업장을 가동하여 칼, 총포, 농기구, 주방용품 등을 제조했다. 개항 이후 메이지 초기에 걸쳐서는 서구 기술(고로-반사로) 도입 시도가 여러 곳에서 진행되었으나 사가번과 난부번을 제외한 모든 곳에서 실패했다. 사가번은 오랜 실패 끝에 대포 주조에 성공하지만 많은 예산을 투입함으로써 번의 재정이 흔들렸다. 한편 난부번은 기존 산업 체계를 흔들지 않는 방식의 고로를 만들어 타타라철에 대응하는 품질의 철을 생산함으로써 경제적으로도 성공하였다. 이후 공부성이 설치되자 일본 산업의 발전을 촉진시키기 위하여 가마이시 제철소에 막대한 자본을 투자해 서양식 대형 고로와 일관 제철소를 건설했다. 그러나 원하는 품질의 철을 얻을 수 없었으며, 원료 수급이 기존 생산 체계와 맞지 않았다. 즉 경제성이 낮은 탓에 실패로 끝났으며 공장은 민간에 불하하게 되었다.

6.1. 민간 참여에 의한 산업 발전

민간이 인수한 가마이시 제철소가 다시 기존 산업 체계에 적합한 생산 방식으로 전환됨에 따라 사업의 운영도 성공을 거두게 되었다. 그리고 일본 국내에서 기계 산업에 대한 수요가 증가함에 따라 점차 생산 방식과 생산 제품의 전환에 성공하였으며 1886년 이후부터는 일본 산업이 호황기를 맞이함에 따라 이에 맞추어 순조롭게 성장하기 시작했다.

간단히 요약하자면, 기존 산업이 존재하는 분야에서 관 주도로 대규모 사업을 추진하다가 실패하며, 이를 민간에 불하하자 불하를 받은 민간 기업이 기존 산업에 적합하게 변형하여 사업을 성공시켰으며, 이를 통하여 기술이 축적되고 사업이 확장된다는 경로를 밟았다고 할 수 있다. 그런데 이러한 변화는 철강만 그랬던 것이 아니라 일본의 산업 발전의 전형적 과정이라고도 할 수 있다. 조선과 직조 등 다양한 분야에서도 거의 유사한 일들이 일어났다. 일본 산업화 과정의 성공 요인을 요약한다면 다음과 같은 것들을 들 수 있다.

6.2. 소비재 영역에서 경쟁력을 갖춘 기존 산업의 존재

19세기 후반의 일본은 비록 서구에 비해서 기술 발전의 수준은 뒤떨어졌지만, 소비재 부분(칼, 도기, 칠기, 가구, 직물, 종이, 의복, 목선, 각종 식료품)에서 생산되는 물품의 품질은 우수하였으며 이들을 제조하고 판매 하는 산업 및 유통 구조도 잘 발달해 있었다. 개항에 의해 서양 상품들이 쏟아져 들어왔지만 기본적인 소비재 부문에서는 일본 제품들이 나름대로 경쟁력을 가지고 있었기 때문에 소비재 산업들은 큰 타격을 받지 않았다. 결국 일본에 많이 수입되었던 물품들은 대개 최종 소비재가 아니라 원료(철, 생사 등)나 생산 기계들이었다. 오시마 고로처럼 기존 기업들 가운데 수입된 원료를 사용하거나 기계를 수입하여 생산에 잘 적용한 업체들은 계속 발전하면서 성장할 수 있었다.

정부에서 추진한 사업들은 원료 또는 생산 기계를 만들어낼 수 있는 기간 산업과 철도, 전신등과 같은 기반 시설이었다. 비록 이들 시도의 대부분이 1880년대에 좌초한 것은 사실이지만 기존 산업이 어느 정도 계속해서 잘 운영되고 있었기 때문에 일본 산업화의 흐름은 맥이 끊어지지 않았다고 볼 수 있다. 실제 일본 산업이 호황기에 접어들기 시작한 1886년이라는 시점에서 산업의 95%는 이들 기존 산업이 점유하고 있었다.

6.3. 상대적으로 빠른 산업화 추진

이렇게 일본 기존 산업들이 서구 기술을 도입해 가면서 경쟁력을 갖추고 발전할 수 있었던 것은 일본의 개항과 산업화의 추진 시기가 상대적으로 빨랐다는 사실도 하나의 요인으로 작용했다고 할 수 있다. 즉, 그 당시까지 서구 산업화의 흐름이나 수준이라는 것이 소비재 제품의 경쟁력 측면에서는 서양과 일본 간에 존재하는 커다란 문화와 환경의 차이를 넘어서는 수준에 도달하지 못하고 있었기 때문에 일본의 소비재 부분의 산업체들은 외국과의 경쟁에서 생존할 수 있었다. 나아가 일본의 기존 산업들은 외국과의 경쟁에 노출되면서 자생적으로 성장할 수 있는 시간을 가질 수 있었다.

그리고 정부에 의한 대형 산업의 도입과 추진이 비교적 이른 시기에 진행되었던 것 또한 중요했다. 비록 약 20년에 걸친 시행착오를 겪기는 했지만 일본의 산업은 1890년대 말에서 1900년에 들어서면서 상당한 수준의 자체 기술력을 갖추게 되었다. 그리고 이러한 기술력은 그 이후 국제적인 경쟁에서 살아남는 기반이 되었다고 평가할 수 있다.

6.4. 대형 산업을 추진할 경제력 존재

일본의 산업화 과정 초기에 대형 공장, 또는 기반 시설에 대한 투자를 주도한 곳은 대개 번, 막부, 그리고 메이지 정부[16]였다. 외국 회사나 외국 정부 또는 민간 회사에서 전적으로 진행한 것은 없었다고 해도 과언이 아니다. 한편 공부성의 해체 이후 공부성 사업들을 불하할 때에는 일본의 민간 자본들이 참여하였다. 그 결과 일본의 산업 성장 과정은 외국에 종속되지 않는 형태로 진행될 수 있었다.

이것이 가능했던 것은 일본 내에 상당한 수준의 자본 축적이 되어 있었기 때문으로 알려져있다. 이러한 자본 축적이 가능했던 것은 비록 쇄국 정책을 유지하고 있기는 했지만 에도 시대의 일본에는 세계적인 경쟁력을 갖추고 상당량의 수출을 하고 있던 산업들(은 제련, 구리 제련, 도자기 제조 등)이 있었고, 이러한 산업체를 운영하던 각 번이나 막부는 상당한 수준의 경제적인 기반을 마련하고 있었다. 그리고 산업화 초기에 대포 제작이나 군함 제작을 시도하다 실패하고, 그 결과 번이나 막부의 재정 상태가 악화되었던 상황에서 '식산흥업' 또는 '부국강병'으로 방향을 전환하려 할 때에도 직물, 도기, 칠기, 가구, 종이, 청주, 된장, 간장 등 '식산'이 가능한 분야의 산업들이 있었기 때문에 어느 정도 '부국'을 진행할 수 있었다.

또한 철광산을 운영하거나 해운 또는 상업에 종사하면서 상당한 부를 축적한 민간 자본들도 존재하고 있었다. 이들이 공부성 사업들을 불하 받아 성공적으로 운영을 하고 민자 철도 건설에 참여하면서 민간 산업 자본으로 성장해 간 것 또한 일본 산업 발전의 큰 기반이 되었다.

---

16 물론 공장의 건설이나 운영에 외국인들은 많이 참여하여 기술 지도를 하거나 직접 현장에서 활동하였다. 특히 공부성 사업들은 많은 외국인들이 참여하였다.

6.5. 기술 개발 과정의 문제를 해결할 인력 보유 및 양성

일본의 산업 기술 발전의 특징은 직접적인 기술 수입이 많지 않았다는 점이다. 일본인 기술자들이 도면이나 책자를 참고하여 자체적으로 건설하거나 외국의 재료나 기계를 도입하여 시행착오를 겪으면서 개량해 가는 방식으로 이루어진 것이 많았다. 과거 일본에 전혀 존재하지 않았던 여러 공부성 사업들(일관 제철소, 철도, 대형 조선소 등)의 경우에는 많은 외국인 기술자들이 참여하였다. 그러나 외국에서 도입한 기술들은 대부분 일본의 상황과 잘 맞지 않았다. 예를 들자면 원료가 부적합하다거나 일본 경제 상황에 부적합 일들이 발생했으며 생산한 물건들과 소비 성향 사이에 괴리가 존재하였다. 이러한 어려움을 겪는 과정에서 최종적으로 문제를 해결한 것은 모두 일본인 기술자들이었다.

이렇게 일본인에 의한 기술 개발이 가능했던 것은 기존 산업에서 경험을 쌓은 기술자들이 일부 있었던 것과 함께 국가가 적극적으로 기술자들을 양성하였기 때문이었다. 산업화 초기에는 유학을 통해서 서양 기술을 배운 인물들이 큰 역할을 했고 1870년대 말 부터는 대학에서 양성된 엔지니어들이 주역으로 활약했다. 1873년에는 공부성이 자신들의 사업을 지원하기 위하여 공부대학[17]을 설립했다. 이후 이 대학이 동경제국대학의 공학부와 합쳐져서 1876년 동경제국대학에 공과대학이 설립되었고, 엔지니어를 양성하기 시작했다.

가마이시 제철소나 야와타 제철소에서 조업 상의 문제가 발생하고 장비의 운영이 어려움에 봉착했을 때 일본 상황에 맞춘 노의 개조, 생산 방

17 비록 공부성에서 주도했던 사업들이 대부분 실패했지만 그 사업에 참여했던 기술자들과 사업을 위해서 양성했던 기술자들이 공부성 해체 이후 민간에게 불하된 공장에 남거나 각 산업 분야로 퍼져서 일본 산업의 발전에 큰 기여를 했다. 이런 측면에서 공부성 사업 자체는 실패했어도 공부성에서 추진했던 사업이 결국 일본 산업화의 토대가 되었다고 보는 것이 타당하다.

식의 변화 등의 시도를 통해서 문제를 해결한 것은 모두 이 대학을 졸업한 엔지니어들이었다. 이러한 현상은 철강 분야에만 국한된 것이 아니었다. 토목, 조선, 기계 등 다른 모든 분야에서도 서양의 기술이 성공적으로 정착하는 과정에서 공통적으로 관찰할 수 있는 현상이다.

외국 유통업
세븐일레븐의 도입 과정에서 본 화혼양재

◎
◎
제6장

1. 서양의 기업을 화혼의 기업으로?

화혼양재가 기술도입이나 기업경영과 같은 실천의 영역에서, 또는 민중의 일상생활에서 어떻게 작용하였는지에 관한 연구는 찾아보기 힘들다. 런던 정경대학(LSE)의 모리시마 미치오는 그의 책 *Why Has Japan "Succeeded?"*를 케임브리지대학 출판부에서 펴내면서 부제를 화혼양재(*Western Technology and Japanese Ethos*)라고 했지만, 이 책에서도 구체적인 실천 사례와 관련 내용은 언급하지 않고 있다.

기업 활동의 영역에서 화혼양재를 살펴보려면 메이지 시대의 기업을 선정하여 연구하는 것이 가장 적절할 것이다. 기업의 조직과 활동을 면밀히 살펴보면서 서구의 회사 조직이나 생산 기술이라는 '양재'가 당시의 일본이 어떻게 '화혼'이라는 입장에서 수용했는지를 확인하는 작업이 필요할 것이다. 메이지 시대 이래의 기업 활동과 관련하여 '국철일가(國鐵一家)'를 강조했던 시부사와 에이이치의 이야기나 메이지 시대 사무라이 기업가에 대한 논의 또는 산업보국(産業報國) 담론과 관련된 자료는 찾을 수 있을 것이다. 그러나 실제 일상의 기업 활동 영역에서 화혼과 양재가 어떻게 관계되고 상호작용하였는가에 대한 자료를 입수하여 연구한다는 것은 단기간에는 실질적으로 불가능하였다. 그리하여 무리하게 메이지 시대를 연구하여 빈약한 결과에 만족하기보다는, 오히려 자료가 충분하면서도 화혼양재라는 문제의식을 살펴볼 수 있는 적절한 기업 활동을 연구한다는 전략을 선택하였다.

세븐일레븐 재팬(7-Eleven Japan)은 이러한 작업에 매우 적절하다고 판단했다. 세븐일레븐은 '일본인의 국민가게'라고까지 일컬어지는 편의점 체인이지만, 이는 미국의 사우스랜드(Southland)사가 전개하고 있던 세븐일레븐을 1973년에 도입한 것으로서 외래의 새로운 형식을 취한 판매 시스템이자 선진 업태를 일본에 수용한 것이다. 세븐일레븐 재팬은 일본 내 최대의 편의점으로 성장했을 뿐만 아니라 1991년에는 경영부진에 빠진 사우스랜드사를 역으로 매수하여 지금은 세계 최고의 편의점 기업이 되었다. 이에 대한 사례분석은 서구의 '양재'를 일본이 도입하여 매우 성공한 '일본적' 기업, 즉 화혼의 기업으로 발전시키는 과정에 대한 검토를 통하여 화혼양재가 기업 경영의 측면에서 어떻게 작용했는가를 고찰할 기회를 제공한다.

2. 세븐일레븐 재팬의 성공 요인

세븐일레븐 재팬의 자료를 분석한 결과 그 성공에는 몇 가지 중요한 요인이 있는 것으로 발견된다. 첫째는 해외의 새로운 업태를 도입할 때 그 업태의 본질을 정확히 파악했다는 점이다. 세븐일레븐의 경우, 편리성이라는 편의점의 기본 콘셉트와 점포운영의 기본 삼원칙, 최저이익 보증제도 그리고 이익배분방식이 본질적인 부분이라고 할 수 있다. 특히 이익배분방식은 이익중시라는 사상이나 공동목표의 추구, 패스트푸드를 중심으로 한 상품전략 등과 같은 편의점의 기본전략을 제시해 준 대단히 중요한 부분이었다.

또한 이익배분방식은 본부와 가맹점과의 관계가 편의점의 성공의 주요 열쇠라는 사실을 가르쳐 주었다. 본부와 가맹점이 대등하며 상호 독립적인 관계임을 일깨워 주는 한편 양자의 공존공영이 이 업태의 성공의 관건임을 가르쳐 주었던 것이다. 바로 그렇기 때문에 본부는 강력한 소매 노하우를 가지고 가맹점을 리드해야 하며, 가맹점 또한 본부의 지원하에 자신의 점포를 최선을 다해 경영해야 했다. 세븐일레븐 재팬이 일본에서 성공할 수 있었던 것은 바로 세븐일레븐을 일본에 도입할 때 이러한 사실을 정확히 파악하였기 때문이었다.

그러나 소매 업태의 본질을 파악했다고 하여 해외의 업태가 반드시 일본에서 성공하는 것은 아니다. 그 이유는 크게 2가지를 생각할 수 있다. 첫째는 본질부분이 쉽게 모방 가능하다는 사실이다. 소매 업태는 점포라는 매개체를 가지고 있기 때문에 노하우가 쉽게 노출될 수 있다. 물론 노하우의 본질적인 부분은 핵심 중에서도 핵심이기 때문에 점포만큼은 쉽게 노출되지 않는다고 할 수 있지만, 만일 경쟁상대가 알려고 노력한다면 언젠가는 파악할 수 있는 부분이다.

본질학습만 가지고 소매 노하우의 국제이전이 성공하기 힘든 두 번째 이유는 소매기업의 국제화 과정에서는 적응이 필수 불가결하기 때문이다.[1] 나라마다 소비자의 니즈와 구매행동, 경쟁 패턴, 상거래 관행 등이 다르기 때문에 아무리 성공한 해외 업태를 도입해 오더라도 결국은 자국의 실정에

1 Bartels 1968, 鈴木安昭 1992, 川端基夫 2000, 矢作敏行 2007.

맞게 변형하지 않으면 성공하기 어렵다. 세븐일레븐 재팬의 경우도 간판과 상호, 기본 콘셉트, 이익배분방식을 제외한 다른 모든 소매믹스를 일본의 실정에 맞게끔 수정함으로써 성공할 수 있었다.

이때 세븐일레븐 재팬이 사용한 적응학습 방법은 가설검증방식이었다. 현상을 분석한 뒤 가설을 설정하고 이를 실행하였으며 그 결과, 즉 실행 데이터를 가지고 가설을 검증해 가는 방식을 사용한 것이다.

권석균(1996)은 여러 가지 학습유형을 기업조직에서 발견했는데 그 가운데 모방학습과 실험학습에 주목했다. 모방학습이란 다른 조직의 행동이나 지식체계를 모방하는 것을 말하며, 실험학습이란 새로운 지식을 탐색하기 위하여 기존의 것을 실험적으로 실시해 보고 그 반응을 파악해 가며 순차적으로 행동을 수정해 가는 학습을 말한다. 권석균(1996)은 모방학습에 비하여 실험학습이야말로 새로운 지식을 창조해 나가는 고차원적 학습이라고 주장하였다. 소매 노하우의 국제이전 과정에서 실험학습은 대단히 유용한 학습방법이었다.

가설검증방식은 적응학습을 수행하는 방법이지만 이는 계속적으로 활용할 경우 커다란 혁신을 일으킬 수 있는 기반이 되기도 한다. 세븐일레븐 재팬의 경우 현장에서 직면하는 문제들을 해결하기 위하여 가설검증방식을 활용하였고 이 방식을 신속히, 그리고 다방면으로 활용한 결과 커다란 혁신을 이룩해 낼 수 있었다.

이러한 혁신은 경쟁자가 모방하기가 대단히 어렵다. 한 부분에서의 조그마한 가설검증 노력이 누적적으로 진행될 경우 그 개선 결과는 차츰 경쟁자가 따라 갈 수 없는 큰 차이를 가져오기 때문이다. 더구나 세븐일레븐 재팬처럼 계속적인 혁신과 철저함을 무기로 하는 기업의 경우는 더욱 그러하다.

그러면 가설검증방식을 이용하여 적응학습만 계속하면 성공이 보장되는 것일까? 그런 것만은 아니다. 가설검증의 계속적인 사이클 속에서도 일정한 원칙과 방향이 필요하기 때문이다. 이 원칙과 방향을 제시해 주는 것은 본질학습을 통해 습득한 것들이다.

세븐일레븐 재팬의 경우 소매업무뿐만 아니라 상품공급 시스템이나 정보 시스템 등과 같은 심층의 시스템까지 끊임없이 개선해 나갔다. 이러한 개선의 방향을 제시해 준 것은 패스트푸드 중심의 상품 전략이었으며 그 근저에는 이익배분방식이 있었다.

세븐일레븐 재팬에서는 점포 개발의 경우에도 이러한 원칙과 방향이 중요한 역할을 하였다. 초기 점포 개발 과정에서는 아무리 입지가 좋은 점포라도 오너의 자질이 의심되면 '눈물을 머금고 계약을 포기'하는 경우가 많았다.[2] 이것은 자질이 의심스러운 오너를 가맹점주로 가입시킨다는 것은 본부와 가맹점주와의 공존공영을 추구하는 프랜차이즈의 기본사상에 반(反)하는 것이라 판단했기 때문이었다.

이처럼 본질학습에서 습득한 것들이 원칙이 되었으며 가설검증 작업에서 중요한 기준이 되었다. 그리고 이러한 원칙에 대한 철저함이 세븐일레븐 재팬의 성장의 원동력이 되었다. 이와 관련하여 세븐일레븐 재팬은 사사(社史)에서 다음과 같이 지적하고 있다. "스즈키는 원칙거사라고 불렸으며 원칙과 기본을 철저히 할 것을 끊임없이 요구하였다. 이것은 가맹점주 모집에서뿐만 아니라 다른 모든 업무에도 마찬가지였다. 그 결과 원칙과 기본은 전사적(全社的)인 경영자세가 되었다".[3] 본질학습에서 학습한 내용이 적응학습의 방향을 설정해 주고 또한 동시에 적응학습이 지속적

2 株式会社セブンーイレブン・ジャパン 1991,『セブンーイレブン・ジャパン社史(1973-1991)』P. 57.

3 株式会社セブンーイレブン・ジャパン 1991,『セブンーイレブン・ジャパン社史(1973-1991)』P. 57.

으로 추진될 때 비로소 소매 업태는 재대로 성공할 수 있는 것이며, 세븐일레븐 재팬의 성공은 이를 잘 증명해 주고 있다.

3. 세븐일레븐 재팬을 통해 본 화혼양재

3.1. 중재 기제로서의 화혼양재

세븐일레븐 재팬의 성공은 화혼양재의 관점에서 분석이 가능하다. 화혼양재는 양 극단을 피하고 중간의 타협점을 찾아내는 중재(mediation) 기제로서의 역할을 수행했다고 볼 수 있다. 일반적으로 서구의 선진 학문과 기술, 제도, 규범을 급속히 받아들일 경우 심리적 긴장이 발생하며 정체성 혼란과 불안감이 발생하게 된다. 이것을 해소하는 방법에는 논리적으로 크게 2가지가 있다. 하나는 수용을 거부(reject)하는 것이다. 처음부터 받아들이는 것을 거부함으로써 심리적 긴장과 정체성 혼란을 없애는 것이다. 도쿠가와 시대에 시작되었던 쇄국이나 말기의 양이(攘夷)는 이에 해당한다. 조선의 위정척사 등 개화에 대한 강력한 반대 움직임 또한 이에 해당된다.

하지만 이러한 방식은 근대 국가형성을 지연시키며 산업화도 지연시키는 결과를 낳게 된다. 전통을 지키고 급격한 서구 문화의 유입에 따른 심리적 긴장과 정체성 혼란을 회피하기 위한 선택이 조선과 대한제국에서는 근대화를 지연시켰으며 결국 한민족은 식민지 지배를 받게 되었다.

다른 하나의 선택은 서구의 제도와 기술을 적극적으로 수용하는 것이다. 서구의 문화를 적극적으로 받아들임으로써 궁극적으로 심리적 긴장과 정체성의 혼란을 극복하는 방법이다. 하지만 이러한 선택도 심각한 문제를 내포하고 있다. 서구의 문화를 전면적으로 수용할 경우 자칫 주체성의 상실이라는 또 다른 불안과 위험을 초래할 수 있기 때문이다.

외래의 문화는 수용하던지 거부하던지 모두 문제를 야기 한다. 더구나 수용과 거부는 모두 나름대로의 타당성을 갖고 있으며 서로 강하게 대립하기도 한다. 이러한 경우 화혼양재 방식의 중재 기제는 수용과 거부라는 상호 대립적 구조를 벗어나, 적극적 반발과 적극적 수용 때문에 발생한 사회적 부작용을 완화시키는 제3의 방법을 제공하기도 한다.

화혼양재는 특히 거부(reject)를 잠재우는 역할을 할 수 있다. 화혼양재는 양이(攘夷)와 같은 적극적 반발에 대해 외국 것을 무조건적으로, 또는 무비판적으로 받아들이는 것이 아니라 화혼을 가지고 주체적이며 능동적으로 받아들이는 것이라고 주장함으로써 거부감을 완화시키고 불안을 누그러뜨릴 수 있었다. 그 결과 아시아에서 가장 먼저 근대 국가를 탄생시키는 길을 열었던 것이다.

3.2. 세븐일레븐 도입의 과정

세븐일레븐 재팬의 경우도 초창기에 어려움이 많았으나 이를 잘 극복하였다. 세븐일레븐 재팬을 설립할 당시 모기업인 이토요카도(イトーヨーカドー) 내부에는 편의점 사업 진출에 대한 반대가 많았었다. 이토요카도의 오너 사장 이토조차도 편의점 사업 진출에 반대했을 정도였다고 한다. 당시 이토요카도는 중견 할인점에 불과하였기에 편의점이라는 새로운 업태에 진출할 동인(動因)이 약했다. 더구나 당시엔 할인점이 최고 전성기를 누리고 있었기 때문에 위험이 큰 새로운 업태보다는 성장여력이 많은 할인점에 더욱 집중하는 것이 보다 합리적인 선택으로 보였다.

하지만 당시 일본의 정부와 국회는 할인점의 적극적인 출점과 이에 따른 지역 영세 상인들의 반발을 무마하기 위하여 할인점의 출점을 제안하는 규제 법안을 준비하고 있었다. 또한 새로운 대안으로서 해외로부터 편의점을 적극적으로 도입하여 육성하려는 계획까지 가지고 있었다.

이러한 상황에서 할인점의 선두기업이었던 다이에이(ダイエイ)는 미국의 로손(Lawson)과 손잡고 새로운 편의점을 일본에 도입하려 하고 있었다. 또한 2위 기업인 세이유(西友)도 패밀리마트(Family Mart)를 설립하여 일본식 편의점을 실험하고 있었다. 이런 와중에 해외사업을 총괄하던 스즈키 전무가 미국 출장길에 세븐일레븐을 발견하고 이를 적극적으로 일본에 도입하려고 했던 것이다.

스즈키 전무가 사내의 반대를 잠재울 수 있었던 논거는 일본의 '영세 소매점과 대규모 점포의 공존공영'이었다. 이토요카도와 같은 대규모 점포의 출점에 반대하는 영세 소매점들은 많은 문제점을 안고 있었다. 소규모이다 보니 노동생산성이 매우 낮았고 대부분이 가족경영이라서 장시간 영업이 힘든 구조였다. 또한 많은 도매상과 거래하는 것도 불가능한 상태였기 때문에 상품의 구색 맞추기도 매우 불리한 상태였다. 하지만 이러한 상황을 그대로 방치한다면 결국은 할인점 출점에 대한 반대의 목소리가 점점 커질 게 분명했고 이는 이토요카도의 성장에 한계로 작용할 위험이 있었다. 그러한 상황에서 이들 영세 소매점을 미국식 편의점으로 변신을 시켜서 이들을 조직화하고 생산성을 높여 나간다면 궁극적으로는 영세 소매점에도 좋고 이토요카도에도 좋다는 주장이었다. 소위 일본식 화(和)의 정신을 기반으로 영세 소매점과 대규모 점포가 공존공영할 수 있다는 것이었다. 이와 같은 논리로 이토요카도 내부를 설득한 뒤 스즈키 전무를 포함하여 11명이 1973년에 세븐일레븐 재팬을 출범시켰다.

해외의 선진 업태를 받아들일 때 거부(reject)를 잠재우는 수용(acceptance)을 택하더라도 다음 두 가지 중에서 또 하나의 선택을 해야 한다. 그 하나는 완전수용(full acceptance)이며, 또 다른 하나는 주체적 수용(autonomous acceptance)이다.

완전수용의 경우는 많은 문제점을 가지고 있다. 독립정신과 주체성이

〔표 1〕 일본과 미국의 세븐일레븐의 차이

차이점	미국 세븐일레븐 (Southland사)	일본 세븐일레븐 (7-Eleven Japan사)
1. 점포 타입	프랜차이즈 체인점과 직영점의 혼재	프랜차이즈 체인점 중심
2. 가맹점	신규 출점 중심 C타입 점포 중심 미경험자 중심	기존 점포 전환 중심 A타입 점포 중심 점포경영 경험자 중심
3. 점포입지	교외 도로변 입지 신설 점포 건설	상점가, 역 주변 입지 기존 점포 전환
4. 고객층	중년 남성 중심 승용차 이동 고객 중심	젊은이 중심 도보 이동 고객 중심
5. 상품구성	2,000개의 상품 기호품 중심	3,000개의 상품 패스트푸드 중심
6. 판매방식	매입 판매 재고 판매 할인 판매	공동개발 판매 판매와 재고와의 동기화 정가 판매
7. 배송 시스템	기존 배송 시스템의 재이용 배송센터에 내부화	기존 배송 시스템의 제구축 메이커나 공급자의 배송센터 이용
8. 발주	공급자에게 의존 반품 가능	점포 점주 주도 발주 반품 불가능
9. 정보 시스템	금전출납계 수준	POS 시스템 단품 관리
10. 사내 커뮤니케이션	간접적	직접적
11. 점포 담당 사원	서류나 전표의 전달	조언과 컨설팅

없다면 자존감이 손상되고 열등의식이 생겨날 수 있다. 화혼양재가 초기에 서구의 양재에 대한 '거부'를 잠재웠다고 하더라도 완전수용으로 경도될 경우 새로운 반발이나 실패가 나타날 수 있다.

일본의 편의점 도입과정에서도 유사한 사례를 볼 수 있다. 할인점의 선두기업이었던 다이에이는 미국의 로손사와 제휴하였지만 미국의 방식을 그대로 도입하였다. 파티 용품을 위주로 판매하는 로손의 방식을 일본에 그대로 이전하고자 했는데 그 과정에서 상당한 좌절과 실패를 경험하고 말았다.

하지만 세븐일레븐 재팬은 달랐다. 사우스랜드사의 세븐일레븐을 본질은 받아들였으나 구체적인 방식은 그대로 수용하지 않고 일본 실정에 맞게끔 조금씩 변형하여 수용하였던 것이다.[4] 그 결과 세븐일레븐 재팬의 점포들은 〔표 1〕에서 보듯이 사우스랜드사가 미국에서 처음에 만들었던 세븐일레븐 점포와 매우 달랐다. 세븐일레븐 재팬은 미국식 편의점을 일본의 실정에 맞게끔 철저히 수정함으로써 오늘날과 같은 성공을 이룩하였던 것이다.

3.3. '화혼'이 강하지 않았기에 화혼양재가 성공?

그런데 여기에서 매우 흥미로운 사실은 주체성에 해당되는 화혼이 강하지 않았기 때문에 세븐일레븐 재팬이 성공할 수 있었다는 점이다. 즉 세븐일레븐은 '그대로 똑같이 모방하지 않는다(Not to copy)' 내지는 '일본의 실정에 맞는 업태'를 도입한다는 기본 방침만 있었지, 〔표 1〕의 오른쪽에서 볼 수 있는 것과 같이 구체적으로 특정 업태가 있었던 것은 아니었다.

화혼양재에서 화혼이 구호로만 존재할 뿐 실체가 없었다는 이토 아비토(伊藤亞人)의 주장을 참고할 필요가 있다. 한편 모토오리 노리나가(本居宣長)가 화혼으로서 애환과 슬픔, 감정과 같은 일본인의 섬세한 마음을 일본의 진수라고 본 것을 상기할 필요가 있다. 이러한 섬세한 감정이 무시무시한 야마토다마시(和魂)로 바뀌면서 외래의 문화에 대한 우월감과 자만, 국수주의와 배타주의가 등장한 것이다.

세븐일레븐 재팬의 경우 야마토다마시 같은 화혼은 없고 오직 고코로

---

4 이것은 해외의 신업태를 수용할 경우 완전 표준화된 형태(standardization)로 수용하느냐 아니면 현지에 맞게 변형한 형태(localization)로 수용하느냐는 문제에 있어서 후자를 선택한 것과 같다. 즉 현지화를 통하여 소매 업태의 토착화를 모색한 것이다.

(心)만 있었기 때문에 성공할 수 있었다고 할 수 있다. 스즈키 전무는 미국에 산재한 작은 세븐일레븐 점포들을 보고 그냥 지나치지 않고 '이 점포에는 분명히 무언가 있어, 그러기에 이렇게 작은 점포가 전국에 산재한 거야'라는 호기심을 가지고 들여다보기 시작했다. 그리고 사우스랜드사의 연수에서 이익배분방식이라는 본질을 보는 순간 '바로 이거야, 이제 되었어, 일본으로 돌아가자'고 선언한 것은 세븐일레븐의 본질을 깨달았기 때문이었다.

한편 세븐일레븐 재팬은 본질만 학습하고 끝낸 것이 아니다. 이를 일본에 적응시키기 위하여 끊임없이 가설검증의 과정을 반복했다. 이것이 세븐일레븐 재팬의 성공을 가져다 준 또 다른 요인이었다. 또한 세븐일레븐 재팬의 경우는 전 사원이 원칙과 기본을 준수하였다. 본질 학습에서 배운 내용을 철저히 지켜 나갔고 세븐일레븐의 기본 삼원칙도 예외 없이 원칙대로 꾸준히 실천해 나갔다. 이것이 성공에의 또 다른 요인이다. 세븐일레븐 재팬의 직원들은 열심히(一生懸命) 노력은 했지만 자신들의 노력이나 방법을 '도그마화(dogma化)'하거나 이에 자만하지 않았다. 즉 다마시(魂)의 길을 걷지 않고 '고코로(心)'의 상태에 머물렀다고 할 수 있지 않을까?

그러나 많은 일본의 기업들은 그렇지 않았다. 1980년대 일본기업들의 성취가 세계 각국에서 일본적 경영의 성공으로 예찬을 받기 시작하자 다수의 일본 기업들이 일본적 경영을 도그마화하기 시작했다. 즉 현실에 대한 꾸준한 적응에 노력하기보다는 일본적 경영의 진수를 발견하고 이를 고착화하는데 골몰하게 되면서 일본 기업들이 잃어버린 20년을 경험하게 된 것은 아닐까? 많은 일본의 기업들이 뒤늦게나마 이러한 잘못을 깨달으면서 '성공은 실패의 어머니'란 쓰라린 교훈을 얻었지만, 세븐일레븐 재팬의 경우는 사우스랜드의 도산과 재건을 통하여 이 교훈을 이미 일찍 깨닫고 있었다. 이러한 자세는 세븐일레븐 재팬의 사사(社史)에도 드러나 있다.

'사회 정세는 시시각각 변화하고, 소비자의 요구도 변해가는 속에서, 우리들은 항상 이런 변화들에 계속해서 대응해야합니다. 하지만 그것이 얼마나 어려운 일인지를 통감하고 있습니다. 게다가, 하나의 성공 체험이 다음 개혁의 장애가 된다는 것은 사우스랜드사의 케이스가 여실히 보여주고 있습니다. 이에 대해 두려움을 품으면서도 우리는 끊임없이 혁신(innovation)에 도전하며 나아가야 합니다.'

동도서기론적 과학 인식
–17~19세기 중국과 조선에서 만난 이질적인 두 과학

◎
◎
제7장

1. 동아시아의 전통적인 '과학'은 서양의 '과학'을 어떻게 대했을까?

개화기 조선에서 등장했던 동도서기는 중국의 중체서용, 일본의 화혼양재에 상응하는 것으로 간주되곤 한다. 그런데 메이지 초기 일본에서는 화혼양재가 구호, 또는 거시적 차원의 담론에서는 널리 확산되었으나 조선에서는 갑신정변 이후 개화론 자체가 한동안 금기시되었으며 화혼양재에 비해 훨씬 확산의 범위도 좁았다.

더구나 동도서기는 현실적인 영향력도 훨씬 미약했으며 구상과 논의는 있었으나 실천의 영역에서 어떤 뚜렷한 역할을 했던 흔적은 확인되지 않는다. 심지어 고종이 지대한 관심을 가지고 추진했던 전신사업 등에서도 동도서기가 업무의 추진 과정에서 지도 원리나 구체적 지침으로 사용되었다는 증거는 보이지 않는다. 한편 메이지 초기 일본에서 널리 회자되었던 화혼양재도 메이지 유신 직후에 전개되었던 국가와 정치체제의 변화

과정, 산업 정책과 산업 현장에서 새로운 설비와 기술과 시스템의 도입과 정착, 기업과 군대 등 근대적 조직의 발전과정에서 구체적인 지침으로 사용된 것으로 보이지는 않는다.

조선 시대 후기의 '과학' 관련 활동을 검토해 보면 비록 서양의 과학적 지식이 조선에 수용이 되기는 했으나 19세기 중반까지도 서양 과학지식은 자연의 원리를 파악하는 심오한 학문, 즉 '형상지도(形上之道)'에는 미치지 못하는 전문적 기술 지식에 불과한 것으로 인식되었다는 것을 알 수 있다. 많은 한국인들이 자랑스럽게 생각하고 있는 1860년대 최한기와 남병철·남병길 형제의 "과학적" 활동이나 자연지식의 패러다임은 서양 과학과는 거리가 멀었다. 다시 말해서 조선의 자연 지식은 자연에 대한 형이상학적 사색의 지식이었다는 의미이다. 심지어 매우 전문적이며 고도의 수준에 이르렀던 천문역산 지식도 자세히 관찰해보면 고전적 자연지식의 패러다임하에 있었다.

19세기 중반 무렵까지도 조선의 지식 세계에서 서양 과학지식이 차지하는 위치는 한마디로 '형하지기(形下之器)'에 불과했다. 서양의 과학적 지식은 과학이라기보다는 간편한 계산법이나 실용적인 차원의 이기(利器) 정도로 인식되었을 뿐이며 1880년대에 이르러 등장했던 동도서기론은 이러한 이해의 연장선상에 서양의 과학과 기술을 '동도(東道)'와 구분되는 '서기(西器)'로 인식하고 있었다.

이렇게 본다면 자연에 대한 지식, 소위 "과학적" 지식이 상당한 수준에 도달했다 하더라도 조선은 "과학"을 가지고 있었던 것은 아니며, 동도서기론은 서양의 과학과 기술의 수용 과정에서 뚜렷한 한계를 지닌 것이었다. 소위 '과학의 정신'이나 '문화로서의 과학'과는 상당한 거리를 가진 동아시아 자연지식 전통의 패러다임하에서 서양 과학지식이 포섭되어 스며들어 있었다고 할 수 있을 것이다.

이하에서는 17세기부터 19세기에 걸쳐 조선과 중국에서 서양의 '과학'과 동아시아 '과학'이 만나 '새로운 과학'을 구성하는 과정, 즉 서양 천문학의 네트워크를 지식과 정보로 해체하여 전통적 '과학'을 더욱 풍요롭게 하고 형이상학적 자연인식과 우주론을 발전시켜 가는 과정을 검토한다. 이후 19세기 중엽 서양 과학이 들어오면서 서양의 과학만 '과학'이 되고 전통적 '과학'이 '과학'의 지위를 상실해 가는 과정을 근대 의학의 수용과 '음력'의 탄생과 서양식의 시간체계의 형성 등 사례를 통해 살펴본다.

17세기 초 동아시아에서는 서로 이질적인 서양 '과학'과 동아시아 '과학'이 만나서 '새로운 과학'을 구성한다. 이렇게 새로운 과학이 구성되는 과정은 시기적으로 두 단계로 나누어 생각할 수 있다. 첫 번째 시기는 17세기 초 이후 19세기 중엽까지로서 이 단계에서 '새로운 과학'의 구성은 '동아시아적 방식'이었다고 할 수 있다. 두 번째 시기는 19세기 중엽 이후로서 이 단계에는 당시까지 지배적이었던 '동아시아적' 방식이 거부되고 '서양적' 방식이 급속도로 부상한다.

먼저 17세기 초 이후 3백 년에 가까운 기간 동안 중국과 조선에서 '예수회 과학'과 동아시아의 '고전적 과학'과의 만남의 양상을 살펴본다. 그 다음에는 19세기 말 조선에서의 '근대 과학'이 부상하는 과정을 집중적으로 검토할 것이다. 이렇게 서양과 동아시아의 이질적 과학이 만나 새로운 과학을 구성하는 과정에서 관찰되는 패턴에 주목하면서 이 시기 등장했던 담론들을 분석할 것이다.

서양의 과학은 17세기 초부터 조선에 유입되었으나 이는 19세기 중반 무렵까지는 '과학'이 아니었다고 할 수 있다. 서양의 과학적 지식은 조선의 지식인들에게 단지 과거에 몰랐던 새로운 경험적 사실들에 대한 정보이거나, 더욱 정밀한 천문역법의 계산을 할 수 있도록 해주는 새로운 계산 방식에 불과했다.

그러나 19세기 후반에 개신교 선교사들을 통하여 유입된 서양 과학은 이와 달랐다. 이 시기의 서양 과학은 종래 동아시아의 '고전적' 과학의 패러다임을 부정하는 것이었다. 새로이 들어온 서양 과학은 동아시아의 '고전적' 자연인식 체계와 자연지식을 미신적이거나 비과학적이라고 부정하면서 이것들을 학문의 세계에서 완전히 축출시키는 '위대한' '과학'이었다. 이와 같은 '위대한' '과학'의 사례로서 '근대 의학'과 '양력'으로 대표되는 근대 시간체계의 확립 과정을 살펴볼 것이다.

2. 서양 과학의 '동아시아적' 수용: 첫 만남 이후 19세기 중엽까지

17세기 이후 중국에서는 예수회 선교사들과 중국인 관료, 그리고 중국 정부라는 행위자들이 수행했던 여러 프로젝트와 그 산물들을 통해 이질적인 두 과학이 만났다. 그런데 우리는 지금까지도 이러한 과정에 대해 단지 서양 과학이 중국에 유입되어 소화되고 정착되었다고만 알고 있었다. 서양 과학을 전해 준 사람들과 이것을 수용한 사람들은 이분법적으로 분류되었고 문제가 되었던 것은 '얼마나 잘 소화했는가'였다.

그러나 이러한 상식에서 벗어나 17세기 이후 중국에서 이루어진 이질적인 두 과학의 만남을 통해 새로운 과학이 구성되었다고 볼 수는 없을까? 이러한 시각에서 서양 과학과의 만남을 바라보면 어떨까? 이질적인 두 과학은 어떻게 재구성되어 새로운 과학이 만들어졌는가? 그 양상은 어떠했는가?

2.1. 고법(古法) 중심의 중·서 과학의 회통

18세기 후반 건륭제 때의 가장 큰 학술 사업이었던 『사고전서』(1772~

1781년) 편찬 사업은 고대 이후 중국 땅에서 이루어진 모든 지식의 성과물을 총 정리하는 거대한 국가적 사업이었다. 그중에 천문산법류는 고대 이래 쏟아져 나왔던 수많은 천문역산 분야의 문헌들을 발굴하고 정리한 다음 중화의 천문산법을 대표하는 신뢰할 만한 문헌들을 선정하여 수록했다. 이 때 선정의 기준은 소위 '매문정(梅文鼎, 1633～1721)의 연구 프로그램과 과학담론'이었다. 매문정의 프로그램과 『사고전서』 천문산법류에 수록되었던 문헌들의 내용, 그리고 선정 기준은 17세기 서양 천문역산학과의 만남 이후에 형성되었던 17～18세기 중국 과학의 지형을 가장 잘 보여주는 지표라고 할 수 있다.

중국에서는 17세기 초, 명나라 말기에 서양식 수학과 천문학의 학습을 주요 내용으로 하는 『숭정역서』 편찬사업이라는 체계적이고 전문적인 개력(改曆) 준비 사업이 국가적 차원에서 이루어졌다. 그것은 예수회 선교사 아담 샬(湯若望; Adam Schall von Bell, 1591～1666)과 로(羅雅谷; Jacobus Rho, 1593～1638), 그리고 이들의 중국인 협력자 서광계(徐光啓)와 이천경(李天經) 등의 고위직 관료들의 주도로 1629년부터 시작되어 1635년 최종 보고서가 완성되는 것으로 일단락되었던, 이른바 개력(改曆)을 위한 거대한 과학 프로젝트였다. 『숭정역서』는 명 말의 다급한 정치 상황 속에서 반포되지는 못했지만 그 내용은 고스란히 청이 들어선 이후 1644년 '시헌력(時憲曆)'으로 반포되었고, 1645년 『서양신법역서』로 편찬·간행되었다. 『서양신법역서』는 『건곤체의』와 『기하원본』을 위시해서 예수회 선교사들이 전해 준 천문역산의 모든 중요한 지식들이 체계적으로 정리되어 수록된 방대한 문헌이었다.

그러나 시헌력의 반포와 국가 공인의 『서양신법역서』의 편찬이 곧 중국의 고전적 역법이 쇠퇴하고 서양 천문학으로 대체되었다는 것을 의미하지는 않는다. 개력 사업과 관련하여 중국의 과학계에서 일어난 지각 변동의 내용과 그 양상을 면밀하게 검토하면 현실은 훨씬 더 복잡하다는 것을 알 수 있다.

시헌력을 채택하면서 수용했던 지구설[1]을 전제로 하는 기하학적 구면 삼각법을 이용한 새로운 천문학의 이론과 계산법은 전통 천문역산과는 완전히 다른 것으로서 가히 혁명적인 것이었는데, 과연 어떻게 중국 정부의 공식 역법의 일부가 될 수 있었을까? 지구설은 그 자체만으로도 충격적이며 불온하기까지 했다. 실제로 땅이 구형(球形)이라는 사실, 그리고 둥근 지구에서 중국의 땅 덩어리는 일부분에 불과하며 게다가 중국 땅이 유일한 중심이 아니라는 사실 등은 중국인들의 고전적 세계관과는 양립할 수 없는, 가히 혁명적이고 동시에 불온한 내용이었다. 그럼에도 불구하고 이렇게 불온한 내용의 서양 과학지식이 어떻게 중국 정부의 공식 역법을 구성하는 이론과 계산법으로 확고한 자리를 잡을 수 있었을까?

중국인들은 서양의 천문학을 전체적으로 있는 그대로 받아들이기보다는 이를 해체해서 단편적인 지식과 정보의 형태로 받아들였다. 『서양신법역서』에서 서양 과학지식이 자리 잡은 모습은 당시 사업의 최고 책임자였던 서광계의 언급에 단적으로 나타난다. 서광계는 "저들의 재질(材質)을 녹여서 대통력의 모형(模型)에 넣는다(鎔彼方之材質 入大統之型模)"고 했다.[2] 즉, 서양의 천문역산학을 해체해 그 구체적인 지식정보를 '대통력'이라는 중국 전통의 역법 체계 모형에 넣어서 하나로 회통한다(會通歸一)는 의미였다. 그렇게 해서 얻어진 구성물, 즉 새로운 역법체계 내에서 서양의 천문학 이론과 계산법은 별개의 새로운 체계가 아니라 그야말로 지식 정보의 상태로 스며들어 중국의 전통 역법 체계, 즉 고법(古法)을 더욱 깊이 있고 풍부한 것으로 만들어주는데 기여할 뿐이었다.

---

1 지구설: 땅의 모양을 둥근 공 모양으로 보는 학설.

2 『신법산서』(사고전서 788책), 권1 「緣起 1」, "書總目", 11ㄱ쪽.

시헌력의 토대가 되었던 『숭정역서』는 철저한 고법 중심의 중국과 서양의 천문역산학의 회통이었다. 『숭정역서』 사업이 성공적으로 끝나고 청에서 반포한 '시헌력(時憲曆)'은 이를 잘 보여주고 있다. 물론 시헌력은 종래의 100각법 시제(時制)와 365와 1/4도 주천도수를 전면적으로 바꾸어 서양식인 96각법 시제와 360도로 바꾸는 등 중요한 변화가 있었다. 또한 이미 언급한 바와 같이 지구설을 전제로 서양의 수학인 구면삼각법을 이용해 천체 운행을 계산했다.

그러한 변화는 있었으나 역서(曆書)로서의 시헌력의 체제는 대통력과 질적으로 다른 체제가 아니었다. 고대의 태초력 이래 유지되어 왔던 태음태양력의 기본 줄기는 변하지 않았으며, 중국의 역법이 그레고리력의 태양력 체제로 바뀌게 된 것은 청이 망하고 중화민국이 성립한 후인 1913년의 일이었다. 시헌력서에 수록되는 내용의 뼈대는 물론 천문학적 계산치와 데이터들이었다. 즉 일년의 총 일수, 12달의 대·소, 윤달을 두는 치윤(置閏), 세차(歲差)·월건(月建)·일진(日辰), 일출(日出)이나 일입(日入)의 시각, 달의 삭망과 상하현의 시각, 24절기의 정확한 일시, 28수(宿) 별자리의 위치, 그리고 일식과 월식의 예보 등이 중요한 구성요소였다.

하지만 뼈대는 이러한 천문학적 구성 요소들로 이루어져 있었어도 역서의 내용은 천문학과는 거리가 먼 역주(譯註)들로 가득 차 있었다. 그 대부분은 날짜나 방위와 관련해서 '의(宜)'(적당하다), '불의(不宜)'(부적당하다), 또는 '길(吉)'과 '흉(凶)' 등 택일(擇日)이나 택방(擇方)과 관련된 역주들이었다. 택일과 택방은 말 그대로 적당하고 적당하지 않은 날짜와 방위를 가려 해석해 놓은 것을 말하는데, 지지(地支), 음양오행, 월신(月神), 연신(年神), 28수(宿), 12직(稷) 등의 다양한 시간 주기들의 조합에 의해서 이루어졌다. 이와 같은 역주들은 대통력과 같은 전통적인 역서들에 담겨있던 중요한 내용이었는데, 시헌서는 이러한 전통적인 역서의 체제를 그대로 유지했던 것이다.[3] 중국인들에게 시헌력은 대연력(大衍曆)[4]과 수시력(授時曆)[5] 이래 중국이 성취한 매우 우수한 '중국의 역법'이었을 뿐이었다.[6]

이와 같이 서양 과학의 지식정보가 해체되어 중국의 고전적 과학 안으로 녹아 들어간 모습은 『숭정역서』 사업 과정에서 제작되어 황제에게 바쳤던 새로운 천문도에도 잘 보이고 있다. 아담 샬이 1634년에 제작해 황제에게 바친 천문도들은 중국의 고법 천문도와 많이 달랐다. 먼저 종래 중국의 성좌에는 없던 별들이 새롭게 추가되었던 것과 함께 남극 주위에 있어서 중국과 조선에서는 관측할 수 없는 항은권(恒隱圈)의 별들도 담고 있었다.[7]

이보다도 더 큰 차이는 작도법으로서 새로운 천문도는 고법 천문도와 달랐다. 「천상열차분야지도」와 같은 고법 천문도는 하나의 원 안에 모든 별을 그렸는데, 북극을 중심으로 항현권(恒見圈)의 별들을 주극원(週極圓)

---

3 이와 같은 시헌력서의 구성 내용에 대한 자세한 논의는 이창익, 2005 "조선후기 역서의 우주론적 복합성에 대한 연구: 역법과 역주를 중심으로"(서울대 종교학과 박사논문)가 매우 유용하다.

4 대연력(大衍曆)은 당나라 승려 일행(一行)이 편찬한 관찬 역법서로 729년에 반포되어 757년까지 사용되었다. 대연력은 중국력의 전형을 이루었다는 측면에서 원나라의 수시력(授時曆)과 함께 중국력을 대표하는 양대 역법으로까지 평가되고 있다. 대연력은 문물교류가 활발했던 서역의 천축역법 관점과 성취를 도입한 것으로 알려져 있다.

5 수시력(授時曆)은 원대에 실시되었던 역법으로서 중국의 역법 중 가장 훌륭한 것으로 평가되고 있다. 원 세조의 명에 의하여 곽수경(郭守敬) 등이 아라비아역과 천문의기(天文儀器)를 통한 천체 관측에 의해서 제작했으며 1280년에 반포되었다. 명나라에서 시행한 대통력(大統曆)은 거의 이름만 바꾼 것이다. 한국에는 고려 충선왕 때 전래되었고 세종 때 수시력과 대통력이 칠정산내편으로 편찬되어 1653년 시헌력으로 바꿀 때까지 사용되었다.

6 『숭정역서』 사업의 결과물을 편찬한 책 이름을 청초에 『서양신법역서』로 간행한 데에 대해서 청 학인들은 강한 거부감을 드러냈고, 강희역옥 사건 때 양광선은 아담샬이 불온하게 '서양' 역법이라며 강탈했다고 공격한 바 있다. 결국 『사고전서』에는 『신법산서』로 수정되어 수록되었다.

7 예컨대 「황도남북양총성도」를 제작한 대진현이 작성한 성표(星表)에는 남극에 가까워 볼 수 없는 별이 23좌 150성이 포함되어 있는 것을 말한다. 『증보문헌비고』 권1, 상위고1 항성, 24a쪽.

안에 그리며, 그 둘레에 적도를 표시하며 적도에 비스듬하게 황도를 그리고(즉 적도좌표계이다), 가장 바깥 외곽의 원은 출몰하는 별의 남방 한계로 그 안에 항은권의 별자리를 제외한 별자리들이 그려졌다. 주극원으로부터 너비가 다른 불균등한 24개의 방사상의 선들이 그어졌는데, 이는 성도 안의 별들을 적도 주위의 24수(宿)로 나눈 불균등한 구역들을 표시했다. 또한 구형(球形)의 천구 상에 위치하는 별들을 평면 위에 투영하는 방법은 북극을 중심점, 그리고 적도를 기준면으로 한 좌표계(polar-equatorial coordinate)에서 북극으로부터의 각거리가 천문도 중심에서 떨어진 거리에 비례하도록 그리는 방식이었다.[8]

아담 샬의 서양식 천문도 작도법은 이와 같은 고법 천문도의 작도법과는 많이 달랐다. 서양식 천문도는 하나의 원 안에 모든 별자리를 그려 넣은 '현계총성도(見界總星圖)' 형태이든, 적도(또는 황도)를 경계로 두 개의 원으로 나누어 각각 북반구와 남반구의 별을 그려 넣는 양반구형(兩半球形) 형태이든 모두 입체투사법으로 별자리를 그렸다. 그중에 양반구형 천문도의 작도법인 평사도법(平射圖法, stereographic projection)은 남극(또는 북극)을 시점(視點)으로 삼아 북극(또는 남극)을 접점으로 하는 평면에 별자리를 투영해서 작도하는 방식이었다.[9] 이 방식은 천구상의 어느 지점에서의 임의의 원이든 투영된 도면 위에 원으로 나타낼 수 있는 등 왜곡이 극히 적은 방식이었다.

아담 샬은 이러한 양반구형의 도시(圖示) 체계와 평사도법이 별자리의 왜곡이 없는 우수한 작도법이라는 점을 1631년 숭정(崇禎) 황제에게 『숭

---

8 박창범, 1998 "天象列次分野之圖의 별그림 분석" 『한국과학사학회지』 20권 2호, pp. 124-125.

9 이러한 방식의 작도법은 『新法算書』 권58, 恒星曆志3, 總星圖儀, pp. 19-24(『문연각사고전서』 789책, pp. 28-31)에 잘 나타나 있다.

정역서』 사업의 중간 성과물을 진정(進呈)하면서 같이 올린 「항성경위도설(恒星經緯圖說)」에서 강조했다. 여기에는 네 종류의 천문도 도면이 제시되어 있는데, 두 번째가 '적도남북양총성도(赤道南北兩總星圖)'이고 세 번째가 '황도남북양총성도(黃道南北兩總星圖)'[10]이다. 두 천문도는 아담 샬이 심혈을 기울였던 평사도법에 의해 양반구형으로 작도한 서양식 천문도였고, 이를 토대로 특별히 제작한 「적도남북양총성도」를 1634년 황제에게 헌정했다.[11]

그런데 이에 앞서 첫 번째로 제시된 '현계총성도(見界總星圖)'는 단원형으로 작도된 천문도였다.[12] 비록 단원형이긴 했으나 이 현계총성도도 입체투사법으로 작도되었다. 그러나 그 방식은 약간 달라서 시점이 남극에서 벗어난 외부에 위치했으며, 천구를 투영한 도면의 위치도 북극의 접점이 아닌 적도면에 위치했다. 따라서 적도 이남은 천구점(天球點)을 지나 도면에 그냥 투영하지만, 적도 이북은 천구의 점을 앞에 있는 도면으로 끌어 당겨서 표시하는 방식이었다.[13] 이 '현계총성도'는 반구형의 도면에 평사도법으로 작도해야 할 것을 하나의 원 안에 작도하기 위해서 이와 같이 약간 달라진 방식을 적용했지만, 고법 천문도에 비해서는 작더라도 외형의 왜곡을 궁극적으로 피할 수는 없었다.[14] 물론 아담 샬은 하나의 원에 작

---

10 『新法算書』 권61 "恒星圖說"에 실려있는 적도북도, 적도남도, 황도북도, 황도남도가 바로 이것들이다(『문연각사고전서』 789책, pp. 91-94).

11 국내에는 남아 있지 않은 아담 샬의 이 천문도는 현재 로마의 바티칸도서관에 2점, 파리국립문서관에 1점, 북경의 고궁박물관에 1점이 각각 남아 있다. 그중에 바티칸박물관 소장된 것이 橋本敬造, 1985 "「赤道南北兩總星圖と「恒星屛障」" 『新發現中國科學史資料の硏究, 論考篇』(京都大學校 人文科學硏究所), pp. 582-583에 제시되어 있어 참고할 만하다.

12 이 현계총성도는 『新法算書』의 "恒星圖說"에는 도설만 있고 도면이 없다. 하지만 橋本敬造一, 1991 "「見界總星圖」と「恒星總圖」" 『中國古代科學史論〈續編〉』(京都大學校 人文科學硏究所), p. 352에는 파리 Bibliotheque Nationale에 소장되어 있는 현계총성도가 제시되어 있어 참고할 만하다.

13 이 투영법에 대한 자세한 내용은 橋本敬造, 앞의 논문(1991), pp. 343-348을 참조.

14 전통 고법 천문도에 비해서 왜곡이 작은 사실은 황적도와 교점의 위치를 살펴보면 잘 알

도하면서 발생하는 외형의 왜곡에 대해서 '현계총성도'의 도설(圖說)에서 명확하게 밝히고 있다.[15]

그럼에도 불구하고 아담 샬은 이와 같은 한계를 지닌 단원형의 '현계총성도'를 작도해 황제에게 바쳤다. '현계총성도'는 입체투사법이라는 새로운 방식으로 작도되었을 뿐 외형적인 체계는 고법 천문도를 그대로 따랐다. 별자리도 서양의 것을 전혀 따르지 않고 전통 별자리와 그 이름을 그대로 따르고 있었다. 언뜻 보면 황도가 적도에 비해서 약간 옆으로 퍼진 타원으로 황적도 교점이 대칭을 이루었을 뿐 그 이외에는 고법 천문도와의 차이점이 눈에 들어오지 않을 정도이다.

이러한 사정은 '현계총성도'에 이어 두 번째로 제시된 '적도남북양총성도'에서도 마찬가지였다. 본래 서양 천문도의 좌표 방식인 황도좌표계에 근거한 '황도남북양총성도'는 중국의 전통적인 적도좌표계를 기준으로 작도한 '현계총성도'와 '적도남북양총성도'에 이어 세 번째였다. 1634년에 제작되어 황제에게 헌정된 '적도남북양총성도'는 좌표계만 중국의 전통적 방식을 따른 것이 아니었다. 천문도의 도면을 구역으로 나누는 방사상의 직선이 너비가 각각 다른 28수의 직선으로 나뉘어졌으며, 도면의 방향은 자오선과 묘유선(卯酉線)[16]이 수직·수평선으로 주어졌던 것이다. 결국 첫 번째와 두 번째로 제시된 '현계총성도'와 '적도남북양총성도'라는 천문도의 네트워크를 구성하는 요소들은 모두 고법 천문도의 구성 요소

수 있다. 현계총성도의 황도는 적도에 비해서 그 크기가 약간 크며, 완전한 원이 아니고 황적도의 교점 방향으로 약간 퍼진 타원이다. 따라서 적도를 기준으로 보면 춘추분점은 대칭을 이루게 된다. 그러나 적도 바깥의 별자리의 모양은 현저하게 왜곡됨을 피할 수 없었다.

15 『新法算書』 권61, "恒星圖說", pp. 1-2(『문연각사고전서』 789책 p. 86).

16 지구 타원체상 한 점의 법선(法線)이 지나는 자오면(子午面)과 직교하는 평면과 타원체면과의 교선으로서 수평선에 해당한다. 12간지 중에서 묘(卯 : 3시)時와 유(酉 : 9시)時를 잇는 선이다.

였다. 단지 작도법만 입체투사법이고 약간의 새로운 별이 더 추가되었을 뿐이었다. 이와 같이 새롭게 구성된 아담 샬의 천문도는 비록 후대의 역사가들에 의해 '서양 천문도'라 불렸지만, 사실은 중국의 고전적인 고법 천문도에 더 가까운 것이었다고 볼 수 있다. 당대의 중국인들은 이를 '서양 천문도'가 아니라 '신법 천문도'라 불렀다.

한편 서광계가 추구했던 이러한 고법 중심의 중국과 서양 과학의 회통이라는 새로운 과학 구성의 지적 추이는 17~18세기 중국 학계의 지배적인 학문적 경향인 고증학적 연구 방법에 바탕을 둔 고전 문헌 연구의 전문화 경향과 궤를 같이 하고 있었다는 사실에 주목할 필요가 있다. 고전 문헌 연구는 명말청초 고염무(顧炎武, 1613~1682)의 학문에 크게 고무되어 전개된 이후 17~18세기 중국 학인들이 일반적으로 보이던 경향이었다. 고전에 대한 문헌학적 연구는 피상적으로 볼 때는 회귀적인 고대 학문의 부활이었지만, 다른 한편으로는 고대 경전의 재구성을 통해 이상적인 미래 사회를 지향한다는 의미를 지니는 새로운 학문적 패러다임이었다.

이러한 고증학적 연구 방법의 발달에 따라 천문학과 수학, 그리고 지리학 등 자연에 대한 연구가 고전학의 지식체계로 들어왔다. 실제로 고증학자들은 그들의 연구 프로그램에서 천문학, 수학, 지리학 등의 자연 연구에 높은 우선순위를 부여했다.

특히 주목해야 할 것은 이와 같이 새로운 과학 연구의 프로그램이 수리과학을 지향하는 방향으로 전개되었다는 사실이다. 즉 예컨대 과거 상수학(象數學, 서양적인 용어로는 수비학, 數祕學, numerology)[17]적으로 자연을 접근하고 이해하던 것을 지양하고 정량적 데이터에 의한 경험적 추론

17 수비학: 수비술이라고도 하며 숫자와 사람, 장소, 사물, 문화 등의 사이에 숨겨진 의미와 연관성을 공부하는 학문이다. 칼데아의 수비학, 피타고라스의 수비학, 카발라의 수비학(게마트리아·노타리콘) 등이 있다.

과 기하학이나 삼각법 같은 수학적 논리과정을 통해서 자연의 이(理)를 파악해 내는 자연학이 추구되었던 것이다. 17세기의 왕석천(王錫闡, 1628~1682)과 매문정(梅文鼎, 1633~1721)의 역산(曆算) 연구는 물론이고, 18세기의 초순(焦循, 1763~1820)의 역학(易學) 연구와 대진(戴震, 1723~1777)의 『주례(周禮)』「고공기(古工記)」 연구는 이러한 관점을 잘 보여주고 있다.[18] 이와 같이 자연에 대한 형이상학적인 접근에서 탈피해 정량적, 수학적으로 접근하려는 17~18세기 중국 전통 과학의 패러다임은 고법을 중심으로 중국과 서양의 과학을 회통(會通)하려는 경향과 결합해 전개되었다.

물론 고법을 중심으로 중국과 서양의 과학을 회통하려는 경향은 고전에 대한 문헌학적 연구에서 자연스럽게 나타난 귀결이었지만, 사실은 서로 다른 이질적인 두 문명이 만났을 때 드러나는 일반적인 경향이라고도 할 수 있다. 즉 두 패러다임이 공존하면서 경쟁하고 상호 영향을 주고받을 때, 특히 외래의 패러다임을 토착 지식인이 접했을 때 외래의 새로운 패러다임과 과학 이론을 전통적인 패러다임과 과학 이론을 바탕으로 종합하고자 하는 것은 일반적인 역사의 과정이라고도 할 수 있을 것이다.[19]

이와 같은 중국 과학의 전개는 1660년대 양광선(楊光先)[20] 사건을 전후

18 이에 대한 자세한 논의는 Benjamin A. Elman, 1984 *From Philosophy to Philology; Intellectual and Social Aspect of Change in Late Imperial China.* (Cambridge, Mass., Harvard University Press), pp. 181-183을 참조.

19 특히 그 회통의 작업이 성공적이었는지 판단하는 근거는 그 어디에도 없다는 사실을 명심해야 한다. 우리가 왕석천과 매문정의 작업이 애매모호했다거나 역사의 회귀적인 시도였다고 판단하는 것은 근대 과학의 기준에서 판단한 비역사적인 고찰이라는 것이다. 그 회통의 작업은 비록 현대적 시각에서 바라볼 때 아무리 애매하더라도 당시의 역사적 상황에서는 정당한 작업이요, 훌륭한 역사적 기능을 다했다고 볼 수 있는 것이다.

20 명말 청초의 유학자이며 점성술가로서 흠천감정을 역임했으며 「정국체정고」(正國體呈稿) 등을 통해 예수회 천문학자의 필두 아담 샬을 공격하기 시작했으며 이후 계속 비슷한 글을 써서 1665년 『부득이』(不得已)를 출간했다. 여기 실린 글 가운데 「청주사교장」(請誅邪教狀)은 아담 샬이 택일을 잘못해서 혀헌황후가 사망했다는 혐의를 제기했으며 그 결과 아담 샬과 그 휘하의 중국인들이 처벌을 받았다. 양광선은 흠청감정으로 복귀했으

해서 고대의 천문역산에 대한 고증학적 연구는 깊이를 더해갔고, 중국의 전통 역산에 대한 깊이 있는 연구를 통해 서양 천문역산과 회통하려는 학문적 경향은 널리 확산되었다. 중국의 고법과 서양의 신법을 회통하려는 시도를 가장 수준 높게 체계적으로 이루어낸 사람이 바로 매문정이었다. 그는 강희제의 강력한 후원하에 고법 중심의 중서과학 회통 연구 프로그램을 중화주의적 대서사(소위 '서양 과학의 중국기원론')에 입각해 『역학의문(歷學疑問)』(1693년)이라는 저서에서 체계화했다. 이러한 매문정의 관점과 연구 성과는 그의 손자 매각성(梅瑴成)이 강희제의 명에 따라서 편찬한 『역상고성(曆象考成)』(1723년)과 『수리정온(數理精蘊)』(1722년) 같은 국가 공인의 천문학과 수학 문헌에서 채택되기에 이르렀다. 결국 18세기 들어 중국 전통의 고법을 중심으로 신법, 즉 서양 역법을 회통한다는 관점, 그리고 '서양 과학의 중국기원론'은 매문정과 매각성류의 산술적이고 실증적인 수리천문학의 방법론과 함께 확고한 패러다임으로 부상했다.[21]

이러한 시대적 분위기 속에서 매문정의 뒤를 이은 18세기의 중국 학인들은 17세기 전반의 서양 과학에 대한 호기심 어린 흥분과 열정에서 벗어나 중국 고대의 천문역산학과 우주론 문헌을 문헌학적 교감과 정밀한 계산을 통해서 그 속에 담긴 원리적 지식을 복원하고, 그러한 고법을 중심으로 신법, 즉 서양 과학을 회통하려고 했다.[22] 그러한 과정에서 17세기 일부 중국 지식인들 사이에서 활발하게 이루어졌던 방이지 학파의 창의적인

나 이후 교체되었고 사건에 대한 재수사가 이루어져 무고죄로 사형을 선고받았으나 고령을 이유로 유배형으로 감형되었다.

21 매문정의 관점과 연구방법론이 18세기 국가공인의 것으로 정착화 되는 과정에 대한 구체적인 논의는 Chu Pingyi, 1994 "Technical Knowledge, Cultural Practices, and Social Boundaries: Wan-nan Scholars and the Recasting of Jesuit Astronomy, 1600-1800" (Ph.D. dissertation. UCLA), pp. 224-239를 참조할 것.

22 매문정의 관점과 방법론이 18세기 청에서 국가 공인의 과학연구 프로그램으로 정착되는 과정에 대한 구체적인 논의는 Chu Pingyi, 1994 앞의 논문, pp. 224-239를 참조할 것.

기론적 우주론 등의 형이상학적 자연 논의의 연구 방법은 사라졌다.

2.2. 방이지 학파의 우주론

북경의 천주당과 흠천감을 중심으로 예수회 선교사와 중국 정부, 그리고 중국인 천문역산가들의 협동 작업으로 『숭정역서』 편찬 사업이 이루어지면서 서양 과학에 대한 학습과 함께 서광계 방식의 중국의 고전적 과학 전통에 대한 문헌학적 연구가 활발하게 이루어지던 그때, 경제와 문화의 중심지 강남 지역에서는 청 왕조에 저항하며 출사하지 않고 재야에 머물던 일련의 학인들 사이에서 매우 창의적인 사색이 등장했다. 예수회 선교사들과 협동 작업을 벌이던 서광계와 이지조 그룹 못지않게 강남 지역을 근거지로 서양 과학을 적극적으로 배우고 공부했던 방이지(方以智, 1611~1671) 학파의 학인들이 그 주인공이었다.

방이지 학파의 학인들이란 웅명우(熊明遇, 1579~1651)와 방공소(方孔炤, 1591~1655)를 필두로, 방이지, 유예(遊藝, 1614~1684년경), 그리고 게훤(揭暄, 1625~1705년경)과 방중통(方中通, 1633~1698)에 이르기까지 매우 활발한 학문적 토론의 네트워크를 형성하고 있었던 17세기 명말청초 시기 일련의 학인들을 말한다. 이들은 자신들이 공부한 바에 의하면 구체적인 서양 과학지식은 참이었고, 그에 비해서 중국의 고전적 문헌에 적혀 있는 자연지식은 대부분이 옳지 않다고 생각했다. 이들은 고대의 천문학자 장형(張衡)으로부터 송대 성리학자들에 이르기까지 중국의 고전적 자연 지식 대부분이 명백하게 오류라는 사실을 명확히 지적했다. 특히 성리학적 우주론의 가장 중요한 출처인 소옹(邵雍, 1011~1077)의 『황극경세서(皇極經世書)』는 황당한 내용들로 가득 찼다며 가혹하리만큼 부정적으로 비판했다. 그렇다고 서구 과학 지식이 모두 확실하게 믿을 만한 지식은 아니었다. 서양의 광학(光學)은 그러한 대표적인 분야로서 방이지 학파의 학

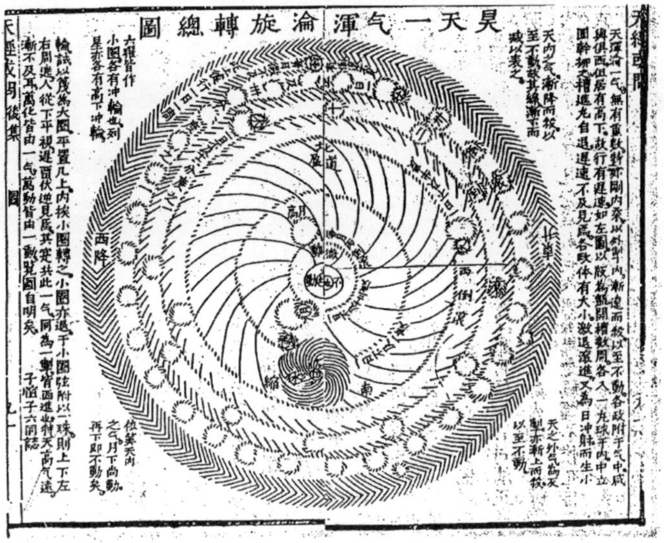

기(氣)의 대회전 메커니즘에 토대를 둔 게훤의 우주도

인들은 집단적 토론을 통해 서양 과학에서 결정적인 오류를 발견하려 했다. 방이지와 게훤, 그리고 방중통과 유예 등은 서양 광학의 오류를 지적하면서 자신들이 옳다고 생각하는 새로운 이론을 제시하기도 했다. 바로 "광비영수설(光肥影瘦說)"이었다.[23]

그런데 방이지 학파의 학인들이 서양 과학 이론의 오류를 지적한다는 논의를 펼칠 때 주로 의존했던 자연인식 체계는 무엇이었던가? 그것은 중국 고대의 고전적 문헌 『황제내경(黃帝內經)』에 나오는 '우주 공간의 기

23 방이지의 서양 과학 이해와 자연지식 담론에 대한 선구적인 연구 성과로는 張永堂, 1987 『明末方氏學派硏究初編-明末理學與科學關係試論』(大北); 張永堂, 1994 『明末淸初理學與科學關係再論』(學生書局: 臺北) 등을 참조. 게훤에 대해서는 石云里, 1995 "揭暄對天體自轉的認識" 『自然辨證法通訊』 第17卷 總95期, pp. 53-57을 참조. 웅명우에 대해서는 馮錦榮, 1997 "明末熊明遇父子與西學" 『明末淸初華南地區歷史人物功業硏討會論文集』(香港大學 中文系集刊); 徐光台, 2007 "西學傳入與明末自然知識考據學: 以熊明遇論冰雹生成爲例" 『淸華學報』, 37卷, 1期, pp. 117-157 등을 참조.

(氣)가 들어준다(大氣擧之)'라는 문구에서 단적으로 묘사된 이래, 송대 장재(張載, 1020~1077)와 주희(朱熹, 1130~1200)에 의해서 체계적으로 구체화되었던 기론적 자연인식 체계였다. 즉 방이지 학파의 학인들은『황극경세서』를 핵심 텍스트로 삼았으며 소옹(邵雍) 학파가 구축한 상수학적 자연인식 체계에 대해서는 철저하게 부정하면서도 동시대의 장재(張載)가 구축하고 주희(朱熹)가 체계화한 기론적 자연인식 체계는 옳다고 받아들였던 것이다.

그런데 당시 방이지 학파의 학인들이 접하고 배웠던 서양 과학지식들에는 이러한 기의 운행과 변화의 메커니즘과 같은 원리적인 자연인식 체계가 없었다. 방이지의 표현을 빌리자면 "서양 과학은 질측(質測)에는 능하나 통기(通機)에는 부족한, 즉 원리적 측면에서 부족한 지식"이었던 것이다.[24] 결국 방이지 학파의 학인들은 한편으로는 원리적으로 부족하고 일부 오류를 드러내기도 하지만, 또 한편으로는 방대하고 정밀하며 실증적으로 타당하기도 한 서양 과학의 지식정보를 활용해서 기(氣)의 운행과 변화라는 성리학적 우주론 체계를 재구성하려 했다. 이는 중국의 고전적 자연인식 체계를 중심으로 중국과 서양의 우주론을, 나아가서는 중국과 서양의 자연지식을 융합하려는 시도였다고 할 수 있다. 다시 말해서 중국의 고전적 자연인식의 틀을 사용하여 서양 과학지식을 '중국화'하려 했던 것이다.[25]

이러한 방이지 학파의 창조적이고 자유로운 우주론적 사색의 결과가 가장 잘 정리된 문헌은 유예의『천경혹문(天經或問)』전·후집(1675, 1681년)

---

24 『物理小識』권1「物理小識自序」p. 742.

25 방이지 학파의 이와 같은 학문적 지향에 대한 더욱 자세한 논의는 林宗台, 2004 "이방의 과학과 고전적 전통—17세기 서구 과학에 대한 중국적 이해와 그 변천"『東洋哲學』제22집, pp. 189-217을 참조할 것.

과 게훤의 『선기유술(璇璣遺術)』(1675년경 집필)이었다. 방이지 학파의 학인들은 이러한 문헌들에서 우주에 충만한 기의 거대한 회전 운동의 메커니즘을 이용해 티코 브라헤(Tycho Brache)의 우주론을 매우 흥미롭게 재구성했다.

2.3. 매문정과 그 이후 중국의 천문역산 연구

그러나 17세기 강남 지역의 명말 유신들 사이에서 풍미했던 성리학적 자연인식 체계에 입각해 서양 과학의 지식정보를 해체해 재구성하려 했던 흥미로운 독창적 우주론은 이후 계승되지 못했다. 이러한 논의는 17세기 후반 이후 지배적인 학풍으로 영향력을 키워가던 매문정의 연구 프로그램과 양립할 수 없었던 것이다. 매문정의 연구 프로그램이 강희제의 공인하에 공식화될 수록 방이지 학파 학인들의 형이상학적 사색은 거부되었다. 실제로 『사고전서』의 천문산법류 편집 책임자였던 대진(戴震, 1724~1777)이 방이지 학파의 우주론적 사색이 너무나 억지스러운 단정에 불과하고 허황되다며 『천경혹문후집(天經或問後集)』과 『선기유술(璇璣遺術)』을 『사고전서』에서 제외시켜버렸다.[26] 결국 명말청초 강남 방이지 학파의 게훤과 유예의 창조적인 기론적 우주론 사색과 연구 방법은 18세기 이후에는 중국에서 잊히게 되었다.

매문정의 연구로 대표되는 중국 천문역산학의 새로운 패러다임은 『사고전서』(1772~1781년)의 편찬과 완원(阮元, 1764~1849)의 『주인전(疇人傳)』(1799년)에 그대로 반영되었다. 사실 1720년대에 『역상고성』을 비롯해 『수리정온(數理精蘊)』과 『율려정의(律呂正義)』가 편찬되어 『율력연원(律曆淵源)』이 완성되고, 이어서 부족한 부분이 1742년 『역상고성후편』의

26 林宗台, 앞의 논문, p. 211.

편찬으로 보완되면서 서양 천문역산의 수입 이후 발전되어 전개되었던 중국의 천문역산은 일단 총정리가 되었다고 할 수 있다.

이후 19세기 중반에 이르기까지 중국에서의 천문역산 연구는 중국기원론의 입장에서 주로 『주비산경(周髀算經)』 등과 같은 고문헌에 담긴 천문역산의 내용들을 새롭게 해석해서 확인하는 게 주된 작업경향이었다.[27] 17세기 말 이후 중국에서는 더 이상의 의미 있는 우주론 논의를 담은, 즉 중국의 학인들을 매료시키거나 당황하게 만들었던 서양 과학의 유입은 이루어지지 않았다.[28] 이후 선교사들에 의해서 편찬·간행된 천문역산서들은 단지 흠천감에서 전문가로서의 위치를 지키기 위해 보다 새로운 계산법과 관측치들을 수정하는 것에 불과했을 뿐이다.

이러한 모습은 『역상고성후편(曆象考成後編)』에 잘 나타난다. 이 책은 1736년의 일식예보의 계산이 틀리자 건륭(乾隆) 황제의 명을 받아 대진현(戴進賢, Ignatius Kögler)이 편찬하기 시작해 1742년에 완성을 본 최고의 중국 전통 천문역산서이다. 그러나 이 책은 당시 최신의 데이터인 카시니(Cassini)의 관측치를 활용했을 뿐, 이미 1백 년도 훨씬 넘은 케플러(Kepler)의 낡은 타원궤도 계산법을 태양과 달의 운행에 적용한 것이었다. 그보다 의미 있는 태양 중심의 우주 구조를 제시하거나 또는 18세기 유럽의 천문학과 역학(力學)에 이미 정착해 있었던 뉴턴의 계산법은 전혀 활용하지 않았다.

18세기 동안에 편찬된 서적으로 유일하게 주목할 만한 것이라면 1757

27 18세기 중·후반 중국에서의 천문역산 연구의 이러한 모습은 흡사 토마스 쿤(Thomas Kuhn)의 패러다임 정착 이후에 정상과학(Normal Science) 활동이 활발하게 이루어지는 모습을 보는 듯하다.

28 예컨대 Copernicus 천문학이 전제로 하고 있는 태양 중심의 우주 구조와 지구의 자전(自轉) 및 공전(公轉)과 같은 근대 천문학의 우주론과 이론을 말한다. 이러한 주장은 Nathan Sivin, 1973 "Copernicus in China," *Studia Copernicana, vol. 6,* pp. 89-90에서도 잘 보인다.

년 유럽의 교회가 코페르니쿠스의 저서 『천구의 회전에 관하여』(1543년)를 금서 목록에서 제외한 이후에 나온, 부노아(蔣友仁; Michel Benoist, 1715～1774)가 저술한 『지구도설(地球圖說)』(1767년 간행)을 들 수 있다. 부노아는 이 책에서 코페르니쿠스의 태양 중심 구조와 지동설을 비교적 상세하게 설명함으로써 중국의 지식인들이 그동안 단편적으로 들어보기는 했지만 명확하게 알지 못했던[29] 코페르니쿠스의 이론을 비로소 알 수 있게 해주었다. 그러나 부노아의 관점은 여전히 코페르니쿠스 천문학의 수학적 우월성을 제시한 것이지 이를 물리적인 실재(physical existence)로 파악한 것은 아니었다.[30] 17세기 동안 유럽에서 이루어진 과학혁명의 과정과 18세기 뉴턴 이후의 근대 과학에서 얻어졌던 최신의 천문학과 수학 지식은 브노아의 책에 실리지 않았다.

이렇듯이 '서양 과학의 중국기원설'이라는 중화주의적 대서사 아래 매문정의 '중·서회통'을 이루어낸 『역상고성』(1723)과 『수리정온』(1722)의 패러다임은 19세기 전반까지 계승되었다. 1845년 『의상고성속편(儀象考成續篇)』이 정부에서 공식적으로 편찬되고, 완원(阮元)의 『주인전(疇人傳)』 증보판이 1849년에 간행되는 것에서 단적으로 드러나듯이 1850년대까지 매문정이 정식화한 과학연구의 패러다임은 지배적이었다. 그리고 이러한 패러다임하에서는 서양의 새로운 최신 과학에 대한 관심보다도 고대 문

29 Copernicus의 이론은 단편적이기는 하지만 예전부터 제시된 바가 있었다. 예컨대 로의 『오위력지(五緯曆志)』(1634년)에서는 지구의 회전에 관한 논의가 운동의 상대성을 설명하면서 거론되었고, 아담 샬의 『역법서전(曆法西傳)』(1640년)에서는 Copernicus가 '신도(新圖)'를 만들었다고 소개하면서 태양 중심의 구조나 지동설은 거론조차 하지 않았다. 심지어 Copernicus주의자였던 스모글렌스키(穆尼閣; Nicolaus Smogolenski, 1611-1656)는 그의 『천보진원(天步眞原)』(1653년)에서 태양 중심적인 구조도 아니고 그렇다고 Tycho Brache의 구조도 아닌 어중간한 Copernicus 구조에 대해 논의하고 있다. 이와 같이 선교사들이 Copernicus 천문학을 제한된 정보로, 그리고 불명확하게 소개했기 때문에 중국의 지식인들이 Copernicus를 제대로 이해한다는 것은 기대할 수 없었다.

30 이에 대한 보다 자세한 논의는 Nathan Sivin, 앞의 논문(1973), pp. 93-100을 참고할 것.

헌에 담긴 전통과학의 숨은 내용, 즉 고대 과학의 부활이 중국 학인들의 더 큰 관심사였다.

그러던 것이 1850년대에 이르러 상황이 크게 달라지기 시작했다. 변화의 배경은 두 가지였다. 첫째는 고증학적 문헌학 연구의 주 무대였던 강남 지역이 태평천국의 난(1851~1864)으로 초토화되어 17세기 이래로 성장해 가던 중국의 고증학적 학문의 전통이 와해되어 버렸다. 실제로 강남 지역을 쓸고 지나간 전란은 17세기 이후 중국의 학계를 주도하던 강남 학자들의 경제적 토대를 붕괴시켰을 뿐 아니라 수많은 도서들이 불타 사라져 버리는 등 학문적 활동의 근거가 뿌리에서부터 와해되었다.[31]

둘째는 1851년 이후 새로이 시작된 개신교 선교사들의 선교활동이었다. 특히 밀른(米憐; William Milne)과 와일리(偉烈亞力; Alexander Wylie), 그리고 그들의 협력자 이선란(李善蘭, 1810~?)의 활동은 눈부셨다. 이들은 과거 마테오 리치와 서광계가 일부만 번역하는데 그쳤던 『기하원본』을 15년 동안(1852~1876) 완역했다. 또한 유럽에서 1850년에 나온 간행된 최신의 미적분학 서적을 번역해 1859년에 『대미적습급(代微積拾級)』으로 간행했으며, 윌리암 훼웰(William Whewell)의 역학에 관한 책을 번역해 『중학(重學)』이라는 제목으로 간행했다(1859년 초판 간행). 또한 최한기의 『성기운화(星氣運化)』의 저본이 되었던 허셸(J.F.W. Herschell)의 천문학 개론서(원제는 *Outlines of Astronomy*, 1849)를 번역해 『담천(談天)』이라는 제목으로 1859년에 간행했다. 이외에도 의학 분야에서 홉슨(合信; Benjamin Hobson, 1816~1873)의 활동을 지적할 수 있다. 그는 최한기의 『신기천험(身機踐驗)』[32]의 저본이 되는 서양 의학서들을 1850년대에 대

31 태평천국의 난이 미친 이러한 영향에 대한 자세한 논의는 Benjamin Elman, 앞의 책, pp. 248-253을 참조할 것.

32 최한기가 영국 의사 홉슨(Hobson)이 지은 『전체신론(全體新論)』, 『내과신설(內科新說)』,

거 편찬·간행했을 뿐 아니라,[33] 광학, 전자기학, 화학 분야의 최신 과학 지식을 소개하는 『박물신편(博物新編)』(1855년)을 저술 간행하기도 했다. 19세기 중반 무렵의 이들 개신교 선교사들의 서양 과학 소개는 17세기 전반 예수회 선교사들이 과학혁명기 초기의 혼돈스러운 유럽 과학을 전했던 이후 가장 새로운 과학지식의 소개였다.

이와 같은 상황에서 중국 지식인들의 과학에 대한 태도도 종전과 다소 달라졌다. 이제 중국의 전통적 과학의 틀에 의해 서양 과학을 회통하려는 수리천문학적 연구 경향은 더 이상 지속되기 어려웠다. 오히려 19세기 중반 무렵부터 중국 지식인들은 중국의 전통 과학보다 상대적으로 비교 우위를 지니고 또한 강력한 위력을 발휘할 수 있는 서양의 실용적 과학기술에 주목하기 시작했다. 이홍장(李鴻章, 1823~1901)의 양무운동, 그리고 위원(魏源, 1794~1856)의 『해국도지(海國圖誌)』(1842년 간행)와 서계여(徐繼畬, 1795~1873)의 『영환지략(瀛環志略)』(1850년 간행) 편찬 등은 그러한 변화를 대표하는 것이었다. 이러한 시각은 서구 열강의 무력으로 청 제국이 위협을 당하던 19세기 말과 20세기 초의 시기에는 더욱 강하게 전개되었다.

3. 조선 학인들의 과학담론

조선의 학인들은 적극적으로 서양 과학을 학습하여 1645년 시헌력으로 개력을 할 수 있었다. 그 이후 18세기 말에 이르는 150여 년간에 걸쳐

『서의약론(西醫略論)』, 『부영신설(婦嬰新說)』 등의 내용을 취하여 1866년에 편찬한 책.

33 인간 신체의 각 부위 설명 및 193개의 그림이 붙어 있는 해부학과 생리학 전문서인 『全體新論』(1851년) 그 속편으로 진찰과 치료법을 서술한 『西醫略論』(1857년), 내과 분야의 『內科新說』(1858년), 부인과와 소아과 분야의 『婦嬰新說』(1858년)을 저술 간행했다.

조선의 학인들은 정부의 주도하에 매문정의 천문역산학 연구의 결정체인 『율력연원』(『수리정온』, 『역상고성』, 『율려정의』의 합본)을 마스터했다. 이러한 과정에서 조선 정부와 학인들의 과학 연구 경향과 학풍은 어떠한 것이었을까?

조선에서는 18세기 후반에 매문정의 『역상고성』 체제를 받아들였으며 국가 공인의 천문역산서인 『동국문헌비고』「상위고」(1770)와 『국조역상고』(1796)에 그 성과가 정리되는 등 적어도 정부 차원, 또는 천문역산가들의 전문가 커뮤니티에서는 매문정의 과학연구 프로그램이 자연스럽게 수용되었던 것으로 보인다. 이러한 사실은 「상위고」에서 서호수가 매문정의 연구 성과물뿐 아니라 과학연구 방법까지도 그대로 수용하는 모습을 통해 확인할 수 있다. 앞서 살펴본 바와 같이 매문정의 연구 프로그램은 실증적이고 수학적인 방법론에 입각해서 중국의 고전적 과학, 즉 고법의 관점에서 비록 이질적이지만 최신의 자연지식인 서양 과학, 즉 신법을 해체해서 고법의 모형으로 회통귀일하는 것이었다. 이러한 매문정의 연구경향은 그의 『역학의문』의 "서양의 계산법을 녹여서 대통력의 모형(模型)에 넣는다(鎔西算 以入大統之型模)"[34]라는 선언에 압축적으로 표현되어 있다. 서호수는 이러한 매문정의 주장을 「상위고」에서 그대로 인용했다.[35]

하지만 매문정의 선언적 주장이 국가 공인의 「상위고」에 수록되었다고 해서 조선의 모든 학인들이 그의 연구 프로그램과 담론에 동의했다고 보기는 어렵다. 먼저 서호수 자신도 사실은 매문정과는 다른 과학 인식을 보여주고 있었다. 「상위고」 서두에서 시헌력 체제가 천행(天行)과 얼마나 부합하는가라는 면에서는 종래의 어떤 고전적 역법에서도 유래를 찾을 수 없을 정도로 탁월하다는 서호수의 이해에서 이러한 사실이 단적으로 드

34 매문정의 이 표현은 『역산전서』 권1, 「역학의문 1」 "論中西之異", 8ㄱ쪽에 나온다.
35 『증보문헌비고』 권2 「상위고2」, 10ㄱ쪽.

러난다. 이러한 서호수의 관점은 고법을 중심으로 신법을 회통한다는 매문정의 관점과는 상당한 거리감이 느껴지는 것이 사실이다. 정조 대의 천문역산 사업을 주도하고, 자타가 인정하는 조선 최고의 사대부 천문역산가로서 명성을 날리던 서호수는 그 이후에도 고법보다는 철저하게 신법에 치우친 편향성을 계속 보여주었다. 매문정의 연구 경향에 입각해 『사고전서』 천문산법류 편집 작업을 하고 있던 옹방강(翁方綱, 1733~1818)을 북경에 사신으로 갔다가 만나본 후 옹방강의 수준이 1세기 전에도 못 미친다고 혹평했던 일화에서도 서호수의 생각을 읽을 수 있다. 그의 눈에는 엄연히 탁월한 신법을 추구하지 않고 천행과도 잘 맞지 않는 낡은 고법에 매달리는 옹방강이 천문역산에 무지한 학인으로 비쳤던 것이다.[36]

그러나 예외적으로 신법에 호의적 태도와 시각을 가졌던 서호수와는 달리, 많은 수의 조선 학인들은 17세기 중후반 형이상학적 우주론 사색을 펼쳤던 방이지 학파의 고법과 신법에 대한 태도와 접근에 훨씬 동조적이었다고 할 수 있다. 방이지 학파의 논의는 매문정도 부정했던 것이었다. 왜 조선의 학인들은 방이지 학파에 매력을 느꼈던 것일까?

사실 17세기 초 이후 역법의 확립과 역서의 간행을 위한 국가적 필요에 의해서 중국식으로 재구성된 서양의 천문역산학이 도입되었지만, 그 안에 담겨진 우주론적 자연지식 가운데는 조선의 학인들이 그대로 받아들이기에는 껄끄럽고 불온한 내용들이 적지 않았다. 특히 전통 성리학적 우주론과 배치되는 종동천설(宗動天說), 일월오성의 우행설(右行說), 정기법(定氣法)이라는 절기 배치법, 그리고 지구설 등이 그러했다. 이러한 이론들은 역산 전문가들에게는 시헌력 체제의 수용과 함께 기계적으로 수용

36 서호수의 이와 같은 신법에 대한 태도는 문중양 2003 "18세기말 천문역산 전문가의 과학활동과 담론의 역사적 성격—徐浩修와 李家煥을 중심으로—"『東方學志』 121집, pp. 51-84를 참조할 것.

되는 것이었지만 사대부 유학자들에게는 사정이 달랐다. 그러한 자연 지식들은 고전적 패러다임, 즉 성리학적 자연인식 체계와 부합하지 않았으며, 고대 이래 성인이 부여해 주고 성리학이 정당화해 온 상하의 명분적 사회 질서와 윤리를 위협할 수 있는 것이었다. 결국 서양식 천문역산학이 담고 있던 새로운 자연 지식을 어떻게 수용할 것인가, 또는 전통적인 성리학적 자연 이해의 틀 속에서 어떻게 이해할 것인가는 조선 학인들에게 중요한 과제였다.

이질적이고 기원이 다른, 즉 패러다임이 전혀 다른 서양의 새로운 자연 지식을 접하면서 그것을 읽고 이해했던 조선 학인들의 패턴은 다양했다. 예컨대 김석문(金錫文, 1658~1735)은 그의 『역학이십사도총해(易學二十四圖總解)』(1726년)에서 매우 흥미롭고 주목할 만한 그 자신만의 독자적인 우주론을 확립해 제시했는데, 그의 우주론을 구성하는 지식정보는 티코 브라헤의 주장에 기반한 서양 천문학에서 비롯된 것이었지만, 그 이론적 토대는 철저하게 성리학적 자연인식 체계였다. 그가 의존했던 성리학적 자연인식의 틀이란 주돈이(周敦頤, 1017~1073)의 「태극도설(太極圖說)」에 담긴 태극으로부터 비롯된 우주 만물 생성 변화의 메커니즘과 소옹(邵雍, 1011~1077)의 원회운세설(元會運世說)로 대표되는 수비학적 우주 주기론이었다. 사실 이러한 김석문의 우주론 사색은 얼마나 믿을 만한 천문학 정보에 근거했는가의 차이만 있을 뿐, 대부분의 조선 유학자들이 자연을 이해할 때 취했던 일반적인 접근이었다.

가장 극단적이고 고차원적으로 성리학적 인식체계를 활용해 서양 천문학이 알려준 새로운 우주론적 지식정보를 해석한 사람은 서호수의 아버지 서명응(徐命膺, 1716~1787)이었다. 서명응은 철저히 송대(宋代)의 소옹의 상수역학적인 자연인식 체계만을 활용해 서양 천문학이 전해 준 천체의 구조와 운동, 그리고 천체의 현상에 대한 구체적인 지식정보들을 체계적으로 재해석해 정리했다. 특히 하늘이 우주의 원리를 담은 하도(河圖)를 내리고, 성인인 복희(伏犧)가 그것으로부터 얻어냈다고 하는 선천도(先天圖) 등의 도상을 이용해서 어떠한 천문학 이론이라도 해석하려 했다. 서명응에게 선천도란 우주와 인간 사회에 일반적이고 보편적으로 관철되는 대원리가 담긴 진리 그 자체였다. 김석문과 서명응은 이와 같은 방식으로 상식적인 감각 경험에도 부합하지 않고, 상하 관념에 입각한 고전적인 천원지방의 세계관과도 부합하지 않는 서양의 지구설을 참된 지식으로 받아들일 수 있었다.[37]

김석문과 서명응 같은 이들이 상수역학적인 개념과 체계를 이용해 지구설의 타당성을 논증했다면 이와 달리 기(氣)의 개념과 메커니즘에 의존해 지구설의 타당성을 이해한 논자들도 많았다. 대표적인 인물은 이익(李瀷, 1681~1763)과 홍대용(洪大容, 1731~1783)이다. 지구와 같이 둥그런 물체는 상하사방에서 중심으로 향하는 세력이 있다는 이익의 '지심설(地心說)', 이와 유사하게 지구의 회전운동에 따라서 지구를 둘러싼 기가 회전하면서 허공 중의 기와 부딪혀 지구 중심으로 향한다는 홍대용의 '기의 상하지세(上下之勢)'는 성리학자의 입장에서 지구설을 수용 가능하도록 해석하는 흥미로운 가설들이었다. 물론 이러한 이익과 홍대용 사색의 우주론적 기반은 장재(張載, 1020~1077)에 의해서 제시되고 주희(朱熹)에 의해서 더욱 구체화된 송대의 기론적 우주론이었다.[38]

조선 유학자들의 서양 천문학 지식에 대한 이해의 방식이 이와 같이 달

37 김석문과 서명응의 우주론적 사색에 대한 자세한 내용은 박권수 1998 "徐命膺의 易學的 天文觀" 『한국과학사학회지』 20권 1호; 文重亮 1999 "18세기 조선 실학자의 자연지식의 성격—象數學的 宇宙論을 중심으로—" 『한국과학사학회지』 21권 1호, pp. 27-57을 참조할 것.

38 이익과 홍대용의 이와 같은 氣論的 우주론 논의는 文重亮 2003.12 "조선후기 실학자들의 과학담론, 그 연속과 단절의 역사—氣論的 우주론 논의를 중심으로—" 『精神文化研究』 26권 4호, pp. 27-52를 참조할 것.

랐음에도 공통적으로 모두 성리학적 자연인식의 틀에 입각해 서양 과학 지식을 읽었다는 사실은 주목할 필요가 있다. 자연지식에 조예가 깊은 조선 유학자라면 대부분은 서양 천문학이 전해준 지식정보들을 타당한 것으로 인정했다.[39] 특히 서양 과학은 경험적·실증적 데이터에 근거했다는 점, 그리고 정밀한 수학에서 비롯되었다는 점이 장점으로 이해되었다.

그러나 조선의 유학자들은 서양 과학은 현상을 잘 설명해 주는 지식이기는 하지만 자연의 참다운 원리, 즉 '소이연지고(所以然之故)'를 밝히는 지식은 못 된다고 생각했다. 이익과 홍대용은 전 우주에 충만한 기에서, 김석문은 태극과 수비학적인 수(數)에서, 그리고 서명응은 선천도에서 그러한 '소이연지고'를 찾으려 했다. 결국 조선 유학자들은 경험적이고 실증적인 차원에서 옳다고 파악했던 서양 과학의 지식정보를 이용해서 오히려 동아시아의 '고전적인' 과학 패러다임의 부활과 구축을 추구했다고 할 수 있다.

조선 유학자들의 이와 같은 우주론 논의와 서양 과학 읽기는 큰 맥락에서는 매문정에 의해서 부정되고 『사고전서』에서 믿을 수 없는 지식에 불과하다고 낙인찍혔던 중국 방이지 학파 학인들의 담론과 매우 유사했다고 할 수 있다. 비록 방이지 학파의 학문적 경향과 달리 소옹의 상수역학적 우주론 논의가 기론적 우주론 논의보다 오히려 지배적이었던 것은 사실이다. 그러나 서양 과학에서는 찾을 수 없었던 우주 생성과 변화의 원리에 대한 설명을 성리학적 자연인식 체계를 이용해 제시하려 했다는 점에서 방이지 학파와 학문적 지향은 동일했던 것이다.

당대 일본의 천문역산학계도 이러한 조선의 학문적 경향과 크게 다르지 않았다고 할 수 있다. 18세기 이후 중국에서는 잊혀져 갔던 방이지 학파의 독창적인 기론적 우주론은 일본에서도 활발하게 펼쳐졌다. 정확히

39 물론 대다수 조선 유학자들은 서양 과학지식을 옳다고 여기는데 강한 거부감을 지니고 있었으며, 서양 과학에 호의적 태도를 보였던 사람은 오히려 매우 소수에 불과했다.

언제 일본에 전해졌는지 분명하지는 않지만 『천경혹문(天經或問)』이 늦어도 1684년 이전에 일본에 전래되었다. 매문정의 『역산전서(曆算全書)』는 1723년에야 처음 수입되었으므로 전문적인 서양식 천문역산학이 일본에 거의 전래되지 않았던 시기에 일본 학인들은 『천경혹문』을 통해서 중국의 고전적 과학과는 이질적인 새로운 과학을 접했다. 1730년대 이후 『천경혹문』은 수많은 주역서(註釋書)들이 편찬·간행되면서 더욱 광범위하게 보급되어 식자층 사이에서 널리 읽혔다.

이렇게 일본의 학인들은 방이지 학파의 형이상학적인 기론적 우주론 내용을 담은 『천경혹문』을 통해서 지구설(地球說), 구중천설(九重天說), 삼제설(三際說)로 대표되는 서양 천문학의 지식정보들을 비로소 접하며 우주론 논의를 펼쳤다. 이미 1700년을 전후한 시기부터는 『천문초학초(天文初學抄)』(1706년)의 저자 바바 노부타케(馬場信武)를 비롯해서 정향력(貞享曆, 조쿄레키)을 확립한 시부카와 하루미 등이 『천경혹문』에 담긴 기론적 우주론 논의를 펼치기 시작했다. 18세기 동안 일본에서 이루어진 『천경혹문』에 담겨 있는 기론적 자연인식 체계에 입각한 형이상학적인 우주론 논의의 가장 진전된 내용은 시즈키 다다오(志筑忠雄, 1760～1806)의 『역상신서(曆象新書)』(1798～1802)에서 단적으로 살펴볼 수 있다. 『역상신서』에 수록된 「混沌分判圖說」(1802)은 『천경혹문』의 앞부분에 나오는 기론적 우주론을 묘사한 "昊天一氣渾輪旋轉之圖"의 직접적인 영향을 받은 우주도였다. 시즈키 다다오는 이처럼 『천경혹문』의 기론적 우주론에 근거해서 코페르니쿠스 천문학과 뉴턴의 역학(力學)을 해석하기도 했다. 그는 기(氣)의 개념과 대회전 메커니즘을 이용해 뉴턴 물리학에서 다루고 있는 여러 천문 현상들을 설명했던 것이다.[40]

40 바바 노부다케와 시부카와 하루미의 과학 담론에 대한 논의는 Wai-ming Ng, "The *I Ching* and the Adaptation of Western Science in Tokugawa Japan" *Chinese Science*

17, 18세기 동안 이루어진 조선 유학자들의 서양 과학 읽기와 자연지식 논의는 국가 공인의 「상위고」와 『국조역상고』에서 공식화된 매문정의 과학담론과는 상당한 거리가 있었다. 그런데 조선의 학인들은 비록 매문정의 과학담론과 연구 프로그램에 전적으로 동의를 하지 않았더라도 18세기 말 조선의 천문역산학계가 그 영향권하에 있었음은 부정할 수 없다. 매문정의 권위는 중국에서도 그랬지만 「상위고」에서 서호수가 언급하고 있는 바와 같이 천문역산학에서 이미 불가침적인 존재였다. 특히 그가 『역학의문』에서 정립하고 강희제로부터 절대적인 권위를 부여받은 '서양 과학의 중국기원'의 대서사는 극소수의 인물을 제외한 조선의 모든 학인들이 의심의 여지없이 믿었던 신념이었다.[41] 『역상고성』 체제의 완성을 통해 독자적으로 자국의 역(曆)을 확립한다는 정치적 목표를 달성하기 위한 노력의 일환이기는 했지만, 중국에서 지배적이던 과학연구의 패러다임, 즉 성리학적 자연인식 체계로 자연을 접근하고 이해하는 방식을 지양하고 정량적 데이터에 의한 경험적 추론과 기하학이나 삼각법 같은 엄밀한 수학적 논증을 통해서 자연의 이치를 파악하려는 과학연구의 경향이 18세기 말에 이르면 조선에서도 형성되고 있었다. 이는 매문정 과학 패러다임의 성취라고도 할 수 있는 『역상고성』과 『수리정온』이 지녔던 절대적 권위의 영향 때문이었다고도 할 수 있을 것이다. 실제로 천문역산학에 조예가 깊었던 18세기 후반 이후 대부분의 조선 유학자들은 매문정의 패러다임을 추종했다.

그에 따라 17, 18세기 동안에 독창적이고 자유롭게 이루어졌던 조선 유

15, 1998, pp. 100-102를, 시즈키 타다오에 대한 자세한 논의는 Yoshida Tadashi, "Cosmogony in the *Xuanji Yishu* of Qi Xuan" *Bulletin of Chinese Studies* Vol.1 No.2, 1987, pp. 13-20을 볼 것.

41 盧大煥, 2003 "조선후기 "西學中國源流說"의 전개와 그 성격" 『歷史學報』 제178집, pp. 113-139를 참조할 것.

학자들의 형이상학적 우주론 사색은 18세기 말에 이르면서 더 이상 전개되지 않았다. 18세기 중후반 홍대용과 서명응에서 절정에 달했던 기론적 또는 상수역학적 우주론 논의는 더 이상의 세련된 후계자를 내지 못했다. 사대부로서 수리천문학적 전문지식을 갖춘 역산 전문가들이 이전 시기에 비해 많아졌지만 이들은 더 이상 자신들의 선배들처럼 형이상학적인 우주론 사색을 펼치지 않았다. 18세기 말 조선 최고의 천문역산가였던 서호수와 이가환을 비롯해서 19세기 전반의 유희(柳僖, 1773～1837)와 홍길주(洪吉周, 1786～1841) 등에서 우리는 그러한 학문적 경향을 확인할 수 있다.[42]

이렇게 매문정식의 과학 연구, 즉 엄밀하고 실증적인 수리천문학적 자연 연구 경향이 강해질수록 형이상학적인 우주론 사색이 끼어들 여지는 더욱 줄어들 것이었다. 그러나 19세기 조선 학계에는 그동안의 우주론 논의에서 찾아볼 수 없었던 새로운 변동의 요인이 등장했다. 방이지 학파의 기론적 우주론 논의가 잘 정리되어 있는 『물리소지(物理小識)』와 『고금석의(古今釋疑)』, 그리고 소위 사행설(四行說)이라는 고대 그리스의 물질이론에 근거한 서양 중세의 기상학 또는 지구과학 내용을 담은 바뇨니(Alphonsus Vanoni, 1566～1640)의 『공제격치(空際格致)』(1633년 편찬)가 19세기 조선 학계에 뒤늦게 등장한 것이다. 실로 중국에서 유행한지 200여 년 만에 사원소설(四元素說)에 입각한 서양 중세의 대기권의 층서구조(層序構造) 이론과 방이지 학파의 기의 대회전 메커니즘에 기반한 우주론

42 서호수와 이가환에 대해서는 文重亮, 2003.9 "18세기 말 천문역산 전문가의 과학활동과 담론의 역사적 성격—徐浩修와 李家煥을 중심으로—" 『東方學志』 121집, pp. 51-84를 참조. 유희에 대해서는 具萬玉, 2001.6 "方便子 柳僖(1773-1837)의 天文曆法論—조선후기 少論系 陽明學派 自然學의 一端—" 『韓國史硏究』 113호, pp.85-112를 참조. 홍길주에 대해서는 Jun Yong Hoon, 2006 "Mathematics in Context: A Case in Early Nineteenth-Century Korea" *Science in Context* 19(4), pp. 475-512를 각각 참조할 것.

이 18세기 말, 19세기 초에 조선 학인들에게 전해진 것이다.

19세기 조선의 일부 학인들은 이러한 기론적 지식정보를 이용해 흥미로운 자연 논의를 펼치기도 했다. 이규경(李圭景)은 『오주연문장전산고(五洲衍文長箋散稿)』에서 방이지 학파의 기론적 우주론을 소개하면서 개인적 해석을 첨가했다.[43] 정약용의 제자 이청(李晴=李鶴來, 1792～1861, 호 靑田)은 자신의 저서 『정관편(井觀編)』에서 방이지 학인의 광학(光學) 이론을 비판적으로 소개했다.[44] 이규경과 이청의 기론적 자연 논의가 단편적이었다면 최한기의 우주론 논의는 예외적으로 방대하고 체계적일 뿐 아니라, 해석의 대상이 뉴턴 과학이었다는 점에서 매우 흥미롭다.

최한기는 1830년대부터 지구설과 기의 회전 메커니즘에 기반해 조석 현상을 체계적으로 이해하기 시작해서, 1857년의 『지구전요(地球典要)』와 1860년의 『운화측험(運化測驗)』에서는 기륜설(氣輪說)이라는 천체를 둘러싼 기의 대회전 메커니즘 이론을 확립했었다. 나아가 1867년의 『성기운화(星氣運化)』에서는 기륜설을 우주 안의 모든 천체의 운행과 만유인력으로 인해서 일어나는 모든 천체 현상들을 설명하는 일반 이론으로 확장했다.[45] 주지하는 바와 같이 이러한 최한기의 기륜설은 인문학과 자연학을 통섭하는 지식의 종합을 추구했던 그의 기학의 핵심 토대였다. 이러한 기륜설의 이론적 구조와 개념들은 방이지 학파의 기론적 우주론과 『공제격치』에 담긴 중세적 물질-공간이론을 설명하는 이론적 틀과 유사하다. 직접적인 영향의 연결을 찾을 수는 없지만 우주 공간이 기로 가득 차 있고,

43 문중양, 2013 "중국과 조선에서의 빛과 소리에 대한 기론적 논의—17세기 방이지 학파와 19세기 초 이규경을 중심으로—" 『한국사상사학』 44집, pp. 321-360.

44 문중양, 2006 "19세기의 호남 실학자 이청의 『정관편』 저술과 서양천문학 이해" 『韓國文化』 37집, pp. 125-156.

45 이에 대한 구체적인 논의는 文重亮, 2003 "崔漢綺의 氣論的 서양과학 읽기와 氣輪說", 『大同文化硏究』 43집, pp. 273-312를 참조할 것.

모든 천체들은 회전하는 기의 수레바퀴 모양으로 둘러싸여 있다는 19세기 중반 최한기의 기륜설은 17세기 중후반 중국의 방이지 학인들의 기론적 우주론의 전통에 서 있음은 분명한 사실이다.

4. 서양 과학을 '과학'으로 수용하다: 19세기 말 조선에서 근대 과학의 형성

조선의 사대부 학인(學人)들은 17세기 초에 서양 과학이 전해진 이후에도 예수회 선교사들이 전해준 대로 서양 과학을 이해하거나 수용하지 않았다. 조선의 선비들도 중국의 학인들과 마찬가지로 서양 과학이라는 네트워크를 해체하여 필요한 지식과 정보만을 선택적으로 활용했다. 그렇게 해체된 지식과 정보들은 자신들의 '고전적' 자연인식의 네트워크에 새로이 등록되었고, 그 과정에 종래의 자연지식 또한 변화되었다. 예수회 선교사들의 기대와는 달리 조선의 사대부들은 천주교 교리와 하나의 몸체를 이루고 있다고 간주되었던 당시의 서양 과학의 중요한 패러다임, 예컨대 4원소설과 같은 물질이론이나 이에 근거한 지구설(地球說)을 전제로 한 운동이론 등을 수용하기를 거부했다. 조선의 지식인들이 수용한 것이라곤 역법 계산법, 그리고 경험적 관찰로 얻어진 객관적 사실을 담은 데이터와 상수들뿐이었다. 이것들은 종래의 '고전적' 자연지식의 네트워크로 흡수되었으며, 그럴수록 '고전적' 자연지식은 더욱 풍부해져 갔다.

그러나 19세기 중엽 이후에는 사정이 달라졌다. 변화의 가장 큰 요인은 서구 제국주의 세력의 위압적인 등장이다. 이와 함께 19세기 최신의 과학기술 지식정보들이 새롭게 쏟아져 들어왔다. 17세기 초 예수회 선교사들이 16~17세기의 근대 과학 이전의 퇴행적 유럽 과학을 전래한 이후 무려 2세기를 뛰어넘어 유럽의 최신 근대 과학의 지식과 정보가 유입된 것이다. 이하에서는 유럽의 최신 근대 과학이 조선에 정착하는 양상을 살펴보기로 한다.

4.1. '격치학'에서 '과학'으로: 한성순보-한성주보에서 독립신문으로

서양 과학을 해체한 지식과 정보를 활용한 조선 정부와 학인들의 새로운 지식 생성과 구축 활동은 19세기에 들어와서도 어느 정도 계속되었다. 1867년에 편찬된 『성기운화(星氣運化)』가 그 대표적인 예로서, 이는 유럽에서 1847년에 간행된 최신의 서양 천문학 이론을 담은 허셸(William Herschel)의 천문학 개설서인 *The Outlines of Astronomy*를 1859년 중국에서 한역(漢譯)하여 간행한 『담천(談天)』을 근거로 최한기가 새로이 저술한 책이다. 이 책에서 최한기는 '고전적' 기(氣)의 개념과 기론적 메카니즘에 근거한 그의 '기륜설'을 이용해 19세기 중엽의 서양 천문학서를 새롭게 재해석했다. 다시 말하자면 '기륜설'이라는 '고전적' 과학의 패러다임에 입각한 이론에 의해 19세기 중반 최신의 서양 천문학 이론이 해체되었던 것이다.

이와 유사한 모습을 조선 시대 최후의 천문역산가라 할 수 있는 남병철(南秉哲, 1817~1863)과 남병길(南秉吉, 1820~1869) 형제의 활동에서도 찾아볼 수 있다. 이들은 19세기 최고의 권세를 누린 가문 출신으로 일생동안 고위직을 누리며 비교적 순탄하고 행복한 삶을 살다가 개항을 전후하여 조용히 숨을 거둔 문인 학자이기도 하다. 누구보다 최신의 과학지식 정보를 접할 수 있는 사회적 지위에 있었으며, 천문지리학을 총괄하던 관상감 제조를 지냈다. 이들은 많은 과학문헌들을 집필했는데, 그 대표로 남병철의 『의기집설(儀器輯說)』(1859년경)과, 남병길의 『시헌기요(時憲記要)』(1860년경)를 들 수 있다. 『의기집설』은 고전적 천문기구와 함께 '동아시아적'으로 변형된 서양식 천문기구들에 대한 해설서이다. 『시헌기요』는

『서양신법역서』 이후에 보강된 천문학서인 『역상고성』과 『역상고성후편』 등의 천문학 계산과 이론을 총 정리해 놓은 책으로 중인(中人) 역산가들의 교과서로 활용될 성격의 책이었다. 그야말로 동아시아 천문학의 결산이었다고 평가할 수 있는 책이었다.

이와 같은 1860년대 최한기와 남병철·남병길 형제의 과학 활동은 무엇을 의미하는가? 이는 제국주의 세력이 위압적으로 들어오기 직전까지 이 땅을 지배했던 자연지식의 패러다임이 결코 서양 과학과는 거리가 멀었다는 것을 말해 준다. 다시 말해서 조선의 자연지식이란, 자연에 대한 형이상학적 사색은 물론이고 전문적인 천문역산 지식 차원에서도 모두 '고전적' 자연지식의 패러다임하에 있었다는 것을 말한다. 19세기 중반 무렵까지도 조선의 지식 세계에서 서양 과학지식이 차지하는 위치는 한마디로 '형하지기(形下之器)'에 불과했다. 즉 서양 과학지식은 자연의 원리를 파악하게 해주는 심오한 '형상지도(形上之道)', 즉 학문적 지식에 못 미치는 것이었으며 다만 전문적 기술 지식으로서 간편한 계산법이나 실용적인 차원의 이기(利器) 정도로 인식되었을 뿐이다.[46] 1880년대 무렵에 등장한 '동도(東道)'와 '서기(西器)'를 구분하는 '동도서기론'[47]은 이러한 이해의 연장에 있었다고 볼 수 있다. 동도서기론이란 결국 동아시아 자연지식 전통의 패러다임하에 서양 과학지식을 포섭한다는 것을 의미했다.

그러나 19세기 말로 접어들면서 사정이 달라졌다. 언제부턴가 고전적 자연인식 체계와 그에 기반한 자연지식 정보들은 더 이상 믿을 수 없는 것이 되었고 오로지 서양의 근대 과학만이 믿을 만하고 추구할 만한 지식이

46 대표적으로 이규경의 인식을 볼 들 수 있는데, 문중양, 2012 "창조적 일탈의 상상: 19세기 초 이규경의 하늘과 땅에 대한 사유" 『한국문화』 59집, pp. 206-207을 볼 것.

47 1880년대 '동도서기론'의 형성에 대해서는 閔會修, 2002 "1880년대 陸用鼎(1843-1917)의 현실인식과 東道西器論" 『韓國史論』 48집, pp. 109-168을 볼 것.

되었다. 곧 서양의 근대 과학만이 '과학'이 되었으며 고전적 자연지식은 과학에서 축출되었다. 과학에 대한 인식 자체가 크게 전환하는 과정에서 서양의 최신 근대 과학지식에 익숙하지 못한 조선의 사대부 지식인들은 '과학'에 대해 무지한 어린이나 다름없는 신세가 되었다.

이러한 시대적 전환은 용어의 변화에서 단적으로 잘 살펴볼 수 있다. 우리가 현재 '과학'이라고 부르는 자연지식을 전근대 동아시아 사회에서는 흔히 '격물학(格物學)' 또는 '격치학(格致學)' 등으로 지칭했다. 이러한 용어는 『대학(大學)』에 나오는 '격물치지(格物致知)'에서 비롯된 것으로서 성리학의 집대성자 주희에 의해서 개념화된 것이었다. 격물학 또는 격치학은 13세기 이후 19세기 말까지 동아시아의 유가 지식인들에 의해 자연에 관한 지식을 의미하는 용어로 줄곧 사용되었다. 이러한 용례는 1880년대 조선에 유입되어 개화 사상가들에게 큰 영향을 주었던 과학 서적들의 제목에서도 살펴볼 수 있다. 예컨대 1860~70년대 중국에서 출간된 과학 입문서들 가운데 선교사 마틴(M. Martin)이 지은 『격물입문(格物入門)』(1866년)은 물리, 화학, 천문, 기상학 등의 분야에 대한 기초지식을 문답형식으로 다룬 입문서였으며, 1876년에 프라이어(J. Fryer)가 책임 편찬했던 과학 잡지의 이름은 『격치휘편(格致彙篇)』이었고 그 영문 명칭은 *The Chinese Scientific Magazine*이었다. 격물과 격치가 현대의 '과학'을 의미한다는 것을 알 수 있다.[48]

격물학 또는 격치학이라고 불렀던 것이 포함하는 자연지식의 영역은 서양 과학과 동아시아 과학을 구분하면서 동아시아 과학을 제외하고 있지

48 중국에서의 이러한 상황에 대해서는 Benjamin A. Elman, 2004 "From Pre-modern Chinese Natural Studies 格致學 to Modern Science 科學 in China," in Michael Lackner, Natascha Vittinghoff, (eds.) *Mapping Meanings; The Field of New Learning in Late Qing China* (Brill, Leiden), pp. 25-74를 참조할 것.

는 않았다. 성리학적 전통에서 비롯된 격치학은 동아시아에 새로이 유입되었던 서양 과학을 포괄하고 있었다고 보아야 할 것이다. 그런데 언제부턴가 서양 과학만을 의미하는 '과학'이라는 용어가 등장하면서 '과학'은 격치학과는 구분되는 지식체계로서 이해되기 시작했다. 이러한 변화는 메이지 일본에서 보다 분명하게 확인할 수 있다.

메이지 시대 일본의 일부 지식인들은 서양의 'science'를 종래의 동아시아적 격치학 및 격물학과는 배치(背馳)되는 것으로 이해하기 시작했다. 서양 과학과 달리 자연의 원리와 인간사회의 원리를 구분하지 않는 성리학적 '격물치지'의 학문적 방법은 비과학적이며 미신적인 것에 불과하다고 부정하기에 이르렀다. 이러한 인식하에 서양의 'science'가 '과학(科學)'으로 번역되고, 오로지 '과학'만이 자연의 이치를 제대로 파악할 수 있는 진정한 자연 지식으로 인정되기 시작했다. 서양의 'science'를 지칭하는 용어로 '과학'이 처음 사전에 수록되는 것은 1881년이었으며 이후 '과학'은 20세기에 들어와 일반적인 용어로 정착되었다.[49]

이렇게 일본에서 분명하게 확인되는 성리학적 격치학을 부정하는 '과학'의 등장 양상은 사실 중국과 조선에서도 크게 다르지 않았다. 조선에서는 1880년대에 개화론자들에 의해서 서양 과학이 적극적으로 소개, 도입되었다. 그야말로 서양 과학의 기초적 지식이라도 익혀야 문명개화된 자라는 말을 들을 수 있을 정도였다. 우두법(牛痘法)의 보급으로 유명한 대표적인 개화론자 지석영(池錫永)은 『박물신편(博物新編)』, 『격물입문』, 『격치휘편』 등 서양 과학의 소개서들을 정부가 나서서 간행 보급할 것과 과학보급센터 같은 기구를 만들어 전문가를 양성하자고까지 주장했다. 이 중에 『격치휘편』은 1880～90년대 조선의 과학계몽에 큰 영향을 준 과학

---

49 이에 대한 자세한 논의는 김성근, 2003.12 "일본의 메이지 사상계와 '科學'이라는 용어의 성립과정" 『한국과학사학회지』 25권 2호; pp. 131-146을 참조할 것.

잡지였다. 그 내용에는 서양 과학에 대한 기초 지식뿐 아니라 일본의 성공적인 과학기술의 발전 사례들이 담겨있었다. 특히『격치휘편』의 내용은『한성순보(漢城旬報)』에 기사로 게재되어 더욱 널리 소개되었다.『한성순보』와『한성주보』는 정부에서 발행했던 한국 최초의 근대식 신문으로서 정부 정책과 행사를 공지하는 성격의 일부 기사를 제외하곤 기사의 대부분이 계몽적 성격의 것들이었다. 그중 상당수는 서양 과학기술의 소개였다. 전신, 전기, 철도 등 서양의 기술 문물을 많이 소개했지만, 지구과학과 천문학, 그리고 물리학과 화학 등의 기초과학 기사도 많았다.[50]

그런데 1880년대『한성순보』와『한성주보』에서 서양 과학기술을 소개할 때만 해도 자연 지식 일반에 대해 격치학 또는 격물학이라는 명칭을 사용했으며, 이는 종래 고전적 자연지식과 함께 새로이 접하게 된 서양 과학도 포함하고 있었다. 즉 1880년대에 널리 읽히고 있넌『한싱순보』와『한성주보』에서 격치학은 동아시아 지역에 새로이 들어온 서양 과학까지 껴안고 있었던 것이다.

그러나 1890년대부터는 성리학적 개념에 토대를 둔 '격치학'과 배치되며 이를 자연에 대한 학문으로서 인정하지 않는 '과학'이 등장했다. 1890년대의『독립신문』과 1900년대 이후의『매일신보』가 그러하다.[51]『독립

50 『한성순보』와『한성주보』에 대한 자세한 논의는 김연희 2011.4 "『漢城旬報』 및『漢城周報』의 과학기술 기사로 본 고종 시대 서구 문물 수용 노력"『한국과학사학회지』 33권 1호, pp. 1-39를 볼 것.

51 1890년대 이후 본격적인 문명개화론적 인식의 전환에 대해서는 길진숙, 2004 "『독립신문』·『매일신문』에 수용된 '문명/야만' 담론의 의미 층위" 이화여대 한국 문화연구원 편,『근대계몽기 지식개념의 수용과 그 변용』(2004, 소명), pp. 59-95; 박태호, 2003 "『독립신문과』과 시간-기계:『독립신문』에서의 근대적 시간-기계의 작동 양상"『사회와 역사』(한국사회사학회) 64집(이화여대 한국 문화연구원 편,『근대계몽기 지식개념의 수용과 그 변용』(2004, 소명), pp. 257-303에 재수록); 고미숙, 2004 "『독립신문』에 나타난 '위생' 담론의 배치", 이화여대 한국 문화연구원 편,『근대계몽기 지식개념의 수용과 그 변용』(2004, 소명), pp. 305-329 등의 논저들을 볼 것.

신문』과 『매일신보』에서는 과거의 고전적 자연 지식은 더 이상 믿을 만한 자연지식이 아니었다.

이렇게 볼 때 '과학' 관념의 전래는 단지 서양 과학지식을 전래하는 것 이상의 사회적 변화를 의미했다. 이는 '과학'을 통해서 동아시아의 고전적 자연인식 체계와 자연지식들을 미신적이고 불합리한 것으로 규정하며 축출하는 것을 의미했다. '격물'과 '격치'라는 용어가 사용되더라도 이제는 서양 과학지식에 한정되기 시작했다.

이러한 '과학' 관념은 1890년대 이후 『독립신문』과 『매일신보』를 통해 빠르게 확산되던 '문명개화(文明開化)'와 함께 들어왔다는 사실에 주목할 필요가 있다. 문명개화론자들에게 서양의 과학기술은 미개인들을 계몽시켜 주는 '문명개화'의 핵심적인 구성요소였다. 이러한 흐름 속에서 19세기 후반까지 이어져온 동아시아적 자연지식의 전통을 담고 있던 '격물학'은 미개한 '구학(舊學)'으로 치부되었다. 새로이 소개된 서양 과학기술만이 근대인이 되기 위해서, 문명개화를 위해서 근대 국가의 국민들이 배우고 익혀야 할 '과학'이 되었다.

4.2. 전통의학의 축출과 '과학적'인 '근대 의학'의 출현

근대는 19세기 말에 도래했다. 문명개화라는 화려한 수식어와 함께 '과학'을 등에 업은 근대 사회는 우리에게 위압적으로 다가왔다. '근대 의학'의 등장 양상은 이러한 변화를 가장 잘 보여주는 것 가운데 하나이다. 때로는 서양의 '근대 의학'의 유입 과정에서 종래 심각한 문제 없이 그런대로 잘 유지되어 오던 것들을 졸지에 미신적인 것이며 타도해야 할 대상으로 만들어버리는 일이 발생했다. 천연두를 예방하는 획기적인 방법으로 이해되었던 우두법(牛痘法)의 보급이나 근대적 위생(衛生) 관념을 내세운 폭력적인 위생 경찰의 도입 등은 그러한 대표적인 사례이다.

총독부 과학관장이었던 시게무라가 우두법의 정착에 큰 기여를 한 지석영을 1934년에 칭송하면서 했던 다음과 같은 발언은 서양 의학의 수용을 바라보는 근대인의 폭력적 시선을 상징적으로 잘 보여준다. 지석영은 근대 과학을 대표하는 우두법의 보급을 통해 미개한 조선 사회에 한줄기 빛을 던진 위대한 과학자처럼 그려지고 있다.[52]

> "이런 비과학적인 분위기 중에 홀로 빛을 떨친 것은 이조 말 조선의 제너(Jenner)라 불리는 송촌 지석영 선생이다. 나는 정신적 과학의 유지자로서 선생을 추천하고 싶다. 선생의 나이가 이미 팔순을 넘었으며 남은 여생을 즐기고 있으시지만, 선생이 죽음을 무릅쓰고 과학을 옹호했던 참혹한 역사는 실로 눈물 없이는 읽지 못할 것이다."

그런데 우두법의 정착 과정을 살펴보면 여러 가지 흥미로운 사실들을 발견할 수 있다. 무엇보다도 우두법의 시행은 과거 한의학의 일부로 발전했던 인두법(人痘〔接種〕法)의 축출을 의미했다. 우두법의 시행은 앞의 인용문에서도 볼 수 있듯이 귀신보다도 더 무서운 천연두에 대해 속수무책으로 목숨을 잃을 수밖에 없었던 전근대의 깜깜한 시대를 한줄기 빛이 나타난 것과 같은 것처럼 서술되었다. 또한 우두법은 서양의 '근대 과학'이 가져다 준 은혜였던 것처럼 간주되었다.

그러나 근래의 의학사 연구에 의하면 역사적 사실은 이와는 너무나 달랐다. 이미 우두법 이전에 동아시아에서는 인두법(人痘法)이라는 종두법(種痘法)이 시행되고 있었다. 인두법은 한의학의 범주 내에서 개발되고 접종되어 왔었는데, 우두법과 비교할 때 질적으로 전혀 다른 종두법은 아니

52 우두법의 정착 과정에 대한 이와 같은 흥미로운 논의는 신동원, 1995 "공립의원 제중원, 1885-1894" 『한국문화』 15집, pp. 181-260; 신동원, 2000 "한국 우두법의 정치학-계몽된 근대인가, '근대'의 계몽인가" 『한국과학사학회지』 22권 2호, pp. 149-169 등을 볼 것.

었다. 물론 우두법에 비해서 안전성이 다소 떨어지는 등 기술적인 측면에서 우두법에 비해 수준이 떨어지는 것은 사실이었다. 그러나 19세기 초에 한의학 내에서 개발되기 시작한 인두법 또한 천연두에 속수무책이던 깜깜한 시대에 그야말로 한줄기 빛과 같았다고 해도 지나친 표현은 아니다. 다만 인두법은 국가의 행정력으로 전 국민에게 접종이 되지 못하고 민간 차원에서 일부 사람들에게만 간헐적으로 이루어지고 있었을 뿐이었다. 그런데 19세기 말 우두법이 새로이 등장하면서 인두법이라는 전통적인 종두법은 비과학적인 것이라고 부정되었고, 인두법을 발전시켰던 한의학 또한 미신 취급을 당하기 시작했다.

우두법의 시행 과정에서 주목해야 할 또 하나의 사실이 있다. 즉, 우두법은 지석영과 같은 민간인이 개인적 차원에서 먼저 시도했으나 효과를 보지 못했고, 결국 정부가 나서서 의무 접종을 강제하면서 비로소 성공을 거두게 되었다는 사실이다. 조선 정부가 나서기 시작한 것은 1885년부터였지만 정부의 정책이 본격적으로 추진된 것은 조선이 근대 국가의 체제를 갖추려고 노력하던 1894년 갑오개혁 이후 및 대한제국 시기였다. 그 후 통감부가 더욱 강제적으로 접종을 추진하면서 큰 성공을 거두게 되었다는 사실도 주목할 필요가 있다.

조선과 대한제국의 정부는 1894년부터 갑오개혁의 일환으로 전 국민의 의무 접종을 규정한 「종두규칙」과 전문 인력의 양성을 위한 「종두의양성소규칙」을 반포하는 등 심혈을 기울여 종두 접종을 추진했다. 그럼에도 1905년까지 지지부진하던 종두 접종 사업은 1906년부터 통감부가 나서면서 큰 효과를 보게 되었다. 물론 가장 큰 이유는 통감부의 강력한 행정력이었는데, 다시 말해 무단적인 헌병과 경찰의 동원이 있었기에 가능했던 것이다. 미접종자는 마치 형사범죄인처럼 처벌을 받을 정도로 접종 사업은 위압적으로 추진되었다. 우두 접종을 강제하는 폭력 앞에서 무력했던 조선 사람들에게는 서양의 근대의학은 두려움의 대상이었다. 서양 우두법의 정착이 국가의 강제력 행사를 통해서야 가능했었다면 우두법의 등장과 보급은 지석영 신화에서 이야기하는 깜깜한 밤의 한줄기 빛처럼 그렇게 극적인 것은 아니었다는 말이 된다.

그러나 통감부의 폭력적 강제에 의해 이루어진 우두법의 성공은 인두법의 퇴출 및 인두법과 연계되어 있었던 한의학의 몰락을 예견하는 것이었으며 한의학에 대한 서양 의학의 과학적 승리로 서술되었다. 이렇게 근대의 도래와 함께 조선인들에게 강요되었던 우두법은 위대한 근대 과학의 승리로 예찬되었던 것이다.

19세기 말에 갑자기 도래한 근대는 조선인들에게 '과학'을 보여주었지만, 일부 문명개화론자들을 제외한 대다수의 조선인들에게 이는 '과학'이 아니었다. 근대와 함께 다가온 '과학'은 대다수 조선의 민중들에게는 해괴하고 믿을 수 없는, 때로는 삶의 근거를 폭력적으로 몰아내는 무서운 것이었다.

이를 단적으로 보여주는 것이 근대 과학으로서의 병리학 또는 세균설에 입각한 위생 관념 및 위생 경찰의 등장이다.[53] 1860년대 프랑스에서 파스퇴르가 전염병을 일으키는 미세한 미생물, 즉 세균을 발견한 이후 20세기에 이르기까지 전염병을 일으키는 수많은 세균들이 발견되었다. 세균의 발견을 통한 전염병 예방과 치료는 근대 과학의 위대함을 단적으로 보여주는 것이었다 해도 과언이 아니다.

그런데 이러한 세균의 발견은 강력한 행정력을 동원하여 전 국민의 위생 상태를 통제하려는 위생 경찰이라는 정책 수단에 힘을 부여했다. 눈에 보이지 않는 세균을 효과적으로 박멸하기 위해서는 강력한 힘의 행사가

53 신동원, 2002 "세균설과 식민지 근대성 비판" 『역사비평』 58호, pp. 341-363을 참조할 것.

어쩔 수 없다는 주장에 정당성을 제공해 주었던 것이다. 즉 위생 경찰은 전 국민을 관리 대상으로 하는 국가적 방역 체제의 구축을 위해 강력한 경찰 조직과 경찰력을 이용하는 행정 시스템이었다.

18세기 후반부터 유럽에서 시작된 위생 경찰 제도는 19세기 말 메이지 일본에도 도입되었으며 조선에서도 이를 도입하려는 시도가 있었다. 김옥균이 1882년에 저술한 「치도약론(治道略論)」과 박영효가 1883년에 시행한 치도사업은 전형적인 근대적 위생 관념을 잘 보여준다. 갑신정변을 통해 급격한 개화를 이루어 내려던 혁명가 김옥균은 "도로변의 불결을 없애 전염병을 예방하고, 소독된 분뇨를 활용하여 농업생산성을 높이며, 교통을 편리하게 하여 물류 유통을 증대시키자"는 논리를 폈으며, 거리의 청결에 대한 감시 및 처벌을 위한 순검(巡檢) 제도를 두어야 한다고 주장할 정도였다. 비록 백일천하로 끝난 갑신정변의 실패로 실현되지는 못했지만, 위생 경찰 제도는 갑오개혁 이후 내무대신이 된 박영효에 의해 실행되었으며 이후 통감부 시대를 거쳐 식민지 시기로 계승되었다.

그런데 과연 개화기와 식민지 시기의 조선 민중들은 위생 경찰 제도를 통해서 근대적 방역의 혜택을 입으며 청결한 생활을 누리고 무서운 전염병으로부터 목숨을 지킬 수 있었을까? 식민지 민중들에게 전염병만큼이나 두려웠던 것은 근대 병리학으로 무장한 위생 경찰이었다. 근엄한 제복을 입고 허리에는 칼을 찬 근대의 경찰과 헌병은 전염병 환자를 찾아 낸다는 명분하에 식민지 민중을 통제하고 가두었다. 환자로 판단되는 사람들은 마치 형사범죄인처럼 강제로 끌려갔고 일상의 삶의 공간에서 격리되었다. 이렇게 근대의 '과학'은 소수의 문명개화론자들을 제외한 대다수 민중들에게는 이들을 억압하는 무서운 폭력적 권력이었다.

4.3. '음력'의 탄생과 서구식 시간체계의 형성

조선에서 1654년부터 시행되었던 시헌력(時憲曆)은 비록 중국의 전통적 역법체제인 대통력(大統曆) 체제를 대체했다고는 하지만, 서양식 천체 운행의 데이터와 계산법을 부분적으로 채용한 것에 불과했다. 시헌력은 종래의 역법체제를 부정하고 서양식 시간체제로 전환한 것은 아니었다. 시헌력은 여전히 종래의 태음태양력을 근간으로 하고 있었으며, 조선의 의례 시행의 표준시간체제인 『시헌서』는 '대통력서 체제'와 그리 다를 바가 없었다.[54]

그러나 개항 이후 서양식의 양력시간체제의 확산, 그리고 1896년 태양력 시행과 더불어 조선의 시간체계는 커다란 변화를 겪었다. 1880년대에 이르면 여전히 정부 공식의 『시헌서』 체제가 유지되고 있는 가운데, 개항지와 외국인 거류지를 중심으로 서양의 태양력 체제가 서서히 시행·확산되기 시작했다. 일본과 서양 각국은 자신들이 만든 우체국, 병원, 그리고 은행들에서 태양력과 요일제를 시행했다.

이러한 태양력 사용이 공식화된 것은 갑오개혁 시기였다. 1894년 11월 20일에는 그 이듬해부터 청의 연호를 폐지하고 개국 기원을 사용할 것이 결정되었다. 이어서 1895년 9월 9일에는 그다음 해부터 태양력을 공식적으로 채용한다는 결정이 전격적으로 내려졌다. 1896년부터는 태양력을 사용할 것과 함께 국가의 의례를 포함하여 모든 부문에 걸쳐 태양력의 전용을 결정한 것이었다. 이로 인해 태양력의 시간체제는 행정과 외교, 법률, 그리고 교육, 교통, 통신 등 공적인 영역에서 일원적으로 적용되고, 종래의 시헌력 체제는 공식적으로 소멸될 운명에 처하게 되었다.

그러나 태양력은 갑오개혁의 의도대로 전면적으로 사용되지는 못했다.

54 『시헌서』에 대한 이러한 논의는 이창익, 2005 "조선후기 역서의 우주론적 복합성에 대한 연구: 역법과 역주를 중심으로"(서울대 종교학과 박사논문)을 참조할 것.

물론 공적인 영역에서는 태양력의 시간 질서가 우위를 점했지만, 아관파천 이후 국가 의례를 종래의 시헌력으로 시행하기로 하는 등 태양력과 시헌력을 병행하게 되었기 때문이었다. 실제로 정부에서는 1908년까지 태양력서와 함께 시헌력서(나중에는 명시력)를 편찬·반포했다. 이와 같이 1896년 태양력을 사용하기로 결정한 이후에도 새로운 시간질서와 종래의 시간질서는 1908년 시헌력 체제가 완전 포기될 때까지 치열한 경쟁을 벌였다고 할 수 있다.

일본의 지원을 등에 업은 개화론자들은 시헌력 체제를 비과학적인 '음력'으로 규정하면서 공적 영역에서는 태양력을 강력하게 시행해 나갔다. 근대식 학교에서는 태양력과 요일제가 거의 예외 없이 사용되었고, 『독립신문』을 비롯한 근대 신문들도 새로운 시간 체제의 확산을 적극적으로 주도했다.

그러나 종래의 시간질서를 유지하려는 저항도 만만치 않았다. 특히 국가적 의례는 행정적인 차원을 넘어서 정치적으로는 물론, 문화적으로도 전통의 정통성을 담보하는 것이었기 때문에 태양력에 대한 부정적 인식은 자연스러운 저항이었다. 배재학당 등 근대식 학교가 전면적으로 태양력과 요일제를 사용하는 것에 대해서 성균관이나 유생들은 강력하게 반발했다. 태양력을 쓰고 종래의 정삭(正朔)을 폐지하는 것은 금수가 되고 야만이 되는 것이라며 강하게 저항했던 신기선의 주장[55]은 태양력에 대한 저항의 대표적 사례였다. 저항은 일부 지식인에 국한된 것이 아니었다. 일반 민중들의 삶에서는 태양력이 거의 사용되지 않았다. 1908년에 시헌력 체제가 최종적으로 공식 포기되었음에도 불구하고 태양력의 실질적 전용은 일제의 강제력이 위력을 발휘하는 1909년에 이르러서야 비로소

55 『독립신문』 1896년 6월 4일자 기사.

가능했다.[56]

우리는 이러한 과정에서 소위 '음력'이라는 과거에 존재하지 않았던 것이 역사적으로 만들어졌다는 사실에 주목할 필요가 있다. 주지하는 바와 같이 시헌력 체제는 태음태양력[57]으로서 달의 움직임만 고려한 것이 아니라 태양의 움직임도 같이 고려한 것이다. 그러나 '문명개화'라는 거대한 시대적 흐름 속에서 종래의 시헌력 체제는 언제부턴가 '음력'이라 불리기 시작했다. 1884년 4월 16일의 『한성순보』의 「음양력대비」라는 제목의 기사는 아시아 각국이 과거 '태음력'을 쓰는 데에 비해 서양 각국은 '태양력'을 쓴다고 했다. 실제로는 태음태양력이었던 종래의 시헌력 체제를 '음력'이라 부르며 양력과 대비하고 있는 것이다. 이와 유사한 사례는 대표적 개화론자인 유길준의 『서유견문』에서도 찾아볼 수 있다.

'음력'이라는 표현은 종래의 시간 체제가 달의 주기를 기준으로 하고 있기 때문에(사실은 달의 주기와 태양의 주기를 모두 고려하고 있음에도 불구하고) 상대적으로 '양력'에 비해 합리적이지 못하다는 의미를 함축하고 있다. 종래 국가와 민간 모두를 지배하고 있던 시헌력의 시간질서는 국가의 공적 영역에서 축출되었으며 비합리적인 시간체제라는 의미를 내포한 '음력'이라는 이름으로 불리게 되었다. 과거 300여 년 동안 '합리적'이고 '과학적'인 것으로 여겨지던 시헌력 체제가 이제는 더 이상 '과학'이 아니게 된 것이다.

---

56 태양력 시행 과정에 대한 이와 같은 자세한 논의는 임현수, 2006 "대한제국기 역법정책과 종교문화-'음력'의 탄생과 국가 경축일의 제정" 『대한제국은 근대국가인가』(푸른역사), pp. 185-216; 정근식, 2000 "한국의 근대적 시간체제의 형성과 일상생활의 변화 I: 대한제국기를 중심으로" 『사회와 역사』 제58집, pp. 161-197을 볼 것.

57 태음태양력(太陰太陽曆)은 달과 태양의 움직임을 모두 고려하여 만든 역법으로서 날짜의 계산은 달이 차고 기우는 것을 기준으로 하고 계절의 변화는 태양의 움직임을 기준으로 하는 것이다.

위장척사와 동도서기, 그리고 중체서용은 과연 실패한 전략이었는가?

맺음말

서양 세력의 등장은 19세기의 동북아시아 국가들에게 심각한 위협이었다. 군사적으로나 경제적으로만 위협적인 것이 아니었다. 서양은 이데올로기적으로나 문화적으로도 매우 심각한 위협이었다. 동북아시아의 지식인들에게 서양의 존재는 이미 잘 알려져 있었고 서양의 '과학'과 기술이 상당히 정교하다는 것도 알려져 있었다. 기독교 신앙도 어느 정도 알려져 있었다.

중국은 이미 17세기부터 예수회 선교사들을 통해 서구의 천문학 지식을 접하고 있었으며 서양의 많은 기독교와 과학 서적이 한문으로 번역되었다. 한국도 중국 사행(使行)을 통해 서양 학문과 기독교를 접하였으며 선교사가 오기 전에 이미 조선의 신자들은 교회를 설립하고 예배를 드리고 있었다.

그럼에도 불구하고 서양의 군사력에 대한 위기감은 물론, 서양 학문과 기술에 대한 높은 평가나 존중도 없었다. 서양의 천문학이 매우 정교하고 뛰어나다는 것에 감탄하면서도 중국과 한국의 지식인들은 서양 학문의 성취를 존경하거나 체계적으로 배우려 하지 않았다. 문중양의 연구가 지적했듯이 서양의 '과학'을 해체하여 지식과 정보로 수용하면서 전통적인 자연인식의 체계를 더욱 풍부하게 했을 따름이다. '서양 과학의 중국기원설'을 전적으로 믿지 않는 중국과 조선의 지식인들에게도 서양 과학지식이 차지하는 위치는 '형하지기(形下之器)'에 불과했다.

서양의 과학적 지식은 '과학'이라기보다는 간편한 계산법이나 실용적 차원의 이기(利器) 정도로만 인식되었다. 심지어 임진왜란 당시 명나라와 조선의 수군은 왜의 수군을 격파하는데 포르투갈을 통해 전해졌던 블랑기포(Frankish gun)를 다량 사용했고 명나라와 청나라는 네덜란드에서 전해진 홍이포(紅夷砲)를 가지고 영원성전투(1624)와 송금전투(1641~42)를 치렀지만 서양의 군사적 능력을 위협으로 받아들이지는 않았다. 청나라가 러시아의 진출을 성공적으로 저지한 일련의 전투에 참여했던 조선은 이를 나선정벌(羅禪征伐, 1652~58)이라 불렀다.

한편, 일본은 전국시대에 서양으로부터 총을 받아들여 자체 제작을 시작했고 오다 노부나가는 총으로 무장한 병력을 효과적으로 활용하여 국내 통일을 어느 정도 성취했다. 서양의 새로운 문물과 함께 서양 세력과의 동맹 가능성은 패권을 장악하려는 야심적인 지도자들에게 대단히 매력적인 것으로 보였다. 기독교의 포교도 묵인되었다. 조총이라는 서양 전래의 신무기가 놀라운 살상력과 함께 가공할 심리적 공포감도 유발했던 도요토미 히데요시의 조선 침공에는 선교사들과 기독교 다이묘도 참가했다. 히데요시의 사후 일본을 장악하며 수립된 도쿠가와 막부는 기독교를 탄압하고 시마바라의 천주교도 반란을 잔혹하게 진압했다.

이뿐만 아니라 일본은 나가사키 데지마(出島)의 네덜란드 상관을 통해서 서양 사정을 어느 정도 알고 있었고 러시아 선박의 출몰에 불안해했다. 게다가 제1차 아편전쟁 이후 위기감이 확산되었으며 미국의 통상 요구에 막부가 굴복하여 개항을 하고 미일통상조약을 체결하자 소위 '사화(士化)'된 하급 사무라이들을 중심으로 존왕양이의 움직임이 크게 일어났다. 중국과 한국에서도 제2차 아편전쟁 이후에는 위기감이 확산되는 가운데 한편에서는 서양의 군사력과 이를 뒷받침하는 무기와 지식과 기술을 도입할 필요성을 느끼기 시작했으나, 다른 한편에서는 여전히 이를 거부하고 있었다. 그러나 서양 세력의 등장으로 인한 위기에 대응하는 과정에서 일본은 한국 및 중국과 상당히 달랐다.

일본에서는 존왕양이 세력들이 개항을 주도하거나 서양 문물 도입을 추진하는 주요 인물들을 습격하여 살해하는 일이 빈번히 발생했고, 외국인을 공격하거나 외국 선박에 포격을 가하기도 했다. 그러나 사쓰에이 전쟁과 시모노세키 사건 등으로 상당수 존왕양이파는 양이를 위해서라도 양재를 도입해야 한다는 것을 확실히 깨달았으며 화혼양재로 노선을 선회하고 문명개화를 추진했다. 서양의 오랑캐와 화친을 했다고 막부를 공격하고 쓰러뜨린 사람들이 서양 오랑캐의 것을 전면적으로 받아들이자고 나섰던 것이다.

중국에서는 전통 체제는 유지하면서 서양의 무기와 지식과 기술만을 받아들인다는 취지에서 중체서용이라는 구호를 내걸고 양무운동(洋務運動)을 추진했다. 많은 근대적 설비를 도입하고 시설을 건설했으며, 특히 해군사관을 양성하고 군함을 구입하여 북양함대를 일시 세계 굴지의 강력한 함대로 키웠으나 청일전쟁에서 패배했다. 중체서용 방식의 서양 문물 도입은 한계가 있으므로 나라의 모든 제도 자체를 서구화한 일본처럼 헌법의 제정과 정치체제의 개혁이 필요하다는 캉유웨이의 변법자강운동이 일어났으나 보수반동파의 반격으로 실패로 돌아갔다.

한국에서는 제너럴셔먼호 사건, 병인양요, 신미양요를 겪으면서 서양에 대한 위기감이 높아지고 적개심이 고조되었으며 전국에 척화비가 세워지는 상황이 전개되었다. 자주적 개항은커녕 서양 문물을 받아들여야 한다는 의견조차 확산되기 어려웠다. 결국 일본이 일으킨 운요호 사건을 통해 개항이 이루어졌는데 이후 갑신정변이 실패하면서 조선에서는 서양 문물 도입 논의가 크게 위축되었다. 갑오경장 연간에 등장한 동도서기 논의는 여전히 조선과 중국의 도를 우위에 두면서 서양의 과학과 기술을 받아들여 활용하겠다는 것이라, 19세기 이전의 중국과 한국의 학인들이 서양의 천문학을 해체하여 지식과 정보로만 수용하던 것과 크게 다르지 않았다.

그런데 화혼양재는 중체서용이나 동도서기와 크게 다른 것이었을까? 과연 일본은 성공했고 중국과 조선은 실패했던 것일까? 화혼양재가 '양혼(洋魂)'을 배제하는 것이고 중체서용이 '서체(西體)'를 배제하는 것이며 동도서기가 '서도(西道)'를 배제하는 것이라면, 이것들이 본질적으로 위정척사와 무엇이 달랐던가? '사(邪)'의 범위에 천주교 같은 것만 포함시키고 철갑군함, 대포, 기계, 기관차 등을 포함시키지 않는다면 위정척사라는 글귀는 결국 동도나 화혼을 달리 표현한 것에 불과하지 않은가?

만일 화혼양재가 존왕양이파를 달래거나 안심시키기 위한 구호에 불과했고 속내는 전면적으로 양재를 도입하는 것이었다면, 중체서용과 동도서기를 내세운 사람들 가운데 혹시 소수라도 그러한 의도를 가진 사람이 없었다고 단언할 수 있을까? 중체서용과 동도서기 역시 전면적인 서양 문명의 수입, 즉 '서체서용'이나 '서도서기' 따위는 입에 올리기조차 어려운 상황에서 제시된 것이었을까?

조선의 유학자들이 중국의 '중국(中國)'으로서의 지위, 즉 세상의 중심으로서의 지위를 인정하고 조선을 '동국'이라 여겼듯이 일본의 유학자들도 중국을 '중국'이라 생각하고 일본이 '변경'으로서의 지위를 인정하고 있었다. 그런데 야마자키 안사이(山崎闇齋, 1619~1682)는 주자학자이면서도 어느 날 제자에게 다음과 같은 질문을 던졌다고 한다. '만일 중국이 공자와 맹자를 대장으로 하여 우리나라에 쳐들어온다고 하면 너희들은 어떻게 하겠는가?' 열심히 공자 왈 맹자 왈 하고 있던 제자들은 머뭇거리며 대답을 못했다고 한다. 그러자 야마자키 안사이는 '그런 때가 오면 당연히 공자와 맹자와 싸워서 베어버리거나 사로잡아야 하는 것이다'라고 했다고 한다[1]. 일본의 식자들에게는 제법 유명한 질문이다. 주자학을 하더라도 일본인이라는 사실이 먼저라는 것으로 해석된다.

그러나 동시대의 조선의 선비에게 이런 질문은 당최 질문거리가 되지 않았을 것이다. 첫째, 공자와 맹자는 성현으로서 어질고 불의를 미워하는 사람들인데, 군대를 이끌고 조선에 쳐들어온다는 것 자체가 말도 안 되는 황당한 이야기로 들렸을 것이다. 둘째, 만의 하나, 성현인 공자와 맹자가 조선을 공격하기로 결심을 했다면, 이것은 조선이 상상조차 하기 어려울 정도로 극악무도한 짓을 하여 도저히 그대로 내버려둘 수가 없어서 군사를 일으킨 것이므로 대적하기는커녕 얼른 엎드려 빌어야 마땅할 것이었다. 조선의 선비들에게 공자와 맹자는 '중국이라는 외국의 사람'이기에 앞서 보편적인 가치를 가르치고 실천한 '성현'이었다. 조선인들에게 유교는 '중국' 것이 아니라 보편적인 것이었다.

조선에서도 병자호란 이후에는 정약용처럼 중국을 왜 중국인가를 묻는 사람들이 나타났지만, 이들 역시 요순(堯舜) 등 성왕(聖王)의 정치와 공자와 맹자 등 성현(聖賢)의 가르침을 보편적으로 통용되는 것으로 생각했을 뿐 '중국'이라는 특정한 국가가 전유(專有)하는 것이라 생각하지 않았다. 그래서 요순의 정치와 공맹(孔孟)의 가르침은 우리의 것으로 하면서도 당대 중국의 문학과 풍습을 받아들일 것을 거부했던 것이다. 조선의 주자학자들 가운데는 당대 중국에서는 성왕의 정치와 성현의 가르침이 쇠하고

1 平泉澄『物語日本史』下巻 講談社学術文庫 pp.75-76.

조선이 오히려 이를 더 잘 보존하고 실천하고 있다는 의미에서 스스로 소중화(小中華)를 자처하기도 했다.

도쿠가와 시대 일본에서도 물론 일본이 '중국'보다도 중국의 '도(道)'를 오히려 더 잘 실천하고 있으므로 일본이 더 낫다는 주장(예를 들어 '충(忠)'의 경우 중국에서는 역성혁명으로 왕조가 여러 번 교체되었지만 일본은 한 번도 그런 일이 없었다)도 있었지만, 고쿠가쿠의 경우는 중국의 도와 일본의 도가 다르며 일본이 더 우월하다는 주장이 이미 등장하고 있었다(Wakabayashi 1986). 중국은 정교하고 화려하고 풍요하지만 물질주의적이고 형식적이고 개인주의적이며 하극상이 빈번하고 갈등이 많은 곳이다. 반면에 일본은 맑고 깨끗하고 전체를 항상 생각하며 정신적으로 더욱 우월하다는 것이었다.

그러므로 중국이 아편전쟁에서 서양에게 패배한 것은 일본인들에게는 한편으로는 엄청난 충격이고 두려움을 불러일으키는 사건이었지만, 다른 한편으로는 중국의 후진성과 열등함을 입증하는 것이기도 했다. 천 년 이상 일본인들의 정신세계를 지배하고 군림하여 많은 일본인들, 특히 고쿠가쿠샤(國學者)들에게 열등감을 주었던 중국이 서양에 무릎을 꿇은 것은 충격적이기는 했지만 한편으로는 개운하고 신나는 일이기도 했을 것이다. 서양을 배우고 예찬하는 것의 부차적 의미는 중국을 극복하는 것이기도 했다. 막부 말기, 메이지 초기의 일본인들에게는 중국을 폄하하고 버린 뒤 일본 문물을 사랑한다는 것은 곧 서양 문물에 대한 사랑으로 발전할 수도 있었다(Wakabayashi 1986). '화혼양재'에서 '화혼'과 '양재'는 긴장 관계가 아니었다. 화혼양재란 '화혼한재'에서 '한재'를 폐기하고 이를 '양재'로 바꾸는 것에 불과한 것일 수도 있었다. 어쩌면 '화혼'과 '양재'의 관계 따위는 그리 심각하게 고민할 필요가 없었던 것이 아닐까?

그러나 성왕과 공맹의 도를 보편적인 것으로 간주하고 있던 중국과 조선의 지식인들은 군사적으로나 경제적으로 유리할 것이라는 이유 정도로는 자신들의 가치와 세계관을 폐기할 수가 없었다. 중체서용과 동도서기라는 구호를 만들기는 했지만 혼란과 고민은 계속되었다. 단순히 무엇을 받아들이고 무엇을 거부할 것인가 수준의 문제가 아니었기 때문이다. 편의에 따라 유교를 '화혼'의 일부로 남길 수도 있고 또는 '중국 것'이라며 쉽게 폐기처분할 수 있었던 일본과는 사정이 달랐기 때문이다.

김태유가 관찰한 바와 같이 화혼양재는 농업사회인 일본에서 흔히 예견되는 불만과 저항을 무릅쓰고 산업혁명을 추진할 수 있도록 일본 국민을 묶어주는 이데올로기의 역할을 할 수 있었던 반면, 중체서용과 동도서기는 그러지 못했다. 그 이유는 화혼양재나 중체서용, 또는 동도서기라는 구호를 검토하는 것만으로는 밝히기 어려울 수도 있다. 국제환경은 물론 그러한 구호를 사용했던 사람들, 그러한 구호가 사용되었던 사회경제적 배경과 정치적 맥락도 살펴보아야 하기 때문이다.

화혼의 의미를 역사적으로 추적한 임경택은 '화혼' 혹은 '야마토다마시'가 '한재'와 관련하여 등장했다는 것을 보여주고 있다. '화혼'이란 '한재'의 중요성을 당연한 것으로 인정하면서 이를 일본의 현실에, 즉 실생활에 맞게 이용하는 실용적인 능력이나 사람들의 정서를 헤아리는 능력으로서, 상당히 섬세하고 여성적인 능력으로 파악했다. 그러한 '화혼'이 고쿠가쿠의 발전과 함께 의미의 변환을 겪으면서 용감무쌍한 상무정신을 의미하는 것이 되었고 나중에는 군국주의와 결합하게 되었다.

한편 도쿠가와 말기에서 메이지 초기에 이르는 일본의 정치체제 변화 과정을 검토한 박훈은 도쿠가와 시대부터 정치체제와 관련하여 계속되었던 봉건·군현 논의는 모두 중국에서 기원한 제도들에 관한 것으로 실질적으로는 '한재'에 관한 것이었다는 점을 지적하고 있다. 왕정복고 이후 폐번치현에 이르는 과정은 불투명하고 혼란스러운 것이었는데 결국 군현제로 정착이 되는 과정에서 이를 정당화한 것은 '서양은 모두 군현제'라는 주장이었다. 흥미로운 점은 화혼양재를 구호로 하고 있던 메이지 초기에 국가의 정치체제에 관한 논의 과정에서 '화혼양재'는 거론되지 않았다는 사실이며, 오히려 이러한 변화과정을 추진했던 하급 사무라이들은 중국, 어쩌면 조선에서 가장 전형적으로 나타났던 '사대부적 정치문화'의 산물이었고 이들에게는 불교나 유교도 모두 '화혼'의 일부였다는 것이다.

근대 국가의 산업화 과정에서 가장 중심이 되는 산업의 하나인 제철 산업의 발전과정을 검토했던 이경우 또한 '화혼양재'가 명시적으로나 의식적으로 산업 현장에서 거론되거나 지도원리로 제시된 사례는 발견하지 못했다. 산업 현장에서는 최선을 다해 서양 것을 최대한 빨리 도입하기 위해 여러 노력을 했으나 공부성 등 정부의 노력은 번번이 실패로 돌아갔고 오히려 이를 불하 받은 민간기업들이 여러 가지 궁리를 거듭한 결과 성공한 사례들이 발견된다. 일본에서 발견되는 원료에 맞는 설비와 기술의 선택, 전통 기술이나 시장에 대한 고려 등 여러 다양한 이유가 존재하는데, 이경우는 이러한 성공 사례들에 대한 검토 결과 화혼양재를 서양의 과학기술을 도입하는 과정에서 일본의 현실에 맞는 취사선택과 응용, 일본 시장에 적합한 제품의 개발 등이라고 해석해야 할 것 같다고 했다.

이러한 생각은 여러 일본 기업들의 서양식 조직과 제도와 기법을 도입하는 과정을 고찰하고 그 가운데 특히 미국의 편의점 세븐일레븐을 도입한 세븐일레븐 재팬을 연구했던 김현철 역시 공유하고 있다. 세븐일레븐 재팬은 미국 세븐일레븐의 가장 본질적인 부분들을 그대로 도입했지만 상당 부분은 거부했다. 즉, 일본의 현실에 맞는 것들을 취사선택한 뒤 도입했으며 또한 성공을 거두기 위해 다양한 노력을 했다. 그 결과 세븐일레븐 재팬은 일본에 성공적으로 정착했고 급기야는 미국 본사를 인수하게 되었다. 이러한 과정에서 화혼양재는 뚜렷이 드러나지 않았으며 현실을 중시하는 지극히 상식적이고 신중한 판단과 가맹점 점주 등 사람들의 마음을 헤아리는 섬세하고 꾸준한 노력을 의미한다. 김현철은 오히려 1980년대 소위 일본적 경영의 성공에 도취하여 '화혼'의 내용을 일본적 경영의 특징으로 규정하고 화혼양재를 시도했던 기업들이 어려움을 겪은 것도 화혼을 도그마화하려고 했기 때문인 것으로 보고 있다.

화혼양재에서 양재는 무엇을 가리키는지 분명했지만 화혼의 의미가 애매모호했다는 지적이나 '화혼'은 구체적 내용이 있는 것이 아니라 본질적으로 애매모호하며 다양한 여러 의미를 갖고 있는 상징으로 보아야 한다는 주장, 나아가 '화혼'의 의미가 불분명했기 때문에 오히려 '화혼양재'는 성공적이었다는 주장 등은 모두 이러한 맥락에서 타당한 것으로 보인다. 화혼양재에 대한 검토에서 우리가 주목할 점은 화혼양재의 의미가 어떠한가보다도 오히려 '화'와 '한'의 대립, 또는 '화'와 '양'의 대립이라는 것을 당연하고도 자연스러운 것처럼 만들어버리는 화혼양재의 작용이다. 물론 '화'와 '한' 또는 '화'와 '양'만 분리 가능하고 대립 가능한 것으로 여겨지는 것이 아니다. '혼'과 '재' 또한 분리 가능한 것처럼 간주된다. 그런데 과연 그러한가? 우리가 문제시해야 할 것은 화혼양재 자체가 아니라 화혼양재에 대한 논의를 하는 가운데 어느 틈엔가 당연한 것으로 받아들이고 있는 '화'와 '양'의 이원구도가 아닐까?

이러한 의문은 '화'와 '양' 그리고 '화'와 '한'이라는 대립구도를 아무런 의심 없이 당연한 것으로 받아들이면서 진행하는 화혼양재에 대한 탐구가 자칫하면 니혼진론(日本人論)이나 니혼분카론(日本文化論)의 함정에서 헤어 나오지 못하게 될 가능성을 안고 있다는 사실을 환기시켜준다. 화혼양재의 기원을 화혼한재에서 찾으면서 '화'와 '양' 그리고 '화'와 '한'의 대립구도를 당연시한다는 것은 '화'라는 것이 마치 시간을 초월하여 역사적으로 면면히 이어져 내려오는 존재임을 인정하는 결과가 된다. 이러한

'화' 또는 '화혼(야마토다마시)'의 존재를 전제하고 그 기원과 의미의 변화를 추적하면서 메이지 시대에 화혼양재가 수행했던 기능을 검토하는 것도 중요하다. 그러나 그러한 전제 자체를 의문시하고 이를 분석하거나 이해하려고 노력하는 것은 더 중요한 문제가 아닐까?

약간 다른 맥락이기는 하지만 일본의 서구 문화 도입을 문화 간 전파나 수용으로 파악하는 것이 적절하지 않다는 주장도 이미 제기된 바 있다. 화혼양재를 위정척사나 동도서기, 중체서용과 비교하는 것이 얼핏 "서구를 단일한 단위로, 일본을 그 일부가 아닌 바깥의 존재로 보는"(김영식 2013: 158) 오류를 저지르는 것일 수도 있기 때문이다. 서양도 사실은 내적으로 매우 다양하며 근대 과학이 지리적으로 유럽에서 발전한 것은 사실이지만 여러 다양한 기원과 교류, 그리고 상호작용이 중요했으며 과학적 지식과 사고방식, 산업화나 기술의 산물들을 모두 '서양'이라는 범주에 포함시키는 것도 사실은 문제가 있다. '왜 오직 서양에서만 과학이 발전하였는가?'라든가 '왜 중국에서는 과학이 발전하지 않았는가? 왜 산업혁명이 일어나지 않았는가?'라든가 '왜 오직 일본에서만 산업혁명에 성공하였는가? 근대화에 성공했는가?' 등의 질문이 기초하고 있는 전제나 가정은 무엇일까? 과연 중국과 한국은 실패한 것이었던가? 혹은 수십년 정도 늦었던 것에 불과한 것이었을까?

참고문헌

〈사료〉

『독립신문』 1896년 6월 4일자 기사.
『物理小識』 권1 「物理小識自序」 p.742.
『新法算書』 (사고전서 788책) 권1 「緣起 1」 "書總目" p. 11ㄱ.
『新法算書』 권58 恒星曆志3 總星圖儀 19～24. 『문연각사고전서』 789책 pp. 28-31.
『新法算書』 권61 "恒星圖說" 1～2. 『문연각사고전서』 789책 p. 86 및 pp. 91-94.
『역산전서』 권1 「역학의문 1」 "論中西之異" p.8ㄱ에 나온다.
『曆象新書』(1798-1802) 志筑忠雄(시즈키 타다오).
『증보문헌비고』 권1 상위고1 항성 24a.
『증보문헌비고』 권2 상위고2 p. 10ㄱ.
「公議所日誌」, 『明治文化全集』 4卷(憲政篇), 日本評論社, 1992(復刻).
「具視建国策ヲ朝議ニ附スル事」 多田好問編, 『岩倉公実記』 中巻(明治百年史叢書678), 1968.
「國是綱目(兵庫論)」 馬場恒吾 『伊藤博文』, 潮文閣, 1942.
『改訂肥後藩國事史料』 卷6, 侯爵細川家編纂所, 1932.
『明治建白書集成』 第1卷, 筑摩書房, 2000.
西村茂樹「郡縣議」『西村茂樹全集』 4卷(増補改訂版), 日本弘道會, 2006.
「西域物語」 下(1798년)『本多利明 海保青陵—日本思想大系44』, 岩波書店, 1970.
渋川六藏『和蘭紀略』(1843년), 住田正一編, 『日本海防史料叢書』 第三卷, 1932-33.

『續再夢紀事』 一, 東京大出版會, 1974(覆刻, 처음 간행은 1921).
『續再夢紀事』 四, 東京大學出版會, 1974(覆刻).
勝海舟, 『氷川清話幕府始末』(幕末維新史料叢書2), 人物往來社, 1968.
아메노모리 호슈, 김시덕 역, 『한 경계인의 고독과 중얼거림』〔원제: 多波礼草(다와레구사)〕, 태학사, 2012.
정약용 「북경에 사신으로 가는 교리 한치응을 보내면서 쓴 글, 이 때 서장관이 되었다」(送韓校理致應使燕序時爲書狀官, 한국고전종합DB 『여유당전서』. 文集 卷十三. 序.
淺井淸, 『明治維新と郡縣思想』, 巖南堂書店, 1939.
津田眞道 「國總制度」, 『憲法構想: 日本近代思想大系9』, 岩波書店, 1989.
「版籍奉還に関する薩長土肥四藩上表」歴史學硏究會編, 『日本史史料』 4 近代, 岩波書店, 1997.
「混同秘策」(1823년), 『安藤昌益 佐藤信淵－日本思想大系45』, 岩波書店, 1977.
緒方知行編, 『鈴木敏文語録』 祥伝社, 1994.
株式会社セブンーイレブン・ジャパン (1991), 『セブンーイレブン・ジャパン社史(1973－1991)』.
"*Prohibition of Export of Materials for Making Cloth*" 〔*Guildhall, letter-Book E, f. 167*〕, 1326 in A. E. Bland, 1933, *English Economic History*, G. Bell and Sons.
"*Proposals for the Regulation of the Cloth Manufacture*' 〔*Brit. Mus. Cotton MSS., Titus B.I, fol.189, temp. Hen. VIII.*〕 1555, in A. E. Bland, 1933, *English Economic History*, G. Bell and Sons.

〈논문, 단행본, 기타〉

고미숙 2004 "『독립신문』에 나타난 '위생' 담론의 배치" 이화여대 한국 문화연구원 편 『근대계몽기 지식개념의 수용과 그 변용』 소명 pp. 305-329.
橋本敬造 1985 "「赤道南北兩總星圖と「恒星屛障」" 『新發現中國科學史資料の硏究 論考篇』(京都大學校 人文科學硏究所 pp. 582-583.
橋本敬造 1991 "「見界總星圖」と「恒星總圖」" 『中國古代科學史論〈續編〉』 都大學校 人文科學硏究所.
구만옥 2001.6 "方便子 柳僖(1773-1837)의 天文曆法論－조선후기 少論系 陽明學派 自然學의 一端－" 『韓國史硏究』 113호 pp. 85-112.
권석균 1996 "조직학습의 이론과 쟁점", 『조직학습의 이론과 실재』, 삼성경제연구소 편, 삼성경제연구소.
기타야마 모리히데(片山社秀) 지음, 김석근 옮김 2013 『미완의 파시즘: 근대 일본의 군국주의 전쟁 철학은 어떻게 만들어졌는가』 서울: 가람기획.
길진숙 2004 “『독립신문』·『매일신문』에 수용된 ‘문명/야만’ 담론의 의미 층위” 이화여대 한국 문화연구원 편 『근대계몽기 지식개념의 수용과 그 변용』 소명 pp. 59-95.
김성근 2003.12 “일본의 메이지 사상계와 ‘科學’이라는 용어의 성립과정” 『한국과학사학회지』 25권 2호. pp. 131-146.
김연희 2008 “대한제국기, 새로운 기술관원집단의 형성과 해체—전신기술자를 중심으로—” 『한국사연구』 한국사연구회. 140권 pp. 183-220.
김연희 2011.4 “『漢城旬報』 및 『漢城周報』의 과학기술 기사로 본 고종시대 서구 문물 수용 노력” 『한국과학사학회지』 33권 1호 pp. 1-39.
김연희 2015 SNU 브레인퓨전연구 세미나 발표 자료 (미출판 원고).
김영식 2013 『동아시아 과학의 차이: 서양 과학, 동양 과학, 그리고 한국 과학』 서울: 사이언스북스.
김태유 2015 “왜 화혼양재(和魂洋才) 인가?—산업혁명에서 지식산업혁명으로” 『문화수용전략에 관한 융합적 연구: 화혼양재와 위정척사의 과거와 미래』 (SNU 브레인퓨전연구 발표회 자료집 2015.05.11).
金顯哲 2001 『コンビニエンス·ストア業態の革新』 有斐閣.
김현철 2008 “소매 노하우의 국제이전에 관한 연구: 7-Eleven 사례를 중심으로”, 사단법인 한국유통학회.
김현철 2014 『일본의 편의점』 서울대학교 일본연구소 리딩 저펜 시리즈 13, 제이앤씨.
김현철 2015 “편의점 7-Eleven을 통해 본 화혼양재” 『문화수용전략에 관한 융합적 연구: 화혼양재와 위정척사의 과거와 미래』 (SNU 브레인퓨전연구 발표회 자료집 2015.05.11.).
김현철, 최상철 2006 『사례로 배우는 일본유통』 법문사.
内山雅夫 1996 『ピュア·グローバルへの着地』, 千倉書房.
노대환 2003 “조선 후기 “西學中國源流說”의 전개와 그 성격” 『歷史學報』제178집 pp. 113-139.
노대환 2005 『동도서기론 형성 과정 연구』 서울: 일지사.
니시카와 나가오(西川長夫) 지음, 한경구 외 옮김 2006 『국경을 넘는 방법: 문화·문명·국민국가(国境の越え方)』 서울: 일조각.
다니구치 지로 그림, 세키카와 나쓰오 글, 오주원 옮김 2015 『‘도련님’의 시대: 혹독한 근대 및 생기 넘치는 메이지인: 제2권』 서울: 세미콜론.
渡邊浩 2008 “トクヴィル氏、「アジア」へ” 『UP』 東京大學出版會 2008.1).
류사와 다케시 2015 SNU 브레인퓨전연구 세미나 발표 자료 (미출판 원고).
마에다 쓰토무(前田勉) 2015 SNU 브레인퓨전연구 세미나 발표 자료 (미출간 원고).
마에다 쓰토무(前田勉) 지음, 이용수 옮김 2014 『일본사상으로 본 일본의 본질—병학, 주자학, 난학, 국학』 논형.

문중양 2003 "18세기 말 천문역산 전문가의 과학활동과 담론의 역사적 성격—徐浩修와 李家煥을 중심으로—"『東方學志』 121집 pp. 51-84.
문중양 2003 "조선 후기 실학자들의 과학담론, 그 연속과 단절의 역사—氣論的 우주론 논의를 중심으로—"『精神文化研究』 26권 4호, pp. 27-52.
문중양 2003 "崔漢綺의 氣論的 서양과학 읽기와 氣輪說"『大同文化研究』 43집 pp. 273-312.
문중양 2006 "19세기의 호남 실학자 이청의 『정관편』 저술과 서양천문학 이해"『韓國文化』 37집 pp. 125-156.
문중양 2012 "창조적 일탈의 상상: 19세기 초 이규경의 하늘과 땅에 대한 사유"『한국문화』 59집 pp. 206-207.
문중양 2013 "중국과 조선에서의 빛과 소리에 대한 기론적 논의—17세기 방이지 학파와 19세기 초 이규경을 중심으로—"『한국사상사학』 44집 pp. 321-360.
문중양 2015 "이질적 두 과학의 만남의 양상: 17~19세기 중국과 조선을 중심으로"『문화수용전략에 관한 융합적 연구: 화혼양재와 위정척사의 과거와 미래』 (SNU 브레인퓨전연구 발표회 자료집 2015.05.11).
미야지마 히로시 2013 『일본의 역사관을 비판한다』 창비.
민두기 1977 『중국근대사연구—신사층의 사상과 행동』 일조각.
민회수 2002 "1880년대 陸用鼎(1843-1917)의 현실인식과 東道西器論"『韓國史論』 48집 pp. 109-168.
박권수 1998 "徐命膺의 易學的 天文觀"『한국과학사학회지』 20권 1호; 文重亮 1999 "18세기 조선 실학자의 자연지식의 성격—象數學的 宇宙論을 중심으로—"『한국과학사학회지』 21권 1호 pp. 27-57.
박미경 2016 "일본 고전에 보이는 '화혼'의 정이와 어의의 변천" 장남호 외 2006 『화혼양재와 한국 근대』 서울: 어문학사.
박창범 1998 "天象列次分野之圖의 별그림 분석"『한국과학사학회지』 20권 2호 pp. 124-125.
박태호 2003 "『독립신문』과 시간-기계: 『독립신문』에서 근대적 시간-기계의 작동 양상"『사회와 역사』 한국사회사학회. 64집(이화여대 한국 문화연구원 편 『근대계몽기 지식개념의 수용과 그 변용』 2004 소명. pp. 257-303에 재수록).
박훈 2014 『메이지 유신은 어떻게 가능했는가』 민음사.
박훈 2015 "메이지 유신: 封建과 郡縣의 줄타기"『문화수용전략에 관한 융합적 연구: 화혼양재와 위정척사의 과거와 미래』 (SNU 브레인퓨전연구 발표회 자료집 2015.05.11).
朴薰 2015 「東アジア政治史における幕末維新政治史と'士大夫的政治文化'の挑戦—サムライの'士化'」, 清水光明編, 『「近世化」論と日本:「東アジア」の捉え方をめぐって』 勉誠出版.

박훈 2019『메이지 유신과 사대부적 정치문화』 서울대출판문화원.
박훈, 2013「메이지 유신과 '士大夫的 정치문화'의 도전: '近世' 동아시아 정치사의 모색」,『역사학보』 218.
徐光台 2007 "西學傳入與明末自然知識考據學: 以熊明遇論冰雹生成爲例"『淸華學報』 37卷 1期 pp. 117-157.
石約翰(John E. Schrecker) 2003「封建, 郡縣與中國歷史傳統」『安徽史學』 2002年第3期.
石云里 1995 "揭暄對天體自轉的認識"『自然辨證法通訊』 第17卷 總95期 pp. 53-57.
石井紫郎 1986『日本人の国家生活』 東京大學出版會.
小澤榮一 1974「幕藩制下における封建・郡縣論」『近世史學思想史硏究』, 吉川弘文館.
松尾正人 2001『藩置県の研究』 吉川弘文館.
升味準之輔 1965『日本政黨史論』 1, 東京大學出版會.
矢作敏行 2007『小売国際化プロセス』有斐閣.
신동원 1995 "공립의원 제중원 1885-1894"『한국문화』 15집 pp. 181-260.
신동원 2000 "한국 우두법의 정치학—계몽된 근대인가 '근대'의 계몽인가"『한국과학사학회지』 22권 2호 pp. 149-169.
신동원 2002 "세균설과 식민지 근대성 비판"『역사비평』 58호 pp. 341-363.
양광선 외 지음, 안경덕 외 옮김 2013『부득이: 17세기 중국의 반기독교 논쟁』 서울: 일조각.
與那覇潤 2011『中国化する日本:日中「文明の衝突」一千年史』 文藝春秋.
鈴木淳 2010『科學技術政策』 東京: 山川出版社.
鈴木安昭 1992 "商業構造をめぐる問題", 経済審議会流通研究委員会報告『これからの流通』.
윤소영 2006 "제1장 근대 한・일의 '화혼'론과 '국혼'론" 장남호 외 2006『화혼양재와 한국 근대』 서울: 어문학사.
이경우 2015 "일본 제철 산업과 근대화"『문화수용전략에 관한 융합적 연구: 화혼양재와 위정척사의 과거와 미래』 (SNU 브레인퓨전연구 발표회 자료집 2015.05.11.).
이성주 2017 "토마스 만의「전쟁 속의 사념」—문화전쟁으로서의 1차 세계대전"『독일문학』 제142집(2017.06) pp. 137-159.
이창익 2005 "조선후기 역서의 우주론적 복합성에 대한 연구: 역법과 역주를 중심으로"(서울대 종교학과 박사논문).
이토 아비토 지음, 임경택 옮김 2009『일본 사회, 일본 문화: 동경대 특별 강좌』 소와당.
이혜경 2007『량치차오: 문명과 유학에 얽힌 애증의 서사』. 서울: 태학사.
임경택 2015 "'화혼양재'의 담론과 실제"『문화수용전략에 관한 융합적 연구: 화혼양재와 위정척사의 과거와 미래』 (SNU 브레인퓨전연구 발표회 자료집 2015.05.11).
임종태 2004 "이방의 과학과 고전적 전통—17세기 서구 과학에 대한 중국적 이해와 그 변천—"『東洋哲學』 제22집 pp. 189-221.
임현수 2006 "대한제국기 역법정책과 종교문화—'음력'의 탄생과 국가 경축일의 제정"『대한제국은 근대국가인가』 푸른역사 pp. 185-216.
張翔·園田英弘編 2006『「封建」·「郡県」再考;東アジア社会体制論の深層』思文閣出版.
張永堂 1987『明末方氏學派硏究初編—明末理學與科學關係試論』.
張永堂 1994『明末淸初理學與科學關係再論』臺北: 學生書局.
荻慎一郎 2013『近世鑛山をささえ人たびと』東京: 山川出版社.
赤川元昭 1993「セブン-イレブン·ジャパン」(慶應義塾大学ビジネス·スクール·ケース)、慶應義塾大学大学院経営管理研究科.
田尻祐一郎 2006 "「民の父母」小考" 張翔·園田英弘編,『「封建」·「郡県」再考;東アジア社会体制論の深層』, 思文閣出版, 2006 所收.
정근식 2000 "한국의 근대적 시간체제의 형성과 일상생활의 변화 Ⅰ: 대한제국기를 중심으로"『사회와 역사』 제58집 pp. 161-197.
齊藤努 2012『金屬が語る日本史』東京: 吉川弘文館.
조관희 2011『중국사 강의: 고대 신화전설의 시대에서 신해혁명까지』. 서울: 궁리.
주경철, 서경호, 이경우, 장대익, 한경구 지음 2020『분명 다시 보기: 다섯 시선으로 바라본 인류의 역사, 그리고 미래』(포스텍 융합문명연구원 문명학 총서 2). 나남.
酒井健 2013『'魂'の思想史 – 近代の異端者とともに』東京: 筑摩書房.
中岡哲郎 2008『日本近代技術の誕生』東京: 朝日新聞出版.
增淵龍夫 1969「歴史認識における尚古主義と現実批判—日中両国の「封建」·「郡県」論を中心に」, 岩波講座,『哲学』4.
川端基夫 2000『小売業の海外進出と戦略』新評論.
淺井清 1939『明治維新と郡縣思想』, 1939, 巖南堂書店.
平川祐弘 1987『和魂洋才の系譜—内と外からの明治日本』東京: 河出書房新社.
馮錦榮 1997 "明末熊明遇父子與西學"『明末淸初華南地區歷史人物功業硏討會論文集』香港大學 中文系集刊.
馮天瑜 2007『「封建」考論』(第2版), 武漢大學出版社.
河野有理 2011『明六雜誌の政治思想;阪谷素と「道理」の挑戦』東京大学出版会.
한경구 1994 "일본의 문화와 일본의 기업;문화론적 설명의 虛와 實"『동방학지』 86. pp. 243-274. 연세대학교 국학연구원.
한경구 1995 "일본인론·일본문화론"『일본평론』 제10집. pp. 189-226. 사회과학연구소.
황수경 2014 "幕末의 정치적 변동과 幕府目付의 동향—幕末 幕府目付의 정치적 성격과 관련하여" (서울대학교 동양사학과 석사논문).

Abercrombie, Nicholas, Stephen Hill, Bryan S. Turner 1980 *The Dominant Ideology*

Thesis. London: Geroge Allen & Unwin.
Bartels, R. (1968), "Are Domestic and international Marketing Dissimilar?," Journal of Marketing, 32(July).
Beer, George Louis 1901 "Cromwell's Policy in its Economic Aspects. I ", *Political Science Quarterly*, Vol. 16, No. 4, p. 587.
Brenner, Robert 2003 *Merchants and Revolution: Commercial Change, Political Conflict, and London's Overseas Traders, 1550-1653*. London: Verso.
Chu Pingyi 1994 "Technical Knowledge Cultural Practices and Social Boundaries: Wan-nan Scholars and the Recasting of Jesuit Astronomy 1600-1800" (Ph.D. dissertation. UCLA) 224-239.
Eisenstadt, S. N. 1996 *Japanese Civilization: A Comparative View*. Chicago: The University of Chicago Press.
Elman, Benjamin A. 2004 "From Pre-modern Chinese Natural Studies 格致學 to Modern Science 科學 in China," in Michael Lackner Natascha Vittinghoff (eds.) *Mapping Meanings; The Field of New Learning in Late Qing China* (Brill Leiden) pp. 25-74.
Elman, Benjamin A. 1984 *From Philosophy to Philology; Intellectual and Social Aspect of Change in Late Imperial China*. (Cambridge Mass. Harvard University Press) pp. 181-183.
Farnell, J. E. 1989 "The Navigation Act of 1651, the First Dutch War, and the London Merchant Community," *Economic History Review*, 2nd ser., 16:3 (1963-1964), pp. 439-454.
Gershenkron, Alexander 1962 *Economic Backwardness in Historical Perspective* (New York, Washington and London: Frederick A. Praeger Publishers, p. 86.
Herf, Jeffrey 1984 *Reactionary Modernism: Technology, Culture, and Politics in Weimar and the Third Reich*. Cambridge: Cambridge University Press.
Hobsbawm, Eric and Terence Ranger, ed. 1983 *The Invention of Tradition*. Cambridge: Cambridge University Press.
Huntington, Samuel P., 1996 *The Clash of Civilizations and the Remaking of World Order*, New York, Simon & Schuster.
Israel, Jonathan 1990 *Dutch Primacy in World Trade, 1585-1740*, Oxford, pp. 269-279.
Jun Yong Hoon 2006 "Mathematics in Context: A Case in Early Nineteenth-Century Korea" *Science in Context* 19(4) pp. 475-512.
Kacker, M. 1988 "International Flow of Retailing Know-how: Bridging the Technology Gap in Distribution," Journal of Retailing, 64(1).

Lawson, Philip 1993 *The East India Company: A History*, London.

Levinthal, D. A. 1991 "Organizational Adoption and Environmental Selection: Interrelated Processes of Change," Organization Science, vol.2, pp.140–145.

Liles, A. 1974 *Oh Thank Heaven*. Dallas: The Southland Corporation.

McNally, Mark 2005 *Proving the Way: Conflict and Practice in the History of Japanese Nativism (Harvard East Asian Monographs)*. Cambridge, MA: Harvard University Asia Center.

Mokyr, Joel 2003 "Why was the Industrial Revolution a European Phenomenon?", *Supreme Court Economic Review*, Vol. 10, pp. 58–62.

Mokyr, Joel 2008 "Intellectual Property Rights, the Industrial Revolution, and the Beginnings of Modern Economic Growth", Research Symposium on Property Rights Economics and Innovation, Searle Center on Law Regulation, and Economic Growth, *Northwestern University School of Law*, p. 12.

Morishima, Michio (森嶋通夫) 1982 *Why Has Japan "Succeeded?"–Western Technology and Japanese Ethos*. Cambridge: Cambridge University Press.

Naito, Masaaki, Kanji Takeda, and Yoshiyuki Matsui 2018 "Ironmaking Technology for the Last 100 Years: Deployment to Advanced Technologies from Introduction of Technological Know–how, and Evolution to Next–generation Process" *ISIJ International*, Vol. 66. No. 1. pp. 703–706.

Ng Wai–ming 1998 "The I Ching and the Adaptation of Western Science in Tokugawa Japan" *Chinese Science 15* 1998 pp. 100–102.

North, Douglass C. 1981 *Structure and Change in Economic History*. New York: Norton, pp. 164–166.

Osamu, Oba 2012 *Books and Boats: Sino–Japanese Relations in the Seventeenth and Eighteenth Centuries*. [trans. by Joshua A. Fogel] Portland, Maine: Merwin Asia.

Pollack, David 1986 *The Fracture of Meaning: Japan's Synthesis of China from the Eighth through the Eighteenth Centuries*. Princeton: Princeton University Press.

Schumpeter, J. A. 1934 *The Theory of Economic Development* Cambridge, MA: Harvard University Press.

Sivin, Nathan 1973 "Copernicus in China," *Studia Copernicana vol. 6*. pp. 89–90.

Stanley, S. F. and N. C. John 1995 "Marketing Orientation and the Learning Organization" *Sloan Management Review*, vol. 59(July), pp.63–74.

Wakabayashi, Bob Tadashi 1986 *Anti–Foreignism and Western Learning in Early–Modern Japan: The New Theses of 1825*. Cambridge, MA: Harvard University

Press.
Yoshida Tadashi 1987 "Cosmogony in the Xuanji Yishu of Qi Xuan" *Bulletin of Chinese Studies* Vol.1 No.2 1987 pp. 13–20.

〈인터넷자료〉

강진석 2010 "'중국 모델', 서체중용에서 중체중용으로?" 〔中國探究〕 중국은 지금 어디까지 왔는가. 프레시안 2010.08.06.
https://www.pressian.com/pages/articles/61034#0DKU 프레시안(http://www.pressian.com)
김승환 2010 "대화혼 Japanese Spirit 大和魂 야마토다마시이"
http://cafe.daum.net/_c21_/bbs_search_read?grpid=1DhHu&fldid=8Lok&datanum=115 2010년 6월 10일 목요학습 125 Thursday Study 星期四学习(충북문화예술연구소장 충북대교수 김승환)
조용헌 2007 〔조용헌 살롱〕 "동도서기(東道西器)" 『조선일보』 2007년 6월 20일.
https://www.chosun.com/site/data/html_dir/2007/06/20/2007062001020.html

저자 소개

◎
◎

한경구

서울대 인류학과와 동 대학원을 졸업하고 국사학과에서 수학했다. 외무부에 근무했고 해군 장교로 병역을 마쳤으며 일본에서 장기 현지조사를 수행하여 미국 하버드대에서 박사 학위를 받았다. 강원대 인류학과와 국민대 국제학부를 거쳐 서울대 자유전공학부 교수로 재직했으며 현재 유네스코한국위원회 사무총장을 맡고 있다. 한국사회과학연구협의회 편집위원장, 한국국제이해교육학회장, 한국이민학회장 등을 역임했다. 『공동체로서의 회사』, 『세계의 한민족: 아시아·태평양』 등의 저서, 『인류학 민족지 연구 어떻게 할 것인가』 등의 공저서가 있고 『낯선 곳에서 나를 만나다』, 『처음 만나는 문화인류학』 등을 책임 편집했으며 『국경을 넘는 방법: 문화, 문명, 국민국가』 등을 공역했다.

김태유

서울대 공대를 졸업하고 미국 콜로라도 CSM대학에서 자원경제학 박사 학위를 받았다. 미국 컬럼비아 대학 박사 후 과정, 아이오나 대학 경영시스템학과 교수, 서울대학교 자원공학과와 산업공학과 교수를 역임했다. 초대 대통령정보과학기술보좌관으로 신성장동력산업의 지정과 육성, 이공계공직 진출, 과학기술부총리 제도 신설, 기술혁신본부 설치, 이공계 박사 5급 특채 등의 정책을 기획하고 추진했다. 에너지·자원경제학, 기술경제학 분야에 많은 논문을 썼다. 저서로는 *Economic Growth*, *The Secrets of Hegemony*, 『패권의 비밀』, 『국부의 조건』, 『은퇴가 없는 나라』, 『정부의 유전자를 변화시켜라』, 『한국의 시간』 등이 있다.

임경택

서울대 대학원 인류학과를 졸업하고, 일본 도쿄대학에서 박사 학위를 취득했다. 일본 관동지방의 전통상업도시에서 장기적인 필드워크를 수행하였고, 일본의 근대와 전후의 접점에 큰 관심을 가지고 있다. 전북대 일본학과를 거쳐 현재는 동 대학 고고문화인류학과에서 문화인류학을 가르치고 연구하고 있다. 한국문화인류학회 회장, 유구·오키나와학회 회장 등을 역임했다. 『일본의 발명과 근대』, 『동아시아의 근대와 민속학의 창출』, 『아시아의 접경도시들—나가사키』 외 다수의 공저서, 『사전, 시대를 엮다—사전으로 보는 일본의 지식문화사』, 『일본인의 인류학적 자화상』, 『일본의 역사를 새로 읽는다』, 『경계의 섬, 오키나와』, 『슈리성으로 가는 언덕길』 등의 역서가 있다.

박훈

서울대 동양사학과와 동 대학원을 졸업하고 일본 도쿄대학에서 메이지 유신 연구로 박사학위를 취득했다. 국민대 일본학과에 이어 현재 서울대 동양사학과 교수로 재직하고 있다. 동양사학회와 일본사학회 총무이사를 거쳐, 현재는 일본사학회 회장을 맡고 있다. 『메이지 유신과 사대부적 정치문화』, 『메이지 유신은 어떻게 가능했는가』, 『메이지 유신을 설계한 최후의 사무라이들』 등의 저서를 집필했다. 역서로는 『일본의 설계자, 시부사와 에이이치』, 『일본이란 무엇인가』가 있다. 또한 한중일 3국 역사학자의 글을 모은 『響き合う東アジア史』를 공동 편집했다.

이경우

서울대학교 금속공학과를 졸업하고 동 대학원에서 박사 학위를 받았고, 박사 학위 취득 후 일본의 NEC의 기초연구소에서 연구원으로 근무하였다. 귀국 이후 KIST에서 연구원 생활을 한 후 서울대학교 교수로 재직하고 있다. 대학에서는 재료공학부에서 교육과 연구를 수행하고 있으며, 새로운 교육을 지향하는 자유전공학부와 응용공학과의 학과 설립에 참여하였고, 융합 교육 과정에 참여하고 있다. 공학교육학회 부회장을 역임했고 대한 금속재료학회 부회장과 원자력안전위원회 위원으로 활동하고 있다. 『과학기술 글쓰기 교과목 개발』, 『공학문제 해결 입문』, 『철강공학』, 『문명 다시 보기』 등에 공저자로 참여했다.

김현철

서울대학교 경영대 및 동 대학원을 수료한 뒤 일본의 케이오 비즈니스 스쿨에서 경영학 박사 학위를 받았다. 귀국하기 전까지 나고야 상과 대학 조교수와 츠쿠바 대학 부교수로 재직하였다. 현재는 서울대 국제대학원 교수 겸 일본연구소 소장을 맡고 있다. 일본어 저서로 『日本産業流通史』, 『殿様経営の日本＋皇帝経営の韓国＝最強企業のつくり方』, 『アジア最強の経営を考える』 등이 있으며 한글 저서로는 『CEO, 영업에 길을 묻다』, 『어떻게 돌파할 것인가—저성장 시대, 기적의 생존 전략』, 『새로운 대한민국의 구상, 포용국가』 등이 있다. 삼성전자와 현대자동차, SK텔레콤 등의 자문교수를 맡았으며 정부에서 대통령 경제보좌관, 신남방정책특위 위원장, 국제금융센터 이사장 등을 역임하였다.

문중양

서울대학교 계산통계학과에서 통계학과 컴퓨터사이언스를 공부한 후, 동 대학원에서 한국과학사를 공부했다. '조선의 수리학(水利學)'으로 박사 학위를 받은 후에는 줄곧 조선 후기 서양 과학과 전통과학의 만남이 어떻게 이루어졌는지 우주론을 중심으로 그 양상과 성취에 대해서 연구해왔다. 요즘에는 세종대 과학의 성취를 중심으로 여말선초 조선 과학기술 전범의 형성 연구에 집중하고 있다. 저서로 『조선후기 水利學과 水利담론』, 『우리역사 과학기행』, 『조선후기 과학사상사: 서구 우주론과 조선 천지관의 만남』, 『의산문답—천지와 인물에 대한 우화적 일탈』 등이 있다. 현재 서울대학교 국사학과 교수로 재직하고 있으며, 한국과학사학회 회장을 맡고 있다.

SNU 브레인퓨전 공동연구팀 세미나

◎

1. 중체서용(中體西用)에서부터 서체중용(西體中用)까지 (양일모, 중국근대사상사, 서울대 자유전공학부) 2014.06.04.
2. 동도서기(東道西器)의 개념과 그 전개과정 (노대환, 한국사, 동국대 사학과) 2014.07.07.
3. 개항 이후의 근대 문물 수용 (김연희, 한국과학사, 서울대 기초과학연구원) 2014.07.24.
4. 메이지 유신은 어떻게 가능했는가 (박훈, 일본사, 서울대 동양사학과) 2014.08.1.1
5. 화혼(和魂)–한재(漢才)에서 화혼(和魂)–양재(洋才)로의 변화 (임경택, 문화인류학, 전북대 고고문화인류학과) 2014.08.25.
6. 세븐일레븐을 통해 본 화혼양재 (김현철, 경영학, 서울대 국제대학원) 2014.10.01.
7. 화혼(和魂)과 일본의 근세사상 (한예원, 한문학, 조선대 한문학과) 2014.10.13.
8. 전통 과학기술 전문가들의 신기술 도입 과정 (문중양, 한국과학사, 서울대 국사학과) 2014.11.04.
9. 양계초와 중체서용 (이혜경, 중국근대사상, 서울대 인문학연구원) 2014.11.20.
10, 러시아의 문명 수용 (이인호, 러시아사, 서울대 서양사학과 명예교수) 2014.12.02.
11. 오스만 제국의 문명 수용 (이은정, 오스만제국사, 서울대 동양사학과) 2014.12.16.
12. 주자학과 병학 (마에다 쓰토무, 前田勉, 일본근대사, 아이치교육대) 2014.12.25.
13. 화혼(和魂)의 혼(魂)에 대하여 (이토 아비토, 伊藤亞人, 문화인류학, 도쿄대 명예교수) 2015.01.08.
14. 해군의 탄생과 근대 일본 (박영준, 일본국제관계사, 국방대학원) 2015.01.26.
15. 사쿠마 쇼잔(佐久間象山)과 후쿠자와 유키치(福澤諭吉) (류사와 다케시, 龍澤武, 전 平凡社 편집장, 도쿄대 특임교수) 2015.03.16.
16. 일본의 제철산업과 근대화 (이경우, 철, 서울대 재료공학부) 2015.03.23.
17. 민족주의와 이탈리아의 사례 (장문석, 이탈리아사, 영남대 사학과) 2015.03.27.
18. 일본 과학사를 보는 관점 (김범성, 과학사, 히로시마공업대 환경학부) 2015.03.30.
19. 네덜란드의 역사와 문화 (주경철, 네덜란드사, 서울대 서양사학과) 2015.04.20.
20. 영국의 근대화 (박지향, 영국사, 서울대 서양사학과 명예교수) 2015.04.27.